CHAOS

aus der Ordnung

Wolfram Strienz

rote oder blaue Pille?

Natur oder Labor?

Bildung oder Briefing?

Schöpfung oder Impfung?

Gottesfurcht oder Götzendienst?

Wahrheit oder Pflicht?

Pflicht oder Kür?

Leben oder Existenz?

CHAOS

aus der Ordnung

Beliebigkeit statt Wahrheit.
Auslegung statt Freiheit.
Korruption statt Echtheit.

Wolfram Strienz

www.fsc.org
MIX
Papier aus ver-
antwortungsvollen
Quellen
Paper from
responsible sources
FSC® C105338

Bibliographische Information der Deutschen Nationalbibliothek:

Die Deutsche Nationalbibliothek verzeichnet diese Publikation in der deutschen Nationalbibliographie; detaillierte bibliographische Daten sind im Internet über **http://dnb.d-nb.de** abrufbar.

Herstellung und Verlag:
BoD – Books on Demand; Norderstedt

ISBN: 978-3-7504-9851-8

Ein Plädoyer für

Einheit in der Wahrheit statt Einheit in Beliebigkeit →

← Einheit in Freiheit statt Einheit in Auslegung

→ Einheit in Echtheit statt Einheit in Korruption ←

Denn nichts ist geheim, das nicht offenbart werden wird. Noch irgendetwas verborgen, das nicht bekannt werden und ans Licht kommen wird.

(Lukas 8,17 nach KJD*)

(* 'King James Deutsch' - Übersetzung der King James Version in heutiges Deutsch [durch den Verfasser in Arbeit])

Verzeiht mir, liebe Christen · verzeiht mir, liebe Freunde der Wahrheit

Verzeiht mir, liebe Befreiungstheologen · Verzeiht mir, liebe Freaks

Verzeiht mir, liebe Messianer · Verzeiht mir, liebe Hebrew-Rooties

Verzeiht mir, liebe Methodisten · Verzeiht mir, liebe Hauskirchler

Verzeiht mir, liebe Sucher · Verzeiht mir, liebe Uni(n)formierten

Verzeiht mir, liebe Adventisten · Verzeiht mir, liebe Lutheraner

Verzeiht mir, liebe Emergents · Verzeiht mir, liebe Evangelikale

Verzeiht mir, liebe Katholiken · Verzeiht mir, liebe Mennoniten

Verzeiht mir, liebe Quertreiber · Verzeiht mir, liebe Orthodoxe

Verzeiht mir, liebe Baptisten · Verzeiht mir, liebe Charismaten

Verzeiht mir, liebe Liberale · Verzeiht mir, liebe Wortgetreue

Verzeiht mir, liebe Patrioten · Verzeiht mir, liebe Weltbürger

Verzeiht mir, liebe Sadduzäer · Verzeiht mir, liebe Pharisäer

Verzeiht mir, liebe Evangelisten · Verzeiht mir, liebe Lehrer

Verzeiht mir, liebe Rastafaris · Verzeiht mir, liebe Sektierer

Verzeiht mir, liebe Pfingstler · Verzeiht mir, liebe Brüder

Verzeiht mir, liebe Prä- und Postmillenialisten

Verzeiht mir, liebe Vor- und Nachentrücker

Verzeiht mir, liebe Kämpfer für Wahrheit und Freiheit

Verzeiht mir!

„Übrigens - bitte seid mir nicht böse, wenn ich mit ALLEN Gruppierungen der Gesellschaft ins "Gespräch" kommen möchte. Meine Eltern haben mir nie gesagt irgendjemand dürfe nicht mein Freund sein aufgrund von Religion oder Nationalität o.ä. Und dafür bin ich ihnen unendlich dankbar.

Es heißt "Teile und Herrsche" sei das Prinzip, mit dem sie uns in die Knechtschaft bringen.

Warum können sie das? Weil wir entzweit, zerrissen und egoistisch sind? Weil wir geblendet wurden vom Schein unserer Scheinwelt?

Ausgenommen wie eine Weihnachtsgans und leer sehen wir nun auf den Scherbenhaufen unserer Existenz: vergessen, verraten und verkauft. Geopfert werden wir neuerdings nicht mehr nur auf Schlachtbänken oder Altären, nein. Heute werden wir von allerhand Medien geschlachtet, durch Big Data seziert und von Big Pharma - vollgepumpt mit Chemie und GMOs - ins frühe Grab geschubst.

WARUM?

Nur weil wir uns voneinander entfremdet haben?!

Ich werde weiterhin auf JEDEN, welchem in meinen Augen meine Aufmerksamkeit gebührt, zugehen und in Kommunikation treten.

Wem das nicht gefällt..... Frieden."

(Xavier Naidoo in seiner Telegram-Gruppe; 03.05.2020)

„Das ist leider das Typische und für mich als Christ Entsetzlichste am ganzen Geschehen, das ich seit fünf Jahren erlebe: es gibt wohl keine Gruppe innerhalb unserer Gesellschaft, die im Blick auf die derzeitigen Abläufe so total verblendet und im Denken gleichgeschaltet ist, wie die sogenannte Christenheit."

(Jakob Tscharntke auf der Website seines Unterstützervereins; 23.05.2020)

„Das Programm 'Jesus' ist im Endeffekt
nichts anderes als 'Erlösung', als 'Vergebung'.
Es ist in letzter Instanz 'Selbstvergebung'.
Es ist in letzter Instanz das 'Anerkennen', dass man dadurch, dass man Teil
der Schöpfung ist, gar nicht so viel falsch machen kann.
Das, wenn man sich selber verwirklicht, wenn man der eigenen Ethik - der
Moral - nachhängt und diese konsequent lebt
(und wir alle haben ein Gefühl von Moral).
Und genau das ist es, was dieses 'Jesus-Credo' im Prinzip auslöst.
Dieses 'die beste Version aus sich selber zu machen, aber
gleichzeitig der Überzeugung zu sein und der Gewissheit sein
zu dürfen, dass man nicht perfekt sein muss.'
Sondern dass man sündigt allein deswegen, weil man da ist.“
(Alexander 'better (k)now' Schnarf in seiner Telegram-Gruppe; 27.04.2020)

Es ist besser, dem HERRN zu vertrauen, als sein Vertrauen in Menschen zu setzen.

(Psalm 118,8 - der zentrale Vers in der autorisierten Bibelversion nach KJD)

Denn so spricht der HERR der Heerscharen, der Gott Israels:
Lasst eure Propheten und Wahrsager, die in eurer Mitte sind, nicht euch täuschen und nicht euren Träumen lauschen, die zu träumen ihr euch veranlasst seht! Denn **sie prophezeien euch in meinem Namen falsch.** Ich habe sie nicht gesandt, sagt der HERR!
Denn so spricht der HERR: dass ich euch, nachdem siebzig Jahre in Babylon erfüllt sind, aufsuchen werde und **meine Zusage an euch ausführen** werde - indem ich euch dazu bringen werde, an diesen Ort zurückzukehren.
Denn ich weiß um der **Gedanken, die ich über euch hege,** sagt der HERR. **Gedanken des Friedens und nicht des Bösen – um euch ein erwartbares Ende zu bereiten.** Dann werdet ihr mich anrufen und ihr werdet hingehen und mich anbeten; und ich werde euch erhören. Und ihr werdet mich suchen und finden – **wenn ihr mich von ganzem Herzen suchen werdet.**
Und ich werde von euch gefunden werden, sagt der HERR!
Und ich werde **eure Gefangenschaft abwenden** und ich werde euch aus allen Völkern und aus allen Orten sammeln, in die ich euch vertrieben habe, sagt der HERR. Und ich werde euch wieder an den Ort zurückbringen, von dem ich veranlasst hatte, euch gefangen wegzuführen.

(Jeremia 29,8-14 nach KJD)

Inhalt.

Disclaimer.

Grundlage der vorliegenden Darstellungen ist die Überzeugung, dass die gesamte Bibel als das gesprochene und niedergeschriebene Wort Gottes bis heute real und relevant für unser Leben ist. Daher übt sie darauf auch absolute Autorität aus. Nicht immer so, wie es uns unser korrumpierter Verstand glaubhaft machen will.

Wenn ich hier außerbiblische Quellen verwende, dann nicht um Dinge glaubhaft zu machen. Es sind Quellen, die mir persönlich besonders hilfreich erschienen und die die jeweiligen Themenkomplexe gewinnbringend behandeln. Quellen, die zitiert werden könnten, würden den Umfang vorliegender Arbeit gnadenlos sprengen. Aus diesem Grund verzichte ich auch auf ein Literaturverzeichnis.

Mir ist bewusst, dass das vorliegende Werk oft sehr kurz greift und dass zu Vielem wesentlich mehr zu sagen wäre. Doch in einer gefallenen Welt ist Wissen immer eine Holschuld. Selbst die hierfür angefügten Ressourcenempfehlungen sind lediglich eine Auswahl und dienen lediglich als Impulsgeber.
Noch werden die meisten Informationen relativ gerne vervielfältigt, sind relativ einfach greifbar und solange ist die eigene Recherche unschätzbar wertvoll. Daher möchte ich dringend dazu ermutigen, sich in Gebetshaltung selbständig zu informieren.

Dieses Werk erhebt ganz bewusst nicht den Anspruch, 'wissenschaftlich' zu sein oder Dinge 'wissenschaftlich belegen' zu können.

Der Begriff der Wissenschaft, wie wir ihn heute füllen, ist im Grunde genommen Teil der Täuschung, von der hier die Rede sein wird. Insofern halte ich es für falsch, sich dadurch begrenzen zu lassen.[1] Wer die eine oder andere 'unwissenschaftliche' Quelle ablehnt, ist im Normalfall auch nicht durch Zeitungsartikel des Mainstream oder Ähnliches zu überzeugen. Die kognitive Dissonanz hält sich im Zweifel nicht an die Seriositätsbegriffe ihrer Opfer, auch wenn diese zunächst gerne diesen Anschein erwecken.
Das mag auf den einen oder anderen Leser arrogant oder dümmlich wirken. Doch das muss dann vielleicht so sein.

Meine Autorität ist mehr denn je die Bibel. In unkorrumpierter Bewahrung.[2]

---

1   *„Indem sie sich für weise hielten, sind sie zu Narren geworden.“*

(Römer 1,22 – KJD)

2   Was 'unkorrumpierte Bewahrung' bedeutet, ist integrativer Bestandteil dieser Ausarbeitung und wird an gegebener Stelle deutlich werden.

Vorwort.

Dass meine Autorität die Bibel ist, bedeutet unter anderem, dass ich *„alle Dinge prüfe und an dem, was gut ist, festhalte"*.[3] Dieser Grundsatz wird heute innerhalb der Gemeinde Jesu Christi allzu fix damit abgegolten, dass nur autorisierte Personen (zumeist finanziell abhängige Personen) ihre Ansichten (oder eben die Ansichten ihrer Sponsoren) weitergeben können. Verschiedene Glaubenssätze und Ordnungen meißelt man dazu in Stein. Schließlich verdreht man die Anweisung dadurch ins Gegenteil, indem man nur von bestimmten, besonders toughen und smarten Leitern Korrektur annimmt. Nur zu gerne wird Verantwortung delegiert, die ein Kind Gottes grundsätzlich nicht abgeben sollte.[4] 'Gut' ist dann plötzlich nur noch Aussage x oder y, warum auch immer. In traditionell besonders obrigkeitshörigen Gefilden wie in Deutschland oder an der US-Ostküste ist das um so häufiger zu beobachten.

Bibelübersetzungen jeder Epoche begünstigen oft die Haltung, das Geprüfte nur dann anzunehmen, wenn es zur vorgefassten Ansicht passt, gerne untermauert durch Fußnoten. Womit die Aufforderung des Paulus ins Gegenteil verkehrt wird. Man geht so mehr und mehr

---

3   Nach 1. Thessalonicher 5,21 – KJD.

4   'Delegation von Verantwortung' an sich kann zwar durchaus biblisch sein, doch auch hier wird sehr gerne verdreht und umgedeutet. Gerade biblische Hierarchien (vgl. bspw. 1. Korinther und 1. Timotheus) werden gerne negiert, unbiblische und damit unnatürliche Verantwortlichkeiten werden hingegen promotet, ganz gleich wie alt oder wie modern sie sind. Das gilt übrigens denominationsübergreifend. Auch ein biblisches Lehramt ist kein Ersatz für eigene Prüfung und persönliche Verantwortung.

von einer induktiven – empfangenden – Auslegung auf eine deduktive – schlussfolgernde – Auslegung über.[5] Dadurch mauert man sich und sein Weltbild mehr und mehr hinter der eigenen kognitiven Dissonanz ein.

Für den gemeindlich unbedarften – meist unerlösten[6] – Truther[7] hingegen ist es oft nachgerade selbstverständlich, dass er den paulinischen Grundsatz beherzigt und in seiner Erkenntnis induktiv bleibt. Denn er fühlt sich der ihm greifbaren Wahrheit verpflichtet. Er ist sich nicht zu fein dafür, notfalls von sich weg und auf die faktische Wahrheit hinzuweisen. Und fraglos seine Überzeugung zu korrigieren, wenn sie neuer Information nicht mehr standhält.
Christen jedoch neigen fast immer dazu, den Leiter ihres Vertrauens aufzusuchen, wenn sich Fragen aufdrängen. Und spätestens dieser sorgt zufriedenstellend dafür, dass die kognitive Dissonanz nicht unnötig zu einer Korrektur der eigenen Kognition führt.

Dabei ist es doch gerade die Anweisung an Christen, selbst und eigenverantwortlich zu prüfen und weise danach zu handeln! **Sie** haben bereits die grundlegende Wahrheit gefunden, aber entgegen ihres klaren Auftrags hindern sie oft Wahrheitssucher aktiv daran, die gleiche Erfahrung zu machen.

---

5 Deduktiv bedeutet, bei der Auslegung die einzelne Schriftaussage aus der eigenen Glaubensüberzeugung zu schlussfolgern. Daran ist nichts verkehrt, wenn sich die eigene Glaubensüberzeugung zweifelsfrei als biblisch erwiesen hat – doch das kann nur das Ergebnis einer Schriftuntersuchung sein, nicht deren Voraussetzung!

6 'Unerlöst' in biblischem Sinne: fehlende Rechtfertigung durch fehlende Glaubenshaltung.

7 Als 'Truther' werden gemeinhin die Anhänger der sog. 'Wahrheitsbewegung' bezeichnet. Biblisch sind sie vielleicht am besten mit 'Wächtern' gleichzusetzen. Seriöse Truther beobachten selbstverantwortlich und kritikfähig, was in der Welt vor sich geht und welche Hintergründe zu diesen Entwicklungen führten und führen.

Dementsprechend verweigern sich Christen (aka Gemeindegänger[8]) schnell den von Wahrheitssuchern bereits gefundenen Wahrheiten, da diese sich nicht durch ihre Filter pressen lassen. Die Folge ist global und persönlich ein Verlust von Segen in absolut unermesslichen Dimensionen. Meine Überzeugung ist, dass dies nicht immer so war. Und das liegt nicht etwa an einem Schwinden der Staatskirchen.

Diese 'bekennenden Christen' handeln nicht etwa deshalb so, weil sie nicht 'relevant' genug leben. Auch nicht, weil sie den einen oder anderen falschen Glaubenssatz intus haben. Sie verfahren sehr oft deshalb so, weil sie die erste Liebe verloren haben. Die Liebe zum fleischgewordenen und auferstandenen Wort. Doch die Konditionierung der Jahrhunderte führte dazu, dass ihnen davon oft überhaupt nichts bewusst ist.

---

8   In der immer weiter institutionalisierten Sammlung der Christen wurde das Verständnis, ein Christ müsse zwingend Teil einer festgefügten Ortsgemeinde sein, immer mehr zum Selbstläufer. So naheliegend und pragmatisch diese Haltung auch ist, lässt sie sich rein biblisch nicht begründen. Das Naturell der Ortsgemeinde bringt durch die Gemeinschaft von Christen einen erheblichen Segensquell mit sich. Sie ist jedoch kein Selbstzweck, keine Bedingung für geistliches Wachstum und in einer fallenden Welt immer schwieriger zu halten.
Da es dementsprechend immer mehr heimatlose Christen gibt, spreche ich im Folgenden von 'Gemeindegängern'. Ich vermeide das geflügelte Wort vom 'Gemeindekind', da ich nicht unterstellen möchte, diejenigen wären etwas anderes als Kinder Gottes. Sie sind vielmehr gemeinsam mit jedem biblisch glaubenden Querkopf selbst Gemeinde – Teil der Braut Christi.

Das vorliegende Werk versucht daher gewissermaßen einen Spagat und soll mindestens zweierlei Zwecken dienen:

1. Grundehrlichen und aufrichtigen Wahrheitssuchern sollen Zusammenhänge aufgezeigt werden, die ihnen in der Form vielleicht noch nie begegnet sind.

2. Dem bekennenden Christen wiederum wird zugerufen:

„Schau: ich komme rasch! Halte das fest, was du hast, damit niemand deine Krone nimmt!"[9]

„Deshalb passt auf! Denn ihr kennt weder den Tag noch die Stunde, worin der Menschensohn kommt."[10]

„Prüft alle Dinge, haltet fest an dem, was gut ist!"[11]

„Oh, gerechter Vater, die Welt hatte dich nicht gekannt; doch ich kannte dich, und diese haben gewusst, dass du mich gesandt hattest. Und ich hatte ihnen deinen Namen kundgetan und werde ihn kundtun, damit die Liebe, mit der du mich geliebt hattest, in ihnen sei und ich in ihnen."[12]

---

9   (Offenbarung 3,11 – KJD)

10   (Matthäus 25,13 – KJD)

11   (1. Thessalonicher 5,21 – KJD)

12   (Johannes 17,25-26 – KJD)

Es ist mein innigstes Gebet, einen Beitrag dazu zu leisten, dass beide Gruppen in der Vollmacht des HERRN zueinander finden. Damit sie in der nächsten (und - so Gott will und noch jemand lebt - in der übernächsten) Dekade vereint gute Frucht bringen.

Dass also meine 'story' im allerbesten Sinne 'history' ist.

Ich wünsche viel Freude und viel Gewinn bei der Lektüre

Im Lichte der Wahrheit. Gottbefohlen.

Wolfram Strienz

zum Titel.

Chaos ist **das** Eroberungsmittel Satans, da es die bestehende Schöpfungsordnung (*„es war sehr gut"*)[13] zerstört. A und O – Anfang und Ende – sind in der Selbstsucht des Menschen klein gemacht. Nicht erst, seitdem durch die Gegenreformation die Jesuiten übernommen hatten, sondern seitdem Eva die verbotene Frucht gepflückt hatte.

Chaos entsteht, wo Wahrheit von Freiheit getrennt wird
und umgekehrt.
Wo das Chaos durch Freiheit verschwindet,
zeigt sich die Wahrheit.
Wo das Chaos durch Wahrheit verschwindet,
zeigt sich die Freiheit.

Chaos verschwindet durch Freiheit?
Nicht direkt.
Bis sie das tut, kann viel, sehr viel Leid entstehen. Und ganz sicher liegt auf diesem Weg so einiges an Transformation. Doch sofern sich am Ende die Freiheit ihren Weg zurück bahnt, funktioniert das garantiert nicht ohne Rückgriff auf den, der die Wahrheit ist.

Chaos verschwindet durch Wahrheit?
Nicht direkt.

---

13 *„Und Gott sah alles, was er gemacht hatte. Und siehe: es war sehr gut. Und der Abend und der Morgen waren der sechste Tag."*

(Genesis 1,31 – KJD)

Erst, wenn es ihr gewährt wird. Denn die Wahrheit ist eine Person,[14] die Teil der Dreieinigkeit Gottes ist und schon vor Grundlegung der Welt existierte[15] - und sie hat kein Interesse an Bevormundung.[16]

Wir können heute mit Bestimmtheit sagen, dass beides für uns nicht einfach wird. Die Welt ist in ständigem Verfall begriffen, bis der HERR in Herrlichkeit wieder kommt. Und deshalb haben wir es mit immer mehr Verdrehung und Täuschung zu tun. Generation um Generation entfernt sich mehr und mehr vom Schöpfer und erweitert dadurch den Wirkungsbereich des Widersachers, der alten Schlange. Der greift längst tief in Regionen vor, die ihm ein Außenstehender am allerwenigsten zurechnen würde. Mehr noch: hier hält er sich am allerliebsten auf und richtet den allergrößten Schaden an.

Zweifellos befindet sich die Welt heute inmitten einer Transformation, die epische Ausmaße angenommen hat und vielleicht noch epischere Ausmaße annehmen wird. Was auf die Eugenik-und-Mal-des-Tieres-Phantasien der Künstlichen Intelligenz, den Errungenschaften der Blockchain-Technologie, der Pharmadiktatur und den Verheerungen des Weltsozialismus[17] folgen wird, können wir nur erahnen und vor allem erbeten.

---

14 *„Jesus sagt ihm: „Ich bin der Weg, die Wahrheit und das Leben. Kein Mensch kommt zum Vater – außer durch mich!"*

(Johannes 14,6 - KJD)

15 *„der zwar vor Grundlegung der Welt vorherbestimmt, doch für euch in diesen letzten Zeiten offenbar war."*

(1. Petrus 1,20 - KJD)

16 *„Und der Geist und die Braut sagen: „Komm!" Und lass ihn, der hört, sagen: „Komm!" Und lass ihn, der durstig ist, kommen. Und wer es auch immer nehmen wird, lass ihn das Wasser des Lebens frei nehmen!"*

(Offenbarung 22,17 - KJD)

17 Der Recherche über den Weltsozialismus dienen Stichworte wie 'Georgia Guidestones', 'Deagel-Liste', 'Geoengineering', 'Plandemie'...

Wer in irgend einer Weise den endzeitlichen Täuschungen unterliegt, von denen in diesem Buch die Rede sein wird, wird vielleicht zunächst entsprechend wenig Hoffnung für eine weitere Episode des uralten Fluch-und-Segen-Spiels entfalten.
Verständlicherweise, denn diese Erde ist ohnehin nur Staub, der der Verwandlung entgegen ächzt.

Und dennoch ist es mein Drang als aus Wasser und Geist neu geborenem Menschen, mich in meiner Schwachheit und in Christi Stärke gebrauchen zu lassen, um sein Reich auf Erden zu bauen. Sein Reich ist nicht von dieser Welt, doch es findet auf dieser Welt statt. Nicht irdisch und auch nicht irgendwann in Form eines speziellen Friedensreichs.[18] Es ist der metaphysische Äon, die Sphäre, die auch als 'unsichtbare Welt' bekannt ist.

Wir werden uns fragen, wie viel wir wirklich von Christi Wiederkunft wissen können und warum das so ist. Der eine oder andere wird sich mit kognitiver Dissonanz konfrontiert sehen oder mit ihr das Gelesene ablehnen. Ein Dritter wird vielleicht alle Hoffnung dahinfahren lassen. Ein Vierter wird ganz neue Hoffnung dankbar für sich in Anspruch nehmen und mit ihr das Kommende.
Gleich, welche Reaktionen hervorgerufen werden: es bleibt unsere Verantwortung, aus dem Chaos der Welt Reich Gottes zu bauen. Aus unserer Schwachheit heraus Christi Stärke leuchten zu lassen.

---

18 Hierzu empfehle ich bspw. die erhellenden Werke des Johannes Lerle, die u.a. auf www.johannes-lerle.net abrufbar sind, insbesondere: Lerle, Johannes: 'Das Tausendjährige Reich', Norderstedt: BoD Verlag, 2012.

zum Untertitel.

Ein Sprichwort besagt:

> *„wer nach allen Seiten offen ist, der kann nicht ganz dicht sein."*

Das trifft auf viele Menschen zu, die sich auf 'Vielfalt' konzentrieren. Auf die Vielfalt statt auf das Wort Gottes; auf die Beliebigkeit statt auf die Wahrheit.

Paulus bemerkt:

> *„der Buchstabe tötet, aber der Geist gibt Leben."*[19]

Das ist jenen ins Stammbuch geschrieben, die sich durch menschliche Auslegung vom Wesen der Liebe entfernen.
Auslegung statt Liebe; Auslegung statt Freiheit.

Zwei Mal zwei Gegensätze, zwischen denen ich jahrelang hin- und her wanderte. Mein Problem war: ich konnte klar Kante beziehende Wahrheit nie völlig mit klar Kante beziehender Freiheit vereinbaren. Alle Ideen waren durch Labels besetzt und fielen irgendwann auf der jeweils anderen Seite vom Ross.

Irgendwann begann ich zu begreifen: es sind überhaupt keine Gegensätze.

---

19 *„Der uns auch dazu befähigt hat, Diener des Neuen Bundes zu sein. Nicht des Buchstabens, sondern des Geistes. Denn der Buchstabe tötet, aber der Geist gibt Leben."*
(2. Korinther 3,6 - KJD)

Alle diese Halbwahrheiten sind weiße und schwarze Bauern auf einem großen Schachbrett, das sie für das Reich Gottes halten. Doch es ist nicht das Reich Gottes. Es ist auch nicht die Welt. Es ist die Spielwiese der alten Schlange, die nichts lieber tut, als die Braut Christi zum Narren und ihr Umfeld von ihr fern zu halten. Wen sie korrumpiert, den beherrscht sie immer wieder neu dadurch, dass sie die Wahrheit von der Freiheit trennt – und die Freiheit von der Wahrheit.

„Keine Gemeinschaft mit den fruchtlosen Werken der Dunkelheit"[20] zu haben, meint nicht etwa Heiligung im Sinne von personeller Abgrenzung. Gewissermaßen ganz im Gegenteil, wie der Aufruf im gleichen Satz weiter lautet: etwas rügen kann ich nur, wenn ich mich damit konfrontiere, mich ihm stelle. Paulus räumt ein, dass es eine Schande ist, von den Dingen zu reden, die im Verborgenen getan werden.[21] Doch er befürwortet damit nicht etwa die Ignoranz irgendeines Elfenbeinturms, wie sie heute leider die Norm ist – ganz gleich, in welchem Erkenntnisstall!
Nein, er ruft auch hier zur Selbstverleugnung um des Evangeliums willen auf. Nichts anderes ist das Licht, das so gerne imitiert wird.

---

20 *„Und habt keine Gemeinschaft mit den fruchtlosen Werken der Dunkelheit, sondern rügt sie vielmehr."*

(Epheser 5,11 – KJD)

21 vgl. Epheser 5,12f.

„Die Essenz der Dummheit ist nicht das Nichtwissen, sondern das Nichtwissenwollen."

(Roland Baader)

„Denn jetzt sehen wir durch ein Glas - getrübt, doch dann von Angesicht zu Angesicht. Jetzt verstehe ich in Bruchstücken, doch dann werde ich völlig erkennen - wie auch ich erkannt bin."

(1. Korinther 13,12 - KJD)

Teil 1

Erkennen.

„Bin ich euch deshalb zum Feind geworden, weil ich euch die Wahrheit erzähle?"

(Galater 4,16)

„Frieden ist nur durch Freiheit, Freiheit jedoch nur durch Wahrheit möglich."

(Thorsten Schulte)

„Die metaphysische Essenz der Freiheit ist die Freiheit des Menschen zu Gott."

(Roland Baader)

Von Wahrheit und von Freiheit.

Dies hier ist meine Geschichte und zugleich auch der Versuch einer Weltgeschichte.
Doch was an 'my story' ist zugleich auch 'his (s)tory'?

Wir sind von klein auf dazu konditioniert, verborgene (d.h. okkulte) und gerne auch als surreal erkennbare Welten für erstrebenswert und schön zu halten. Die Tatsache, dass solche Traumwelten (gleich ob Hollywood, Disney, Volksglaube oder Brüder Grimm) so tief in uns verankert sind, ist wohl auch mitverantwortlich dafür, dass wir uns heute derart vehement vor 'Verschwörungstheorien'[22] in Acht nehmen. Denn das bloße 'Geschichten-erzählen' ist uns nicht etwa angeboren. Es ist uns allenfalls 'in die Wiege gelegt' – ein nicht zu verachtender Unterschied! Mythen, Sagen, Märchen wurden notwendig dafür, ein Vakuum in uns zu füllen. Denn es wurde damit begonnen, die echte Geschichte zu verdrehen. Doch wir sehnten uns

---

22 Den Begriff 'Verschwörertheorie' definierte übrigens das *Lexikon der Soziologie* im Jahr 1972 noch als „Argumentationen, mit denen politische Autoritäten im Sinne einer Sündenbocksuche von eigenen Misserfolgen ablenken" und „ihre Herrschaft stabilisieren" würden (vgl. Günter Hartfiel: *Wörterbuch der Soziologie*. 3. Aufl.: Alfred Kröner Verlag, Stuttgart 1972. S. 787.).
Die Realität wird traditionell verklausuliert verbreitet – 'hiding in plain sight'.
Der Terminus entstand zwar nicht erst 1967 durch die CIA, wie gerne vorschnell erklärt wird. Doch wer auf der Entstehung beharrt, tut sich keinen Gefallen. Denn die bekannten frühen Verwendungen aus den Jahren 1870 (*'The Journal of Mental Science'*), 1881 (*'Rhodes' Journal of Banking'*) und 1890 (*'The Path'*) stehen allesamt nicht gerade für eine sonderliche Distanz zu allfälligen Netzwerken! Das gilt im Übrigen auch für Karl Popper, der in berufenen Zeiten – 1945 – seinem Hass auf Andersdenkende Luft machte. Inhaltlich spielt es keine Rolle, ob etwas ursprünglich von Rhodes, Blavatsky, Popper oder eben der CIA stammt. Die Agenda ist entscheidend und steter Tropfen höhlt den Stein!

weiter nach der echten und so wurde der Teufel mit dem Beelzebub ausgetrieben.[23]

So gerne wir uns auch das Gegenteil einreden:[24] Geschichten machen uns nur dann das Leben leichter, wenn sie den Tatsachen entsprechen; wenn sie das nicht tun, dann stehen sie nicht nur spielerisch der Wahrheit entgegen. Dementsprechend erschweren sie es uns, die Wahrheit als das anzunehmen, was sie ist.

Kein Wunder also, dass der Gegner jeder Wahrheit – die alte Schlange – keine Gelegenheit dazu auslässt, uns seine Bären[25] aufzubinden.

Nur zu gerne hätten wir es, wenn wir uns derart plump vor 'Fake News' schützen könnten, wie wir es auch vermeiden können, einen Horrorfilm zu schauen oder eine Sage zu hören. Naheliegend also, warum die 'Aluhüte'[26] von den 'Schlafschafen'[27] auf das entsprechende Niveau degradiert werden.

Geschichten (und die uns glauben gemachte Geschichte) ziehen uns in ihren Bann, fesseln uns. Sie stehen ebenso der Freiheit entgegen wie der Wahrheit.

---

23 Es mag vielleicht die Frage erlaubt sein, warum es bspw. der deutschen Sprache genügt, für den Ablauf der Vergangenheit das gleiche Wort zu verwenden wie für jede andere Erzählung – während hier im Englischen klar differenziert wird.

24 Das heißt auch, dass ich keineswegs dazu aufrufe. Fantasie zu unterdrücken und erbauliche Horizonterweiterungen mit Realitätsbezug zu unterwandern. Gott wandelt seit Jeher Fluch in Segen um, wenn wir ihn gewähren lassen.

25 Oder Mäuse, Enten, Räuberpistolen, Weltherrschaftslegenden...

26 Ein Mensch, der bspw. die Verstoffwechslung schädlicher Schwermetallverbindungen wie Aluminium vermeidet und selbstlos die Naturgesetze wahrt.

27 Ein Mensch, der bspw. Raubtiere wie Wölfe in sein direktes Umfeld holt und stolz seine Lebensgrundlagen vernichtet.

Wir wenden uns deshalb nicht völlig gegen Geschichten, die das Leben in einer gefallenen Welt erträglicher machen. Zu tief hängen wir in den Tiefen der Welt, als dass es gesund wäre, ohne Rücksicht und Vorsicht den Dampfhammer auszupacken um an jeder Ecke die pure und unveränderliche Schöpfungsordnung einzufordern. Wir können schließlich auch kaum beispielsweise mit Ackergäulen das Stadtvolk ernähren oder unsere Besorgungen zu Fuß oder zu Ross erledigen. Es wäre gesünder für alle – und dennoch stehen erhebliche Sachzwänge dagegen und all das macht nur in kleinen Schritten Sinn. Ob sich hierfür Amish und ähnliche Glaubensgemeinschaften die richtigen Prioritäten gesetzt haben, ist ein Thema für sich.

Das Handwerkszeug für ein paar grundlegende Schritte legen wir uns auf den folgenden Seiten zu. Dabei wird jeder etwas anderes für seinen Werkzeugkoffer finden.

Diejenigen, die die Abläufe auf dieser Welt verstehen, werden eine Ahnung davon vermittelt bekommen, was hinter all dem steckt und wie jeder Einzelne persönlich damit umgehen sollte.

Diejenigen, die die Hintergründe dieser Abläufe längst verinnerlicht und damit das Wichtigste schon verstanden haben, werden die eine oder andere Verbindung ziehen und die eine oder andere kognitive Dissonanz zu überwinden haben.

Beide Gruppen wird das auf ihre Weise herausfordern und es ist mein Gebet, dass beide Gruppen daraus ihre Konsequenzen ziehen.

Auf dass die Wahrheitsbewegung Frucht trägt und zur Gemeinde wird – und die Gemeinde zur Wahrheitsbewegung. Auf dass beide in ihrer Berufung ankommen.

Was ist Gemeinde?

Noch vor wenigen Jahren war ich – im Glauben erzogen und längst neugeboren – der Ansicht, der Geist Gottes wehte in erster Linie innerhalb verfasster Institutionsstrukturen.

Ebenso dachte ich, er würde freudig über die Einhaltung demokratischer Pflichten wachen. So wäre beispielsweise die Kanzlerschaft einer Pfarrerstochter gleichsam Nachklang mittelalterlicher Gottesgnadenschaft.[28]

In beiden Fällen sollte ich mich elementar getäuscht haben. Die Existenz irgendwelcher missing links geahnt hatte ich schon lange, vielleicht weil ich schon früh auf die Rolle des Außenseiters vorbereitet war.

Über die Jahre stellten sich sodann in meinem Herzen die unterschiedlichsten Fragen. Auf manche bekam ich ganz klassisch eine damals zufriedenstellende Antwort, auf anderen musste ich zunächst sitzenbleiben. Oder – und das weckte einen gewissen Forscherdrang – die gelieferten Antworten stellten mich einfach nicht zufrieden.

Was mir am allerspanischsten vorkam war, dass sich meine Mitchristen immer wieder als die allerheftigsten Verdränger der für mich doch so offensichtlichen Wahrheiten zeigten. Quer durch alle gemeindlichen Stallgerüche zog sich diese Ablehnung so mancher Themen. Und deshalb konnte ich auch nur selten einzelne Lehren als scheinbare Ursache dieser Ablehnungen lokalisieren. Dennoch gingen diese bald schon so tief, dass immer wieder umgehend und ohne

---

28 Mit der Gottesgnadenschaft und ihrem Missbrauch werden wir uns eingehend beschäftigen.

Hinterfragung Kontakte abgebrochen oder gar Freundschaften aufgekündigt wurden.

Gerade meine Mitchristen, die doch den biblischen Befund kennen sollten, stellten mich am allereifrigsten in diese ominöse 'Verschwörungstheoretiker'-Ecke; sie verpassten mir sozusagen den 'Judenstern' des 21. Jahrhunderts. Sie meinten, ich solle mich doch nicht 'der Angst' widmen...

Eine rasante Reise durch die Dogmatiken und Gemeinderichtungen der Kirchengeschichte stand mir noch bevor, ehe ich nach mehreren Kehrtwendungen mit geläutertem Bewusstsein dort angekommen war, wo ich ein Vierteljahrhundert zuvor schon einmal hätte landen können. Mit unermesslichen Konsequenzen. Hätte ich anderen Leuten vertraut.

Insgeheim wusste ich längst, dass meine Neugier nichts mit jenem Angstfetisch zu tun hatte und dass diese Angst vielmehr deren Gegenteil ist. Doch warum es scheinbar so viel billiger war, diffusen Ängsten Raum zu geben als der Wahrheit – das entfaltete sich erst spät vor meinem inneren Auge.

Gemeinde ist Gemeinschaft Gläubiger.
Nicht mehr, aber im Notfall unserer Zeit problemlos auch mal weniger.

Vor Allem hat die Definition von Gemeinde erst einmal nichts mit Glaubensbekenntnissen zu tun.
Wer – wodurch auch immer – erahnt, dass er ohne Christi Opfer verloren ist, der ist Gemeinde, da er durch Gnade aus Glauben Teil der Braut Christi ist. Dazu braucht er nicht zwingend die Gemeinschaft Gleichglaubender.

An sich braucht er zunächst nicht einmal die Gemeinschaft irgendwelcher Mitchristen.

Denn er ist gegenüber Gott für seine Frucht verantwortlich, und wenn seine Mitchristen seine Glaubenshaltung nicht mittragen, dann muss nicht er deshalb irgendetwas anderes tragen.

Schöpfungsordnung und Lehren der Apostel stehen dem nicht entgegen.[29]

Leider tut das jedoch die eine oder andere menschliche Ordnung und Lehrmeinung (ob geschrieben oder ungeschrieben, ob vorsätzlich oder instinktiv)...[30]

---

29 Ganz im Gegenteil, s. bspw. den Disput zwischen Paulus und Barnabas, vgl. Apostelgeschichte 15,39. Auch die Warnung aus Offenbarung 3,11 weist auf entsprechende Gefahren hin.

30 An anderem Ort gehen wir etwas näher auf diese Umstände ein.

Alles begann mit natürlicher Heizung.

Noch während meiner theologischen Ausbildung hatte ich zu Beginn des Jahrtausends die so ganz andere Heizung kennengelernt, die fortan mein Vater in seinem neuen Unternehmen herstellen wollte. Und ich war hemmungslos begeistert. Ich wurde Teil einer beispiellosen unternehmerischen Odyssee, die mich 'im Kleinen' all das vorwegnehmen lies, was unser Volk hernach 'im Großen' in seinen Niedergang trieb. Das Volk der Dichter und Denker erlebt gewissermaßen im großen Stil, was der Technologieführer der Infrarotheizung im Kleinen geschafft (bzw. **nicht** geschafft) hat. Mein 'Prinzip Leben'[31] durfte aufgrund massiven Vertrauensmissbrauchs auf Basis des teuflischen 'Autogenen Trainings' nicht leben. Doch das ist wiederum eine Geschichte für sich.

Warum erwähne ich es dann überhaupt?
Nun, in dieser Zeit erlebte ich, dass nicht etwa nur die universitäre Theologie unter Hegelscher Dialektik begraben liegt (die mir im Seminar nicht zu Unrecht vermittelt worden war – 'hiding in plain sight'), sondern dass dies auch für den einen oder anderen – interessengesteuerten – Bereich alltäglichen und materiellen Lebens gilt. Die widerstreitenden Welten natürlicher und menschengemachter Heizung entführten mich peu á peu in weitere Welten alltäglicher Gegensätze: Klimawandel, Kernkraft, Glühlampe, Ottomotor, Feminismus, Geheimdienste, Geschichtsklitterung, Gesellschaftstransformation, Bibelkritik, Impfung – um wahllos nur wenige der ersten zu nennen. Sie waren mein Ansatzpunkt, um ein schier unstillbares Interesse zu wecken.

---

31 Die in meiner Schublade schlummernde Unternehmensphilosophie, die dem Produkt entsprechend ein kompromisslos lebensförderndes Markenverständnis fördern sollte.

Schritt für Schritt, Zwiebelhaut um Zwiebelhaut schälte ich mich durch die scheinbar immer offensichtlicher werdenden Zusammenhänge und fand mich schließlich in einem Netz gefangen, das an allen Enden zurück federte. Alles hing mit allem zusammen. Mein 'bibeltreues' Theologieseminar war nicht imstande gewesen, mir auch nur einen Hauch davon zu vermitteln.

Heute weiß ich, warum das so ist. Mein Seminar hat daran wenig Schuld.

Gespannt, wie über solchen Gegensätzen ein Bogen zu spannen ist, dessen Spannung nicht nachlässt? Dann lassen Sie sich nicht länger auf die Folter spannen und kommen Sie mit auf eine Reise, vor der zu allen Zeiten massivst gewarnt wurde.

Und danach gelegentlich auch mal tatsächlich die Folter gespannt.

Freier Wille, nicht freie Wahrheit.

Unser Schöpfer gab uns einen freien Willen. Das macht er immer wieder deutlich. Sprich: Sie alleine sind für Ihre Einstellungen, Meinungen und Überzeugungen verantwortlich.

Politisch gesehen ist Gott im Grunde libertär.[32] Er lässt Ihnen in allem Ihre Freiheit – aber entsprechend auch die Verantwortung. Deshalb ist es unverzichtbar, dass Sie sich über alles, was Ihr Dasein betrifft, irgendeine Meinung bilden. Eine Meinung, die Sie selbst in irgendeiner Weise vertreten können. Wer Ihnen auch immer im Laufe Ihres Lebens etwas beigebracht oder gelehrt hat, hat dafür die Rechtfertigung abzulegen. Doch was Sie daraus machen, obliegt alleine Ihnen.

Daher ist es für einen Volljährigen grundsätzlich verkehrt, unreflektiert zu übernehmen, was ihm irgendein Leiter, eine Kirche, irgendein Buch oder was auch immer erzählt.

Jeder seriöse Truther - ob säkular oder bibelgläubig - ermutigt Sie dazu, nicht stumpf ihm zu folgen, sondern anhand seiner Ausführungen selbst zu prüfen. Denn mediale und politische Entitäten sind genauso fehlbar und menschlich wie es gemeindliche sind.

---

32 *„Libertarismus ist die radikale Ansicht, dass andere Menschen nicht dein Eigentum sind."*

(Oliver Janich)

Wie jede isoliert betrachtete Ideologie unterteilt sich der sogenannte Libertarismus in unterschiedliche Ansichten, die aus ihren jeweiligen Vorannahmen gespeist werden. Demgemäß lässt sich der HERR nicht auf eine politische Ideologie begrenzen. Man könnte vielleicht sagen: irdisch ist er Minarchist, wesensmäßig ist er Anarchist.

In diesem Leben ist es unmöglich, aktiv seine Schöpfungsordnung zu ignorieren, doch in der Ewigkeit in seiner Gegenwart – ohne die Anwesenheit des Bösen – wird die Freiheit vollkommen sein.

Wie viel mehr also sollten Christen selbständig und verantwortungs-bewusst prüfen?

Wer zu bahnbrechenden neuen Erkenntnissen gelangt und sie sich zu eigen macht, der steht immer in der Gefahr, seinen Lehrer zu seinem Guru emporzuheben. Wenn es ihn gibt, dann gilt das sicherlich ganz besonders für den Menschen, der Sie zum Glauben geführt hatte.

Jede Erweckungsbewegung in der Geschichte der Gemeinde endete in der Zementierung jener kulturellen Bestandteile, die das ureigene Zusammengehörigkeitsgefühl der gemeinsam erweckten Gruppen erzeugen und dann irgendwann in irgendeiner Weise den biblischen Befund lähmen. Denn wir werden immer mit Menschen zu tun haben – doch im Englischen gibt es eine schöne Redewendung:

> *„learn and unlearn – lerne und entlerne".*

Oder wie der 'deutsche Billy Graham'[33] Anton Schulte zu sagen pflegte:

> *„die Form muss sich ändern, der Inhalt bleiben".*

Dass sich die Form ändern 'muss', fällt dabei oftmals auf sehr viel offenere Ohren, als das, was Anton tatsächlich wichtiger war – ein unveränderlicher Inhalt.

Nicht zuletzt deshalb bin ich selbst geneigt, das 'muss' an jener Stelle zu streichen und durch ein 'kann' zu ersetzen. Doch letztlich muss ich es stehen lassen, es ist der immer weiter fallenden Welt, in der wir leben, geschuldet. Heute mehr denn je.

Dem für alle Zeit bleibenden Begriff der Wahrheit tut das keinen Abbruch.

---

33 So ein nett gemeinter Spitzname – Gott sei Dank war Anton im Gegensatz zum freimaurerischen 'Original' ein echtes Original.

Denn er, der *„Weg, Wahrheit und Leben"*[34] ist, ist ebenso auch *„Jesus Christus, der selbe gestern, heute und ewiglich."*[35]

Freiheit ist verhandelbar. Wahrheit nicht.

Aus der Freiheit geborene Unterschiede und Auslegungsdifferenzen müssen sich deshalb an der Wahrheit – aber auch nur daran – orientieren. Gemeinsamkeiten müssen sich dadurch – und können sich nur dadurch - definieren.

---

34 vgl. Johannes 14,6.

35 vgl. Hebräer 13,8.

Von der Wahrheit in einem Christenmenschen.

Die Wahrheit ist die Person Jesus Christus selbst – und nur diese Wahrheit macht final frei.
Ist uns die Tragweite dieser Erkenntnis bewusst?

Wenn Sie Christ sind, dann wähnen Sie sich vielleicht vor dieser ganzen Verschwörerei in Sicherheit. Denn Sie persönlich leben in Beziehung mit Jesus Christus und haben für sich sein Blut als Rechtfertigungsopfer angenommen. Dadurch leitet Sie der Heilige Geist in Güte und Wahrheit – und Ihnen obliegt es nur noch, durch seine Kraft seinen Willen zu tun und in seiner Herrlichkeit zu wandeln. Sie wollen sich nicht 'der Angst' widmen.

Dagegen ist erst einmal nichts einzuwenden. Doch wir reden hier von Ihrer persönlichen Rechtfertigung. Von nichts sonst.
Der Gott der Bibel – Ihr und mein Herr - hat versprochen, Sie durch Drangsal durch zu tragen, nicht aber (wie das leider vielgestaltig glauben gemacht wurde) davor irgendwie zu verschonen!

Wie bereits erwähnt, ist es für gemeindlich unbedarfte Truther unverhofft selbstverständlich, dass sie den Grundsatz aus dem ersten Thessalonicherbrief[3] beherzigen. Im Allgemeinen sind sie sich nicht zu fein darin, von sich weg und auf die faktische Wahrheit hinzuweisen. Christen jedoch neigen fast immer dazu, den (menschlichen) Leiter ihres Vertrauens dazu zu befragen.
Dabei ist die Thessalonicher-Mahnung doch gerade an den bewussten Christen eine Anweisung! Ihm sollte es in Mark und Bein liegen, von

sich weg und auf Christus (und nichts anderes ist die faktische Wahrheit) hinzuweisen![36]

Gerne wird heute betont, man müsse als Christ nur *„auf Jesus schauen"*, dann wisse man schon, was zu tun ist. Dies führt dann sehr schnell dazu, dass korrumpierte Bibelauslegungen und -kommentare bemüht werden und dass für den postmodernen Christen das *„in der Welt sein"* dermaßen überbetont wird, dass es unverhofft und unbemerkt zum *„von der Welt sein"* mutiert. In schleichender Art und Weise gewinnen durch tendenziöse Auslegungen weltliche Denkmuster Überhand. Man hinterfragt immer weniger und erntet einen Rattenschwanz an Zirkelschlüssen.

Man macht sich keine Gedanken mehr über die Glaubwürdigkeit dessen, was in den Abendnachrichten oder auf den Webseiten der Leitmedien aufgetischt wird, ganz zu schweigen von frommen Medien und Spektakeln.

Kognitive Dissonanzen sind dann kein Alarmsignal mehr wie es Schmerz, Krankheit und Gewissensbisse sind. Man müsse ja *„die Obrigkeit ehren, die von Gott eingesetzt ist"*. Ja, und dass gerade der Kaisergroschen eindeutig und anstandslos Steuern bejaht, das wäre doch biblisch!

Nur zwei von unzähligen Beispielen tradierter Fehlbewertung, die – jedes einzelne für sich – exorbitante Auswirkungen auf das Reich Gottes haben.

Ähnlich argumentieren oft jene, die sich zeitgeistlichen Entwicklungen zu entziehen versuchen und dafür (nicht ganz zu Unrecht) biblische

---

36 Wie bereits der Täufer Johannes festgestellt hatte:
„Er muss zunehmen, ich aber muss abnehmen."

(Johannes 3,30 - KJD)

41

Belege heranziehen. Sich dann dafür jedoch irgendeine andere, altgediente Episode des Zeitgeistes auf die Fahnen schreiben.

Beide Lager stehen sich unversöhnlich gegenüber – witzigerweise meist, bis ein 'Einigungsimpuls' von außen kommt. Die sogenannte 'Einheit in Vielfalt'.

Die Bibel erzählt Bände davon, wie die Mächtigen im Laufe der Jahrtausende immer wieder ihre Mächte zum Negativen auszunutzen bereit waren. Bereits der Richter Salomo warnte auf Gottes Geheiß hin sein Volk eindringlich davor.[37]

Mit *„Israel begehrt einen König"* oder ähnlichen Worten wird diese Begebenheit gerne überschrieben. Was ein historischer und inhaltlich klar nachvollziehbarer Fakt ist, hat jedoch eine bedeutende Tragweite bis in unsere Zeit hinein. Denn die Heidenvölker, auf die Israel hier neidvoll schielte, waren nicht etwa besonders heiß auf die Monarchie und konnten nur mit demokratischen Strukturen nichts anfangen! Sie

---

37 *Und er sagte:*
"So wird sich der König verhalten, der über euch regieren wird: er wird eure Söhne nehmen und sie für sich selbst, für seine Wagen und als seine Reiter einsetzen; und einige werden vor seinen Wagen herlaufen. Und er wird sich Hauptleute über Tausende und Hauptleute über Fünfzig ernennen; und er wird sie dafür einsetzen, seinen Boden zu bestellen und seine Ernte einzufahren, und seine Kriegsgeräte und die Geräte seiner Wagen herzustellen. Und er wird eure Töchter zu Konditorinnen, Köchinnen und Bäckerinnen nehmen. Und er wird eure Äcker, eure Weinberge und eure Ölbäume nehmen, auch die besten unter ihnen, und sie seinen Knechten geben. Und er wird ein Zehntel eures Samens und euren Weinbergen nehmen und seinen Knechten und Dienern geben. Und er wird eure Knechte und eure Mägde und eure besten jungen Männer und eure Esel nehmen und sie für seine Arbeit einsetzen. Er wird ein Zehntel eurer Schafe nehmen, und ihr werdet seine Knechte sein. Und ihr werdet aufschreien an jenem Tage um eures Königs willen, den ihr euch erwählt haben werdet; und der HERR wird euch an jenem Tage nicht hören.".
Dennoch weigerte sich das Volk, Samuels Stimme zu folgen; und sie sagten:
„Nein, aber wir werden einen König über uns haben; auf dass auch wir wie alle Völker seien und dass unser König uns richten und vor uns herziehen und unsere Schlachten schlagen möge."

(1. Samuel 8,11-20 - KJD)

waren durch ihre babylonische Grundprägung seit jeher alle darauf aus, Macht zu konzentrieren und auszunutzen. Dafür war es notwendig, die Selbständigkeit des Volkes zu beschneiden und das entsprechend propagandistisch zu verpacken.

Was hier vor sich ging, war ein erster Verzicht des Volkes auf Selbstbestimmung. Doch bei Licht betrachtet, kommt uns die Methodik sehr bekannt vor. Die Hoffnung, die das Volk Israel trotz aller Offensichtlichkeiten in die Königsherrschaft setzte, setzen wir heute in den Bürokratie-Moloch der Demokratie.

All das scheint vergessen, wenn man Monarchie und Demokratie gegeneinander ausspielt und dann vielleicht auch noch Pfarrerstochter oder Pfarrer auf die Bühne des Jesuitentheaters stellt. Oder man überschreibt eine als staatliches Zwangszahlungsmittel bezeichnete Schuldverschreibung mit 'In God we trust' (die Frage bleibt unbeantwortet: wer oder was ist Gott?) und siehe da – wir leben in 'God's own Country'. Wen dieses Konstrukt mit seinen Werten 'beglückt', der kann sich doch nur glücklich schätzen – oder etwa nicht?

Nein, eher nicht. Denn derlei Kunstkniffe sind lediglich dem geistlichen Kampf, dem ständigen Aufbegehren der Braut Christi, geschuldet. Das Reich der Welt bleibt das Reich der Welt und korrumpiert sich immer weiter in die Lüge Satans hinein. Während das Reich Gottes das Reich Gottes bleibt und sich immer weiter in die Herrlichkeit des HERRN hinein vermehrt.

Es liegt an uns, diese Vermehrung immer wieder durch unser Vertrauen in die ewige und unkorrumpierte Wahrheit zu fördern.

Von der Freiheit in einem Christenmenschen.

Wenn nur die personifizierte Wahrheit frei macht, dann kann es Freiheit nur durch Wahrheit geben. Und dem bekennenden Christen ist auch klar, dass er durch das stellvertretende Opfer Christi final frei ist. Doch auch dem aufrichtigen Wahrheitssucher ist klar, dass er nur durch Wahrheit frei wird. Auch wenn für ihn diese Wahrheit noch nicht personifiziert[38] ist.

Alle unsere Betrachtungen müssten eigentlich sehr viel tiefer gehen, als es im gebotenen Rahmen zu machen ist. Denn über die Freiheit eines Christenmenschen wurden über die Jahrhunderte viel zu wenige Gedanken überliefert. Vielleicht auch gerade deshalb, weil jener Mönch aus Wittenberg bereits ein Pamphlet mit diesem Titel verfasste. Doch in dem vollzog er seine klassischen Winkelzüge, die nicht nur 'Lutheraner' suboptimal prägten...
Unter anderem daher ist es im deutschsprachigen Raum hauptsächlich die außer-gemeindliche Welt, die barrierefrei die Freiheit thematisiert. Der biblische Befund kann deren Erkenntnisse letztlich nur durch die Metaphysik ergänzen. Doch wer sein Herz der Wahrheit verschreibt, kann im Hinblick auf das Irdische zu keinen anderen Schlüssen kommen als es ein bewusster und bekennender Christ[39]

---

38 Ein fieser Trick aus den sogenannten (teilweise tiefenstaatlichen) Reichsbürger-Kreisen beißt sich an der Bezeichnung 'Person' fest und will sie als Beleg für die Entrechtung des Menschen brandmarken. Das ist jedoch newagige Spiegelfechterei. Ein sich rein als 'Mensch' identifizierbares Wesen lässt sich leichter in eine künstliche Intelligenz evolutionieren. Der Mensch ist jedoch mehr als das, er ist eine mit Gottes Ebenbildlichkeit ausgestattete Person!

39 Der kompromisslos (d.h. möglichst wenig durch Täuschungen getrübt) glaubt.

könnte. Der aufrichtige und unermüdliche Wahrheitssucher kann das Metaphysische aus sich heraus nicht greifen und zieht allenfalls aus seiner irdischen Wahrnehmung Schlüsse auf das Übernatürliche. Daraus leitet er aber letztlich keine Systematik ab. Denn er weiß: die Wahrheit macht ihn frei und hinter jedem Busch kann eine neue Information lauern, die ihn zur Korrektur zwingt.

Der Christ hatte ursprünglich die Information in sich, dass Gottes Reich nicht von dieser Welt ist und dass somit die Metaphysik nicht physisch beschränkt ist. Doch leider hat er es über die Jahrhunderte intuitiv perfektioniert, die ihm bekannte Physik mit der ihm bekannten Metaphysik zu verquicken. Denn die Verwirrung der Gemeinde ist des Teufels edelstes Ziel. Hier konnte und kann er den denkbar und undenkbar größten Schaden anrichten.

Der Sachverhalt, dass all das im englischen Sprachraum ganz anders zu sein scheint, führte mich irgendwann auf die Fährte, die sehr vieles sehr viel logischer erscheinen ließ. Die Fährte der Geschichte und der Institutionalisierung der Gemeinde. In allererster Linie lernte ich die King James Version als das kennen, was sie meiner Überzeugung nach unzweifelhaft ist. Hierzu später mehr.

Damit einhergehende Erkenntnisse stellten unbeschreiblich vieles auf den Kopf. Doch niemals sollten wir dem Trugschluss erliegen, wir hätten begriffen! Denn auch dies war wiederum lediglich eine Episode. Wenn auch eine Episode, die der nächsten nicht plötzlich widersprach (was bislang meist der Fall war).

Einige Erkenntnisse früherer Bewusstseinsschritte, die ich durch unverrückbare Tatsachen zu verwerfen gelernt hatte, werden nun doch wieder hervorgeholt und entstaubt. Doch es ist keine Revision! Etwas völlig neues trat ein: diese verschiedenen Ansichten widersprechen einander nicht mehr.

Welche das sind und warum es so ist – wir werden sehen.

Für den Moment nur so viel: ich konnte mich nie so frei fühlen wie ich das jetzt inmitten aller persönlichen und wirtschaftlichen Zwänge kann! Die Korruption der Welt hatte in mir die Freiheit in Christus bis zur Unkenntlichkeit beschnitten, und das meist durch hingegebene Kinder Gottes.

An irgendeinem Punkt ihres Glaubenslebens wurde deren Vertrauen massiv missbraucht. Das sollte mir doch bekannt vorkommen…

Chaos aus der Ordnung.

„An den Lobpreisleiter: auf der Sheminith-Harfe, ein Psalm Davids.

Hilf, HERR! denn der Gottesfürchtige stirbt aus; denn die Treuen scheitern unter den Menschenkindern. Sie reden eitel, ein jeder mit seinem Nachbarn; mit schmeichelnden Lippen und mit einem doppelten Herzen reden sie.

Der HERR wird alle schmeichelnden Lippen und die Zunge, die hochmütig redet, ausrotten!

Wer hat gesagt: Mit unserer Zunge werden wir siegen; unsere Lippen sind unsere eigenen; wer ist Herr über uns? Um der Unterdrückung der Armen willen, um des Seufzens der Bedürftigen willen, will ich mich nun erheben, spricht der HERR; ich will ihn in Sicherheit bringen vor dem, der sich vor ihm aufbauscht.

Die Worte des HERRN sind reine Worte: wie Silber, das in einem Erdofen geprüft und siebenmal gereinigt wird. Du wirst sie bewahren, HERR, du wirst sie bewahren von diesem Geschlecht für immer. Die Gottlosen wandeln nach allen Seiten, wenn die Übeltäter erhaben sind."

(Psalm 12 – KJD)

Die Homiletik des Vertrauens.

Wer geistlich wachsen will, der muss sich zuallererst (immer wieder neu) darüber im Klaren sein, wem oder was er glauben will und wem er es zutraut, dieses Wachstum in ihm zu bewirken.

In zweiter Linie muss ich mir vergegenwärtigen, wie ich diesem Jemand zweifelsfrei vertrauen kann. Anders, als es den Anschein hat, sind auch hier elementare Entscheidungen gefordert. Diese Entscheidungen werden zumeist sehr schnell und oft sogar unmerklich getroffen. Man vertraut darauf, dass Aussage X von Lehrer Y in allen Belangen plausibel und tragfähig ist. Ist sie ja auch meist, denn Lehrer Y ist (hoffentlich) in gleicher Weise Behausung des Heiligen Geistes wie ich das bin. Seine Aussagen sind durch vielerlei Belege und unterschiedlich logische Schlüsse nachvollziehbar.

Doch jeder Beleg und jeder Schluss fußt auf Vorannahmen. Und diese werden eben oft nur ein Mal hinterfragt und dann festgesetzt. Bin ich es nicht gewohnt, meine Vorannahmen aus einem weiteren Blickwinkel zu hinterfragen, werde ich immer wieder Opfer meiner kognitiven Dissonanz sein und unfähig, *„zu prüfen und an dem festzuhalten, was gut ist".*[40] Ich werde diese Aufforderung des Paulus dann falsch interpretieren und so verstehen, wie sie allzu oft im Deutschen übersetzt wird: *„das Gute behalten".* Ohne Neubewertung. Das heißt: das Geprüfte nur dann für mich annehmen, wenn es dem Guten (meiner Vorannahme) entspricht.

---

40   Nach 1. Thessalonicher 5,21 – KJD.

Je nach Interpretation des Heiligen Geistes sind einige Christen der Auffassung, der biblische Befund wäre mehr bildlich-symbolisch zu verstehen und andere versuchen, sich möglichst grundtexttreu am Wortlaut zu orientieren.

Hier stehen wir am wohl größten Spaltpilz der heutigen biblischen Gemeinde.[41] Teils trennt er die Braut Christi in zwei unversöhnliche Lager, teils zieht er sich durch einzelne Gemeinden und Glaubensauffassungen hindurch. Mit mehr oder weniger guten Argumenten wird für die eine Sicht argumentiert, doch auch einige Argumente der Gegenseite sind oft nicht generell von der Hand zu weißen. Manches Mal werden Argumente, die woanders angebracht wären, einfach nur falsch angewandt - ein Paradebeispiel hierfür sind die Visionen des Apostels Johannes in der Offenbarung.

Und oft haben wiederum beide Lager lediglich den guten Willen zu bieten.

Hier wie dort gibt es Scharlatane, die nicht einmal über diesen guten Willen verfügen und die vielmehr ihr Ding drehen. Fernab jeder Gotteskraft. Und diese Scharlatane sind es auch, deren geistliche Vorfahren dafür sorgten, dass solche Lager überhaupt erst entstehen. Denn sie infiltrierten die Gemeinde von außen. Und setzen heute klassisch hegelianisch alles daran, sie auch von außen wieder zu einen. Getreu ihren Motti 'Der Zweck heiligt die Mittel'[42] und 'Mache, was du willst'.[43]

---

41 Ich sage 'biblische Gemeinde', da beide Seiten der Medaille teils ganz offen, teils sehr subtil unterwandert sind: im Großen und Ganzen tendieren dabei einige Vertreter der 'bildlich-symbolischen' Riege zu unverblümter und relativ offener Ökumene, während einige Vertreter der 'grundtexttreuen' Riege offene Ökumene und Bekenntnis-Relativierung entschieden ablehnen – um dann um so entschiedener irgendeiner generationenübergreifenden Subtil-Unterwanderung zum Opfer zu fallen.

42 Der Grundsatz des Jesuitenschwures. Über die Rolle der Jesuiten in allem, was Gemeinde und Welt zerstört, wurden meterweise Bücher verfasst und Dokumentationen gedreht.

Jahrhundertelang war es der verfolgten Gemeinde[44] bewusst, dass der Kanon der biblischen Bücher[45] vom Heiligen Geist gestiftet war. Sie kannte die Apokryphen und war sich darüber einig, worin sich diese vom Kanon unterscheiden.[46] Entsprechend wurde auch in den allermeisten Fällen nur der Kanon weiter- und in Alltagssprachen übertragen. Dieser Konstellation gemäß wurde gelesen wie in jedem anderen Buch.

Sehr viel später kamen Kapitel- und Verseinteilungen hinzu und ermöglichten es, einzelne Bibelstellen herauszugreifen. Dies war nicht nur ein Segen, denn dadurch geriet (einige Generationen später) nach und nach ein Grundsatz in Vergessenheit, der für das rechte Verständnis des Bibeltextes unabdingbar war. Das öffnete den abstrusesten Irrlehren Tür und Tor.

Gemeint ist die Regel der Erstnennung:

Wo immer eine Sache innerhalb des biblischen Kanons zuerst erwähnt wird, wird ihre rechte Bedeutung dargelegt. Sollte an dieser Stelle nichts erklärt werden, dann besteht keine Relevanz oder die Bedeutung ist selbsterklärend.

---

43 Das Lebensmotto des Aldous Huxley, Gründer der 'Church of Satan': *„'Do as thou wilt' shall be the rule of law"*.

44 Welche Kräfte mit 'verfolgte Gemeinde' hauptsächlich gemeint sind, beschreiben bspw. sehr gut:
- John Foxe (*'Foxe's Book of Martyrs'*; 1563),
- E. H. Broadbent (*'The Pilgrim Church'*. London: Pickering & Inglis; 1931) oder
- James Milton Carroll (*'The trail of blood'*. Lexington KY: Ashland Avenue Baptist Church; 1931 / *'Der blutige Pfad'*. Dresden: Bibel-Baptisten-Gemeinde; 1997).

45 Die Kollektion der 66 Bücher der Bibel.

46 *„Alle Schrift ist von Gott eingegeben und nutze zur Lehre, zur Belehrung, zur Korrektur, zur Unterweisung in Gerechtigkeit."*
(2. Timotheus 3,16 - KJD)

Dieser Regel ähnlich verdünnisierte sich über die Jahrhunderte das Urvertrauen in das eine vom Herrn selbst bewahrte Wort. Die Urgemeinde hielt die Schrift zunächst durch griechische Abschriften, dann durch eine lateinische Übersetzung[47] und Myriaden an volkssprachlichen Schriftfragmenten[48] am Leben. Aus den allermeisten uns heute noch zugänglichen Quellen (was leider nicht sehr viele sind, da die Gemeinde auch nach Konstantin weiterhin rigoros verfolgt wurde) ist ein Befund ersichtlich, der der römischen Vulgata-Tradition wie auch der ägyptischen Septuaginta-Tradition nicht in allem entspricht. Diese Unterschiede erinnern stark an die Unterschiede der späteren 'Mehrheitstext'-Tradition und der heute wissenschaftlich anerkannten 'Westcott&Hort'-Tradition. Dies ist nach meiner Überzeugung kein Zufall. Hier wie dort handelt es sich um den Konflikt der apostolischen 'Antiochia'-Schiene mit der abtrünnigen 'Alexandria'-Schiene.

Dieses urgemeindliche Grundvertrauen in Gottes Bewahrung und Leitung stand und steht zu allen Zeiten irdischen Zwängen gegenüber. Bewahrung und Leitung Gottes müssen sich gegen das Vertrauen in menschliche Gelehrsamkeit und das Vertrauen in tote Sprachen durchsetzen. An dieser Herausforderung ändern auch veränderliche fromme Labels nichts. Das sich dieser Herausforderung stellende apostolische Urvertrauen nenne ich der Einfachheit halber 'die Homiletik (Auslegungsmethode) des Vertrauens'.

Die konkreten geschichtlichen Zusammenhänge und Verhängnisse dieses Verlusts werden wir uns zu einem späteren Zeitpunkt

---

47 Die sogenannte 'Itala', nicht zu verwechseln mit der römischen Vulgata!

48 Man darf wohl annehmen, dass bereits vor den uns bekannten griechischen Abschriften zumindest auch syrische existierten, denn der einfache Mann in Antiochia sprach syrisch. Dieser Umstand wird uns noch beschäftigen.

anschauen. Denn wer an geistlichen Zusammenhängen interessiert ist, möchte sich vielleicht zuvor ein paar Gedanken zu den globalen Auswirkungen unseres Vertrauensmissbrauchs auf Reich Gottes und Schöpfung machen.

Insgesamt machte ich hierzu acht 'Kardinalhäresien' aus, die die Nachfolgerschaft Christi, die 'Braut Christi' heute lähmen und die sie immer rasanter den Strudel der Verwirrung hinunter reißen.

Doch diese Aufstellung kann auch für sich stehen und es ist daher auch problemlos möglich, das folgende Kapitel zunächst zu überspringen.

„Bevor ich über Liebe, Gnade und Rettung predige, muss ich über Sünde, Gesetz und Gericht predigen.“

(John Wesley)

„Die Sprachen sind die Scheiden, darin die Schwerter des Geistes verborgen stecken.“

(Martin Luther)

Die acht Kardinalhäresien.

1 Schriftauslegung.

Über die Jahrhunderte bürgerte sich ein immer weiter unterteilter Gebrauch der Schrift ein.
Wurde die Bibel ursprünglich als zusammenhängender Kanon aufeinander aufbauender Texte wahrgenommen und auch so gelesen (wie heute noch jedes andere Buch), so begann man zunächst mit Kapitel- und Verseinteilung,[49] las immer mehr in Perikopen[50] und begann zuletzt mit dem Gebrauch einzelner Verse zur 'Auferbauung'.[51] Dadurch gingen schleichend essentielle Grundsätze des Schriftverständnisses verloren. So ist es heute immer schwieriger

---

49 Die heutige Kapiteleinteilung war eine Schöpfung des Kardinals und Erzbischofs von Canterbury, Stephan Langton (13. Jh.). Die Verseinteilung wurde (für Stephanus) von dem Drucker Robert Estienne in den Jahren 1551-53 vorgenommen. Stephanus' Vater hatte bereits 1509 eine Verseinteilung bei seiner Edition der Psalmen verwendet.

50 Die bereits in der israelitischen Synagoge gebräuchlichen Perikopen bahnten sich über die Reformation ihren Weg in die evangelischen und katholischen Gottesdienstordnungen. Von 'reformierter' Seite zunächst abgelehnt, fassten sie mehr und mehr gemeindeweit im Alltagsgebrauch Fuß.

51 Der Gebrauch von Einzelversen ist wohl durch nichts so geprägt wie durch die 'Herrnhuter Losungen' des schwärmerischen Pietisten Nikolaus Ludwig Graf von Zinzendorf und Pottendorf, der im Mai des Jahres 1728 zuallererst in einem seiner Gottesdienste der Gemeinde *ein kurzes Wort für den kommenden Tag mit auf den Weg* gab. Von Beginn an wurden dabei Liederpassagen mit Bibelversen auf eine Ebene gestellt.
Wer sich mit dem gleichzeitigen Aufbau weltweiter tiefenstaatlicher Strukturen auseinandersetzt, der zieht aus den Empfehlungen Goethes für jene Losungen die entsprechenden Schlüsse.

vertretbar, dass sich die Schrift selbst auslegt[52] und außer dem Heiligen Geist keinerlei Hilfsmittel benötigt. Zudem beförderte diese Aufsplitterung in Einzelweisheiten eine Sonderbehandlung, die eine stringente Bewahrungshistorie[53] obsolet erscheinen ließ. Damit war der gegenseitigen Ausspielung 'menschlich angefertigter Urschriften' Tür und Tor geöffnet und damit konnten gnostisch getürkte Manuskripte ihren (erneuten?) Siegeszug aufnehmen.

Vom HERRN selbst bewahrte Übertragungen in Weltsprachen? Das kann doch niemand glauben...

Die scheinbaren Vorteile, die ein Blumenstrauß unterschiedlicher Bibelausgaben einbrachte, wurden dankbar angenommen und den beiden Wesenseigenheiten Gottes, dass sich der HERR niemals ändert[54] und nicht der Urheber von Verwirrung ist[55], vorangestellt.

---

52 Die Grundidee von Luthers „Sacra scriptura sui ipsius interpres" („Die Heilige Schrift legt sich selbst aus") ist nicht das, was er daraus machte! Der abtrünnige Katholik Luther wies damit die Autorität des Lehramts in Schranken, um dies jedoch umgehend zu relativieren und auf die Grundaussagen des Evangeliums zu beziehen. Die klassische 'Zuckerbrot-und-Peitsche'-Methodik. Das Teile-und-Herrsche-Paradigma der Reformation (sprich: 'Wiederherstellung') verhinderte wie in vielen anderen Fällen ein all zu unpässliches Schriftverständnis und war damit – ein Lehrstück früher PR - überaus erfolgreich.

53 „Die Worte des HERRN sind reine Worte: wie Silber, das in einem Erdofen geprüft und siebenmal gereinigt wurde. Du wirst sie bewahren, HERR, du wirst sie bewahren von diesem Geschlecht für immer."

(Psalm 12,6-7 – KJD)

Man ist leicht geneigt, diese beiden Verse auf die Gottesfürchtigen selbst zu beziehen, von denen der ganze Psalm in erster Linie handelt. Was für sich ebenfalls Sinn ergäbe. Doch soll diese deutlich angefügte Aussage über die Worte des HERRN wohl vielmehr unterstreichen, dass sie es sind, die den schmeichelnden Lippen und hochmütigen Reden Paroli bieten können! Ansonsten fordert die Schrift vielmehr den Menschen dazu auf, die Worte des HERRN zu bewahren. Das jedoch wohl deshalb, weil er es ist, den der HERR dafür gebrauchen möchte.

54 „Irrt euch nicht, meine geliebten Brüder! Jede gute Gabe und jedes vollkommene Geschenk ist von oben und kommt herunter vom Vater der Lichter, bei dem keine Veränderlichkeit oder auch nur ein Hauch von Wendung ist."

(Jakobus 1,16-17 – KJD)

Chaos aus der Ordnung.

Es geriet auch die Regel der Erstnennung in Vergessenheit. Man achtete nicht mehr darauf, wo innerhalb des Kanons zuerst von etwas die Rede ist. Denn grundsätzlich ist diese Erstreferenz erhellend für die Prinzipien und schöpferischen Bestimmungen, die dieser Sache zugrunde liegen.

Werden solche Informationen ignoriert, ist widersinniger Raum zur Auslegung geschaffen und es folgt ein Rattenschwanz an Fehlinterpretationen, der nur noch schwer zu stoppen ist. Besonders tief gräbt dann die deduktive Auslegungsmethode um, die eine notwendig induktive Auslegung ersetzt.

Unweigerlich wird der Lauheit Vorschub geleistet, die den Generationssegen empfindlich stört und letztlich hüben (durch Pharisäer) wie drüben (durch Sadduzäer) Gemeinden vom Sockel stößt.

---

55 *„Denn Gott ist nicht der Urheber von Verwirrung, sondern des Friedens."*
(1. Korinther 14,33a - KJD)

2   *Preisgabe der Heiligung.*

Vorrangig durch die Überhöhung von Luthers Zwei-Reiche-Lehre[56] verwischten immer mehr die Grenzen des Reiches Gottes und der Welt. Das *„in der Welt, nicht von der Welt"* der Schrift wurde immer mehr zugunsten eines weltlichen Lebensstils verwischt und so wurde die 'Heiligung innerhalb der Welt' peu a peu durch ein schlichtes 'in der Welt sein' ersetzt. Hierzu wurde immer perfider der Missionsauftrag missbraucht. In klassisch Orwell' scher Manier wurde die Überbetonung der Form, die man scheinheilig den Altvorderen ankreidete, ins 'Sucherfreundliche' und 'Einladende' übersetzt.

Die Heiligung indes wird zu weiten Teilen mit weltlichen Werten vertauscht, denen ein frommer Anstrich verpasst wird.

Dies führt uns zu den unterschiedlichen Obrigkeiten.

---

56 Die Zwei-Reiche-Lehre fußt auf teils zweifelhaften Gedanken Luthers, wurde jedoch erst im Rahmen der Umschwünge zur Zeit der Illumination (der sogenannten 'Aufklärung'; faktisch Fortführung der Gegenreformation mit anderen Mitteln) institutionalisiert.

3 Trennung von Institutionen statt Trennung von Welten.

Die Zwei-Reiche-Lehre unterstützte auch die Neuauflage einer irrigen Sichtweise auf weltliche Obrigkeiten massiv, die durch eine isolierte Betrachtung der ersten Verse von Römer 13 und der Passage in 1. Petrus 2,13-14 entstand.

Paulus schrieb zwar, *„alle Obrigkeit"* würde *„von Gott eingesetzt"*; und dass sie *„das Schwert nicht umsonst"* trage. Beides spricht jedoch nicht dafür, dass jegliche Staatsmacht dem Willen Gottes entspricht (*„um des Herrn Willen"* bedeutet nicht: *„weil Gott es so will"*!). Wer das Wort Gottes als Einheit begreift, muss erkennen, dass der Ruf nach einem König nicht dem Willen Gottes entsprach! Dies kann auch nicht dadurch vom Tisch gewischt werden, dass wir heute vorgeblich in einer anderen - von der sogenannten 'Aufklärung' initiierten - Herrschaftsform leben.

Das Gegenteil ist richtig: Gott fügt sich dem erklärten Willen des Menschen, der spätestens seit Salomo eben nach weltlichem Stil regiert werden wollte - und nichts anderes drückt Paulus aus. Damit wertet er diese weltlichen Hierarchien nicht, sondern er warnt seine Leser lediglich davor, sich mit diesem 'Schwert' anzulegen!

Ähnlich verfährt Petrus. Ihm geht es um das gute Beispiel, in freier Unterordnung unter die Souveränität Gottes! Diese Souveränität bringt es mit sich, dass sie nicht auf Rechte pocht und wir dadurch vielmehr gut daran tun, dem Evangelium gemäß Liebe üben. Er kommentiert nicht, wie mit der Schöpfungsordnung zuwiderlaufenden Verordnungen umzugehen ist. Das tat er bereits vor dem Hohen Rat.[57]

---

57 vgl. Apostelgeschichte 5,29.

Gottes Umgang mit Israels Königswunsch zeigt: das daraus entstandene heutige Herrschaftssystem kann nicht durch das geistliche Prinzip der Gesetzgebung[58] erklärt werden.

Es ist gerade dieser schleichende Austausch der Schöpfungsordnung gegen weltliche Hierarchien, gegen den Petrus vor dem Hohen Rat Position bezog. Seitdem das Pontifikat 'katholisch' wurde, werden immer wieder irgendwelche Institutionen von Kirche und Staat voneinander getrennt anstelle die geistliche von der irdischen Welt.

Ist es nicht merkwürdig, dass exakt dieselbe Fehlauslegung, die schon so mancher mittelalterliche Herrscher vorzüglich zu missbrauchen wusste, heute mit Inbrunst von 'freien' Kanzeln 'unabhängiger' Gemeinden gepredigt wird? Unzählige Prediger jeglicher Bekenntnisse rechtfertigen damit wie selbstverständlich ihre eigene Ignoranz und fordern die Gemeinde zu blindem Gehorsam auf.

Den gottlosen Führern kann nichts Besseres geschehen. Jesus bezeichnet zwar seine Nachfolger als Schafe, die ihm vertrauen. Doch man kann jedes Sinnbild nach Gutdünken überzeichnen, wenn man nur will!

Der Drang, von der (fromm lackierten) Welt und nicht nur in der Welt zu sein, lenkt die Braut Christi nicht nur in die Parteipolitik und an den Bildschirm des Staatsfernsehens, sondern er spielt auch geistliche Wahrheiten gegeneinander aus und führt die Segnungen nach Gottes guter Ordnung ad absurdum.

---

58 vgl. 1. Timotheus 1,9.

4 Ausspielung von Missionsauftrag und Lehre.

Was dem Wort Gottes absolut fern ist, bringt die moderne Gemeinde in scheinbar grundsätzliche Verbindung: mit Argumenten, die vordergründig dem Missionsauftrag dienen, wird die von der Schrift durchweg geforderte gesunde Lehre gegen diesen ausgespielt.
Das eine darf jedoch niemals das andere beeinträchtigen! Es mag sein, dass die gesunde Lehre in der Mission nicht angenommen wird, das wäre jedoch lediglich eine Reaktion auf biblische Mission. Und die liegt nicht im Verantwortungsbereich des Missionars! Es ist die Sache des Heiligen Geistes, für offene Ohren zu sorgen. Die Lehre darf niemals unter den Anforderungen der Evangelisation leiden und umgekehrt ebenso wenig die Evangelisation unter den Anforderungen der (nicht heilsentscheidenden) Lehre! Doch leider ist immer mehr gerade das der Fall.

Das Ergebnis ist immer eine Intensivierung der Lauheit, eine Aushöhlung der Wahrheit und giftige Spaltung. Die Wahrheit ist Jesus Christus, nicht mein Glaubensbekenntnis. Ganz egal, aus welchem Jahrgang es stammt und wie es zustande kam!

5 Vermeidung von Verfolgungssituationen.

Wenn sich Evangelisation und Apologetik mehr an Gnade als an Gerechtigkeit messen lassen müssen, kann getrost all das dafür vernachlässigt werden, was Kontroversen fördert oder was sich evtl. auch nur 'falsch anfühlt'.

Dadurch geht man dann unweigerlich dem aus dem Weg, was jahrhundertelang die Staatswesen dazu bewog, Christen zu verfolgen. Wenn behauptet wird, es bestünde in Deutschland keine Christenverfolgung, dann bekomme ich Atemnot![59] Die Christenverfolgung wird nur von den allermeisten Christen in unserem Land nicht mehr gespürt, da sie keine Position beziehen.[60]

Christus nannte das Lauheit und warnte vor gefährlichen Konsequenzen.[61] Diese Konsequenzen hat das Reich Gottes reichlich zu spüren bekommen, wenn gegenüber der Braut Christi wieder einmal der Segen ausblieb.

---

59 Aus einem anderen Grund als aktuell im wahrsten Sinn des Wortes jeder zu Verfolgende, der sich aufgrund des globalen Staatsstreichs willfährig zum Sklaven machen lässt.

60 Pränataler Genozid wird wie jedes weitere widerbiblische Verhalten staatlich massiv gefördert. Nachhaltige Körperverletzung durch Impfung ist für viele Bevölkerungsgruppen obligatorisch, sehr bald faktisch für uns alle. Seit dem 15.03.2020 ist die freie Meinungsäußerung gegenüber einem bestimmten gotteslästerlichen Musikstück strafbewehrt. Was, wenn nicht all das, ist Christenverfolgung?

61 *„Also, weil du lau bist und weder kalt noch heiß, werde ich dich aus meinem Mund ausspeien.“*

(Offenbarung 3,16 - KJD)

6 Verhinderung kritischer Prüfung.

Wer dennoch darauf bedacht ist, möglichst weder heiß noch kalt zu werden und nirgends anzuecken, wird klammheimlich zur Marionette. Der HERR hatte jedoch keine Marionetten geschaffen, sondern das Gegenteil.

Zur Freiheit hat Christus uns befreit, doch Obrigkeitshörigkeit, Bequemlichkeit und Weltgewandtheit fressen diese christozentrische Freiheit kontinuierlich auf.

Egal, wie inbrünstig jemand in sinnlosen Wiederholungen ('βαττολογέω' bzw. 'vain repetitions[62]') beispielsweise 'Jesus, Jesus, Jesus' schreit und egal, wie 'bibeltreu' ein anderer zweifelhafte Lehren zementiert.

Christozentrische Freiheit hält es aus, kritisch zu prüfen. Ohne deshalb in irgendeiner Weise 'praktische Nachfolge' vernachlässigen zu müssen - eine gern gewählte Ausrede.

---

62 *„Aber wenn ihr betet, gebraucht keine sinnlosen Wiederholungen, wie es die Heiden tun - weil sie denken, sie würden aufgrund ihres vielen Gequassels gehört."*

(Matthäus 6,7 - KJD)

7   Gleichsetzung der Naivität mit Heiliger Einfalt.

Gleich, welche Ausrede dafür herangezogen wird, nicht selbstverantwortlich und wachsam durch die Welt gehen zu müssen: letztlich läuft es auf eine Missinterpretation der 'Heiligen Einfalt' hinaus.

Heilige Einfalt kennzeichnet das Urvertrauen, das wir in den HERRN und somit auch in sein Wort setzen müssen. Und was uns als menschlichen Wesen grundsätzlich schwer fällt.

Nicht zuletzt deshalb erweckt diese Heilige Einfalt gerne den Anschein der Naivität, was leider im Umkehrschluss dazu führt, dass in so manchem Gemeindeumfeld naive Denkweisen gepriesen und erhalten werden, denn sie seien ja ein Ausdruck Heiliger Einfalt.

Wer in seinem Alltag keinen Platz mehr dafür findet, die immer perfider werdenden Angriffe auf die Wahrheit aufzulösen, kann so ruhigen Gewissens seine Studienbibel oder eine christliche Illustrierte aufschlagen und sich ungefiltert von Menschenwort leiten lassen. Immerhin greift man dabei auf die Arbeit verdienter Persönlichkeiten zurück...

Doch wer Verantwortung von sich weist, weist immer auch Segen vom Reich Gottes!

8 Einheit des kleinsten gemeinsamen Nenners.

Wer sich nicht aktiv um begründet gesunde Lehre kümmert, der verwendet besonders gerne die Einheit mit anderen Christen als Totschlagsargument. Die Einheit des Leibes, wie sie Christus in seinem hohepriesterlichen Gebet erbittet, kann jedoch nicht gelingen, indem er selbst – der ganze Christus, das fleischgewordene Wort – verbogen oder abgeschnitten wird! Der Trick, mit dem die urheidnische Hure Babylon die Einheit mit den reformatorischen Kirchen vorantreibt, ist derselbe, mit dem alle übrigen Gläubigen und Suchenden eingesammelt werden. Die Labels mögen sich noch unterscheiden, die Protagonisten sind weltweit dieselben.

Traditionell besonders gerne wird all das über die Jugend erreicht. Wer also seine Jugendlichen 'outsourced' und externen Organisationen anvertraut, kann seine Uhr nach dem geistlichen Verfall stellen.

Daher ist es essentiell, schleichender Ökumene und gutgläubigen Einheitsbestrebungen ohne unverhandelbarem Fokus auf die Wahrheit wie auch unbiblischer Parteiung Einhalt zu gebieten.

Conclusio.

Ergebnis dieser Abfolge von Brüchen ist es u.a. einerseits, dass die Braut Jesu Christi (die Gemeinschaft der Heiligen) auf unterschiedlichste Weise sich selbst genügt und keinerlei Veranlassung dazu sieht, sich in einer Einheit mit den 'Menschen des Friedens' (kompromisslose Wahrheitssucher) zu sehen. Damit stellt sie sich klar gegen die apostolischen Ursprünge. Paulus lamentierte in seiner Areopag-Rede nicht darüber, wie es sich mit diesem oder jenem Götzen verhält. Er lenkte den Blick auf den, der die Wahrheit ist.

Andererseits sehen jene Menschen des Friedens auch keine Veranlassung, den, der die Wahrheit ist, bei seiner Braut zu suchen. Denn sie sehen, wie die sich um sich selbst dreht (ganz gleich, ob im Mega-Fun-Center, in der Dorfkirche oder in einer kleinen brüderlichen Versammlung).

Und sie sehen, wie sie sich nur halbherzig um ihren Bräutigam kümmert.

Dabei gilt die Einladung Allen gleichermaßen.

Denn:

Der ungeheuchelte Drang nach Freiheit führt unweigerlich zur Wahrheit und der ungeheuchelte Drang nach Wahrheit führt unweigerlich zur Freiheit. Demgegenüber führt der geheuchelte Drang nach Freiheit unweigerlich zur Lüge und der geheuchelte Drang nach Wahrheit unweigerlich zur Knechtschaft.

Chaos aus der Ordnung.

„In den nächsten zehn Jahren werden wir die Weltgemeinschaft neu aufbauen müssen. Ich hoffe darauf, dass sich unter jenen, die dazu berufen sein werden, dieses Problem zu lösen, einige Psychologen und sogar Philosophen befinden werden. Ohne sie werden wir nur noch größere Schwierigkeiten bekommen.

Wir werden zunächst vielleicht versuchen, einen großen Weltplan anzufertigen. Wir werden an einem Konferenztisch sitzen und ergründen, wie die Probleme auf dieser Welt ausgebügelt werden können. Weltumspannende Probleme werden nicht gelöst werden können – es sei denn, es wird eine Lösung geschaffen, die von den Völkern selbst ausgeht und sie durchdringt.

Ergo kann kein Nachkriegsprogramm ohne zumindest drei und vielleicht fünf Generationen sozialer Konditionierung erfolgreich sein. Die Weise dieser Konditionierung wird diejenige sein, die in Zentraleuropa dazu verwandt wurde, die Gesinnung der Nazis zu erzeugen. Dort begann die ideologische Umwälzung in den öffentlichen Schulen. Sie begann mit einem kleinen Kind, mit dem auch wir beginnen müssen. Und nicht nur unsere eigenen Leute zu unterrichten, sondern ebenso auch die Völker der Welt. Und wir werden fünf Generationen des Bewusstseinskonzepts der ‚demokratischen Mitbestimmung' brauchen, bevor wir eine Welt schaffen können, die zu mentaler und emotionaler Toleranz fähig ist. Es muss geschehen!

Die Lehre muss im ersten Schuljahr der Grundschule beginnen! Um die Sache richtig zu machen, werden wir vieles zunichtemachen müssen, das irrtümlich wertgeschätzt wird.

Das Problem der Revision der Bibel zeigt, wie schwierig es ist, dies zu bewerkstelligen. Über die letzten hundert Jahre hinweg versuchten wir, eine Bearbeitung der Bibel herauszubringen, die vertretbar ist. Doch niemand will sie!

Was gewollt ist, ist die ‚gute alte' King James Version, auf Punkt und Komma genau! Denn die meisten Leute sind davon überzeugt, dass Gott die Bibel König Jakob auf Englisch diktiert hat...

Die Lösung dieses gesamten Problems – die uns gegeben ist – ist die Grundlagenwissenschaft, die wir heute ‚Psychologie' nennen und die sich innerhalb der letzten fünfzig Jahre entwickelt hat. Die Psychologie ist der erste systematische Erfolg darin, das menschliche Denken zu analysieren und die Psychologie kann die Grundlagenwissenschaft menschlicher Toleranz darstellen."

(Manly Palmer Hall; aus: „Asia in the balance" in „Horizon", April 1944)

Pieces fit the puzzle.

Während ich diese Zeilen schreibe, befinden wir uns alle mitten im wohl größten Initiationsritual, das diese Welt je gesehen hat: der sogenannten 'Corona-Krise'. Die begnadete Investigativjournalistin Melissa Dykes brachte die weltweiten Geschehnisse des Frühjahrs 2020 in Verbindung mit den Grundzügen eines klassischen Initiationsritus, wie er traditionell seit Menschengedenken in heidnischen Kulturen vollzogen wird[63] – wie üblich als karikiertes Abbild der Neugeburt eines in Christi Opfer Vertrauenden.[64]

1 / Isolation zur Reinigung des alten Selbst.

2 / Übergang und Läuterung des alten Selbst hinüber in ein neues Bewusstsein.

3 / Eingliederung des neuen Selbst in die neue Welt.

Meines Erachtens liegt hier das grundlegende Verständnis dessen, was momentan in einem alles Bisherige weit in den Schatten stellenden Maßstab passiert. Wie immer in solch einer Geschichte existieren zahlreiche globale und lokale, große und kleine sideeffects[65], die teils für sich episch sind und dennoch einander nicht entgegenstehen. Und tatsächlich – peu á peu bricht sich das entsprechende wording Bahn

---

63 http://truthstreammedia.com/2020/04/21/the-characteristics-of-an-initiation-ritual/

64 Zur Adaption und Verdrehung biblischer Schöpfungsprinzipien als Grundideologien heidnischer Kulturen empfehle ich bspw. die wertvollen Betrachtungen des Historikers Alexander Hislop (u.a. 'Von Babylon nach Rom'; 1858)

65 Digitale Transformation und Technokratie, Bevölkerungsreduktion, Künstliche Intelligenz, 'global economic reset', Abhängigkeitengenerierung, Kontrolle, Bevormundung, Schikane, Machtdemonstration – um nur einige zu nennen...

und die Aluhut-Keule verfehlt innerhalb der denkenden Bevölkerung immer mehr ihr Ziel.

Es ist ja nicht so, dass dies ohne Vorankündigung geschieht – im Gegenteil. 'Sie' kündigen alles im Voraus an, das ist Teil ihrer satanischen Philosophie. Nur eben auf unterschiedliche Arten und Weisen verklausuliert. Manches entschlüsseln bereits vorangehende Generationen, manches zeigt sich nur im Nachhinein.

Ob einkalkuliert oder nicht – die global konzertierten Maßnahmen rund um diese ominöse Mikrobe bringen ein Fass zum Überlaufen, das seit Jahren bereits voll ist. Bislang hatte es die Kognitive Dissonanz je nach Vita relativ leicht, 'die Rote Pille' von sich zu weisen. Das 'Erwachen' funktioniert immer schon gerade dann am besten, wenn man in einer Sache persönlich involviert ist.

Mit 'CoVID - 19'[66], dem globalen Staatsstreich rund um die 'Krone' der false flags, hat sich das epochal erledigt. Weltweit bemerken Menschen zu hunderttausenden, dass etwas nicht stimmt und dass es sie auch über den Moment hinaus persönlich angeht. Sie bemerken, dass nicht die Krankheit, sondern der 'Schutz' vor der Krankheit das ist, was ihre Großeltern vereinsamt und bedrängt verrecken lässt. Sie bemerken, dass ihre Maulkörbe und Sklavenmasken weder sie selbst noch ihr Gegenüber vor Viren schützt. Sie realisieren, dass das Gegenteil der Fall ist und das 'social distancing' entsprechend dem wissenschaftlichen Sachstand die Gesellschaft in Potenzen paralysiert. Sie begreifen langsam, dass Arbeitsplätze von Prosperität abhängen

---

66 C – Certificate
    o – of
    V – Vaccination
    ID – Identification
    19 – numerologisch 'AI': 'artificial intelligence'

und dass die sich längst ankündigende Weltfinanzkrise lediglich einen Sündenbock gebraucht hatte.

Sie begeben sich nun auf eine Reise, die ich dank sehr vieler mir vorangegangener Individualisten bereits vor über einem Jahrzehnt hatte antreten dürfen, leider zunächst nur sehr passiv.
Es ist mein tägliches Gebet, dass es für meine jetzigen Schritte nicht zu spät ist.

Doch ich würde nicht das vorliegende Werk veröffentlichen, wenn ich nicht die dringende Ahnung hätte, dass mein Gebet gelenkt wird.

In charismatischen Kreisen bat ich seinerzeit um Erweckung, der baptistisch motivierte Pendelschlag trieb mir das aus und ich konzentrierte mich auf das Gebet um Ressourcen. Das war gut begründet und ich möchte diese Zeit nicht missen. Ich ziehe daraus sehr tiefgreifende Erkenntnisse. Weit mehr als ich in gebotenem Rahmen besprechen könnte.
Doch was ich im Augenblick meine in der geistlichen Welt beobachten zu können, sind vielleicht die Geburtswehen einer Erweckung, wie sie kaum ein noch so schwärmerischer Gemeindegänger erwarten würde.
Diese Erweckung geht nicht von Gemeindestrukturen aus. Weder von den über Generationen gewachsenen, noch den transformierten. Dennoch wird sich diese Erweckung letztlich strikt am Wort Gottes orientieren.

Und sie wird, wenn es sein soll, unermessliche Ergebnisse erzielen.

Gegen das Leben, gegen den Geist.

Denn das Wesen von Erweckungen ist die Hinwendung einer kritischen Masse zur Wahrheit. Und eine Hinwendung zur Wahrheit erfolgt immer dann, wenn die Lüge überhandnimmt und dennoch ein Überrest an Gerechten für sein Volk in den Riss tritt. Dieser Überrest an Gerechten mobilisiert sich endlich.

Wo die Ressourcen, die jahrelang verschachtelte Täuschungen anheizten, knapp werden, werden endlich die Ressourcen abgerufen, die von keinerlei Leistung abhängen.[67] Sozialismus war immer schon[68] ein effektiver Trigger für Gottvertrauen. Die dämonischen Kräfte dahinter werden immer suggerieren, Gott überlisten zu können. Ihre Kanalisierung des weltlichen Staubs und Drecks führt dazu, dass Menschen verzweifelt mit dem Fluch ringen, der ihnen durch ihre Vorväter all das eingebrockt hat. Doch durch diese Verzweiflung finden sie in Erweckungen zurück zu dem, der die Wahrheit ist – und erlangen damit ihre Freiheit zurück. Teils generiert diese Freiheit dann erneut weltlichen Segen, denn gedeihliche Existenz auf Erden ist ein Grundprinzip der Schöpfungsordnung. Es ist lediglich durch den Sündenfall gedämpft.

---

67 Was hier passiert, ist nicht selbst Sozialismus – es ist vielmehr die logische Folge des über Generationen zum Weltsozialismus transformierten Weltsystems, das wir später noch behandeln werden. Sozialismus ist, wissentlich und willentlich auf die Leistung eines Dritten zugreifen zu wollen. Reich Gottes ist, wissentlich und willentlich auf die Versorgung Gottes zu vertrauen.

68 Erste sozialistische Effekte zeigen sich im antiken Ägypten, das wohl erste Reich, das mit Sklaven handelte. Nicht umsonst ist es das biblische Symbol für Korruption.

Der Kampf gegen das Evangelium war immer auch der Kampf gegen die Schöpfungsordnung. Einer der ganz großen Tricks des Antichristen[69] war und ist es, im kollektiven Gedächtnis immer wieder neu beides gegeneinander auszuspielen. Nicht erst, seitdem die Pädophilie-Partei durch die vom Club of Rome in die Welt gesetzte Ideologie der 'Schöpfungserhaltung' groß wurde. Nein, es begann viele Jahrhunderte vorher schon.

Und zwar damit, dass Machtanspruch an der Welt als 'Christianisierung' verkauft wurde. Sie war immer das exakte Gegenteil der von Jesus im Missionsbefehl aufgetragenen Evangelisation.

Selbstverständlich besteht im Vorfeld einer Erweckung immer auch die Gefahr, falschen Hoffnungen zu unterliegen. Das geschieht immer dann, wenn die Grundannahmen auf dem Richtigen gründen, sie jedoch feine Twists in sich tragen, die zu falschen Schlüssen nötigen. Diese Schlüsse machen es freilich der Wahrheit immer schwerer, durchzudringen. Denn der Heilige Geist führt nur dann in die Wahrheit, wo diese Wahrheit auch aus freien Stücken erwählt wird. Der Heilige Geist ist kein Sozialist, kein Sklaventreiber!

---

69 Der Geist des 'Antichristen' ist nicht gleichbedeutend mit dem Geist Satans. Dahinter steckt dieselbe Kraft, doch mit dem 'Antichristen' ist vielmehr die Korruption und Täuschung gemeint, die schon zu apostolischer Zeit in direktem Bezug auf die Gemeinde grassierte. Der Geist Satans steht darüber und repräsentiert sich in erster Linie durch jegliche babylonische Religion, gleich welche Bezeichnung sie sich gibt.
Doch der Geist des Antichristen – die 'Hure Babylons' – ist nicht nur das Pontifikat. Er ist vielmehr alle erdenkliche Irrlehre, die unter Missbrauch des Evangeliums vom Wesen des Wortes und seiner Heilstat ablenkt. Das Pontifikat stellt sich dementsprechend als die Krone dessen, die Vaterschaft aller Evangeliumskorruption dar. Das darf jedoch nicht darüber hinwegtäuschen, dass der Geist des Antichristen zu jeder Zeit viele Gesichter hatte und mit der Zeit immer mehr haben wird.

Wie erwähnt, war der Weg meiner Erkenntnis nicht der, den Christen vielleicht üblicherweise erwarten würden. Das liegt in sich selbst begründet.

In meiner Berufung als Truther oder Watchman lief ich innerhalb der Gemeinde immer und immer wieder gegen die Wand. Ich biss auf Granit, wenn ich meine Geschwister auf Vorgänge und Abfolgen aufmerksam machen wollte, auf die ich weder am Büchertisch, noch in Predigten oder am Theologischen Seminar vorbereitet worden war. Das war in landeskirchlichem Umfeld nicht anders als unter freien Pfingstlern oder irgendwelchen emergent-newagigen Grüppchen; auch später als Baptist kamen diverse Fragen auf und manche Themen kamen auch hier nicht durch.

Erst hatte ich gedacht, die einen wären geistlich getäuscht:
'katholische Kirche' vs. *'evangelische Kirche'*

Dann sah ich: die andern sind genauso getäuscht:
'evangelische Kirche' vs. *'evangelikale Freikirchenwelt'*

Nach neuen Informationen und Erfahrungen drehte sich alles:
'alte' Schläuche vs. *'neue' Schläuche*
bzw.
'etablierte' Gemeinden der evangelikalen Welt vs. *'emerging church'*,
'megachurches', 'charismatische' Gemeinden der evangelikalen Welt

Um dann nach Jahren der Recherche und des geistlichen Kampfes erneut und umso heftiger zu drehen:
'evangelikale Welt' vs. *'King James Onlyism'* bzw. vs.
'New Independent Fundamental Baptists'

Chaos aus der Ordnung.

Doch das war endlich nur der Schlüssel zum Begreifen; mitnichten eine Ankunft!

Als ich damals begonnen hatte, mich für die realen Verhältnisse auf dieser Erde zu interessieren, machte ich zunächst eine deutliche Entdeckung: sobald in irgendeinem Fall Interesse gesteuert wird, stecken Mächte dahinter, die immer in letzter Konsequenz **gegen das Leben** streiten. Nicht immer offen gegen den Gott der Bibel und nicht immer sofort sichtbar – aber immer geht die Manipulation zu Lasten dessen, was der Gott der Bibel als seine gute Schöpfungsordnung vorgesehen hatte.

Man könnte jetzt der Ansicht sein, dies würde die Gemeinde Jesu Christi auf den Plan rufen und man wäre dort bestens informiert über die Welt, in der wir leben. Denn wir sollen doch bekanntlich alles prüfen und 'das Gute' behalten. Und immerhin strotzt die Bibel nur so von Hinweisen gerade darauf.

Doch ich musste schmerzlich erkennen: das Gegenteil ist der Fall. Zumindest zu weitesten Teilen.

In all dem, was ich unter Führung des Heiligen Geistes und unter Anwendung der mir gegebenen Kombinationsgabe verfolgt hatte, konnten mir jahrelang nur selbstbewusste Humanisten und weltgewandte Freiheitskämpfer, der eine oder andere Adventist[70] und

---

70 Adventisten spielen hier eine ganz spezielle Rolle. Die nicht von der Hand zu weisenden direkten Verbindungen der Ellen Gould und des Uria White zur Freimaurerei machen deutlich, welchen Zweck sie zu erfüllen hatten: hier wurde eine kontrollierte Opposition geschaffen, indem ewige, jedoch publizistisch unterdrückte biblische Wahrheiten ganz massiv von diesen Irrlehrern mit Legenden vermixt wurden. Dadurch waren sie fortan mit diesen Legenden verbunden und somit entwaffnet. So kommt es, dass im Anhang adventistische Lehrer empfohlen werden. Deren Aussagen sind ganz klassisch anhand der Schrift zu prüfen.

vor allem Herden von 'Suchenden', von Esoterikern und New-Agern weiterhelfen.[71]

Mainstream-Christen (Angehörige der Amtskirchen und Evangelikale) hingegen streckten mir immer vehementer ihre tauben Ohren entgegen und stellten mich aussätzig in die Ecke. Oder sie verteufelten mich als Ketzer.

Sehr lange konnte ich mit dieser Erfahrung nicht konstruktiv umgehen und flehte Gott an, mir zu erklären, was ich falsch machte und warum ich dennoch nicht klein bei geben kann.

Die Fakten, die jene Verschwörungen belegten, waren viel zu präsent und eindeutig, um sie des lieben Friedens willen vom Tisch zu wischen.

All das müsste doch Gründe haben.

---

71 Diesen Kämpfern für die Wahrheit bin ich (zumeist) heute noch zu großem Dank verpflichtet – ganz gleich, auf welchem Level der Erkenntnis sie sich insgesamt befinden. Es obliegt nicht mir, irgendjemandes Seligkeit in Zweifel zu ziehen, solange er sich nicht in irgendeiner Weise deutlich von der Wahrheit in Christus entfernt. Das hat nichts mit allversöhnerischer Theologie zu tun.
Wer pharisäerisch und altklug die Allversöhnung ablehnt, unterstützt sie leider oft erst recht: indem er die Möglichkeit außer Acht lässt, dass der Mensch durchaus auch zu Lebzeiten irgendwann völlig verstoßen und die Sündhaftigkeit in einem Menschen vollkommen sein kann. Nicht im Sinne von Römer 1,28, denn eine 'verkommene Gesinnung' ist nicht per se ein verstoßener Mensch. Daher ist es auch nicht so einfach – um nicht zu sagen unmöglich – unsererseits zu beurteilen, wer (im Sinne bspw. von Jeremia 6,30) verstoßen ist. Genauso unmöglich ist es uns jedoch auch, dem Menschen ins Herz zu schauen. Das bringt nur der HERR selbst fertig (vgl. 1. Samuel 16,7). Und das betrifft auch die Neugeburt, die eben gerade an kein Sakrament gebunden und deren Frucht oft nicht sofort sichtbar ist!

Der entscheidende missing link.

Und es hatte Gründe.

Jahre später war ich an dem Punkt angelangt, an dem ich verstand, warum mir die Christen, die ich bis dahin kannte, mit Ablehnung gegenüber standen. Sie wurden von langer Hand und nachhaltig - meist seit Generationen - getäuscht.

Der Grund dafür war ein inhärenter und entscheidend wichtiger Teil der ganzen Sache, die sich vor meinen Augen entblätterte: der Neuen Weltordnung, der intelligenten Weltverschwörung, an sich.

Ich erkannte, wie auch ich jahrelang (immer wieder neu) getäuscht worden bin und wie ich mich bis dahin trotz meiner Wahrheitssuche mehr und mehr selbst in diesen Strudel der Täuschung hineinbegeben hatte. Von einem Narrativ ins nächste hinein.

Würde ich da nicht herausfinden, wäre meine Wachrüttelei nichts weiter als Spiegelfechterei.

Und hier war es wieder: das Puzzle, das sich Stück für Stück zusammenfügte.

Man könnte auch sagen: das paulinische trübe Glas,[72] das immer klarer wurde. Persönliche Erlebnisse erhielten plötzlich ihre Sinnhaftigkeit. Sogenannte 'Verschwörungstheorien', die ich als reale Verschwörungen erkannt hatte, bekamen eine geistliche Dimension, die meinen bisherigen Informationen und Überzeugungen offenbar völlig entgegenstand.[73]

---

72 Zu Paulus' Zeiten machte die Glasbläserkunst im römischen Reich enorme Fortschritte und wurde immer klarer.

73 Einige dieser Punkte hatten wir bereits angedeutet und weitere werden wir noch betrachten.

Endlich konnte ich all die Giftpfeile und Demoralisierungen, die mir von Seiten der Gemeinde (ganz gleich welcher Stilrichtung) entgegenschlugen, einordnen. Und so konnte ich auch die Verletzungen, die damit einhergegangen waren, mit genügend Pflastersalbe zuschmieren.

Freilich nahmen die Anfeindungen dadurch nicht ab. Ganz im Gegenteil, denn ich rüttelte fortan nicht etwa nur an der einen heiligen Kuh namens 'Obrigkeit', sondern ich legte mein ganzes geistliches Leben auf den Altar und begann damit, sehr tiefgehende Fragen zu stellen.
Fragen, die ich vor wenigen Monaten noch umgekehrt gestellt hätte.

Meine Sinnsuche hatte mein Umfeld irritiert, weil es − genau wie ich − mit kognitiven Dissonanzen zu kämpfen hatte. An irgendeinem Punkt ihres Lebensweges wurde jeder einzelne von uns auf seine Weise hinters Licht geführt.
Mit der Art und Weise, wie ich mit meiner Teilerkenntnis umgegangen bin, hatte ich mich ihnen gegenüber ebenso schuldig gemacht wie sie durch ihr Urteil mir gegenüber.

Chaos aus der Ordnung.

„Freiheit!"

(William Wallace auf dem Schafott [dramatisiert], 1305)

„Oh HERR, öffne dem König von England die Augen!"

(William Tyndale auf dem Scheiterhaufen, 1536)

Teil 2

Verstehen.

„Wehe denen, die Böses gut und Gutes böse nennen; die Dunkelheit als Licht ausgeben und Licht als Dunkelheit; die Bitteres süß nennen und Süßes bitter."

(Jesaja 5,20 – KJD)

„Wissen Sie, wir haben auf bewundernde Art und Weise immer festgestellt, dass die Jesuiten die großartigste Geheimdienstagentur der Welt bilden – und das immer schon taten."

(CIA-Officer Everette Howard Hunt Jr.)

Remember, remember...[74]

Ca. zehn Jahre zuvor hatte ich mich in meiner theologischen Ausbildung erstmals eingehend mit Bibelübersetzungen befasst. Mir wurde damals glaubhaft gemacht, Mitte des 19. Jahrhunderts hätte ein segensreicher Wandel in der Interpretation biblischer Texte eingesetzt. Hübsche Argumente wurden dargelegt – und es wurde darüber lamentiert, dass ewig gestrige Brüdergemeinden von diesen Entwicklungen nichts hielten und stattdessen deutlich verurteilende Worte dafür fanden.

Nun – an diesen Standpunkten war damals für mich nichts auszusetzen, befand ich mich doch schließlich auf einem 'bibeltreuen' Seminar, das an der ganzen Heiligen Schrift als von Gott eingegeben festhielt...

Ich sollte mich gewaltig täuschen.

Aber nicht nur ich war getäuscht. Ich kann dem Seminar und auch so mancher Schlüsselperson der Bibelauslegung keinen Vorwurf machen. Auch sie wurden getäuscht. Weil die Korruptions-Verschwörung ganze Arbeit geleistet hatte. Seit Generationen.
Seit der Bestechung der Grabwächter sieht sich die Gemeinde Jesu Christi[75] permanenten Täuschungen gegenüber.
Seither wird verfolgt. Mal offensiv, mal subtil. Mal kaum merklich, mal mit vollster Selbstverständlichkeit.

---

74 Doppelter Wortsinn: jener 5. November, der mit dem hier assoziierten Sprechvers verbunden ist, wird obligatorisch ins Gegenteil verkehrt. Er wird uns noch beschäftigen.

75 Siehe weiter unten.

Seither lebt und webt das Reich Gottes inmitten der Heidenvölker und ist überhaupt nicht mehr irdisch manifestierbar (was es im Grunde auch zu Zeiten des Alten Testaments nie wirklich war und übrigens auch künftig nie sein wird).

Damals wie heute sind getäuschte Christen und Außenstehende der vollen Überzeugung, das Reich Gottes würde durch irdische Elemente repräsentiert. Man vermutet es in Kathedralen und Dorfkirchen oder in Gebetsräumen, Klöstern und Gottesäckern. Man huldigt ihm durch Inkunabeln und Reliquien, durch Gemeindeordnungen und Biographien weiser Männer. Man seziert willkürlich das Wort Gottes. Man lässt sich einreden, 2.000 Jahre nach Reißen des Vorhangs[76] wäre durch die Schrecken eines initiierten Weltkrieges plötzlich eigens herbei phantasierte Prophetie in Erfüllung gegangen. Man fragt sich nicht, warum diese Prophetie derart heikel ist, dass ernsthaft recherchierende Kritiker diverser Narrative von Staatswegen abgeschaltet werden müssen. Man erwartet die Ankunft eines 'Antichristen', während selbiger längst von seinem 'Bischofssitz' aus fleißig die Welt dirigiert. Man erwartet eine 'heimliche Entrückung' - möglichst noch vor einer speziellen Drangsalszeit - damit man entspannt sein weltliches Leben leben kann. Man philosophiert über die Belohnung, die man in einem 'tausendjährigen Friedensreich' zu erwarten habe. Man distanziert sich auf allen Seiten des Gemeindestalls immer netter von 'Sekten', um dadurch von eigener Unredlichkeit abzulenken. Man vermeidet es, zu 'spalten', um sich inhaltlicher Fragen besonders polemisch entledigen zu können und sich dadurch immer weniger rechtfertigen zu müssen.

---

76 vgl. Matthäus 27,51 und Hebräer 10,20.

Endlich Narren.[77]

Richtig perfide im Sinne der Bibelkritik und der Dogmengeschichte wurde die Verdreherei ab dem frühen 19. Jahrhundert. Generell nahm die Verschwörung um diese Zeit scheinbar so richtig an Fahrt auf. Daten um die Mitte des 19. Jahrhunderts begegneten mir in meinen allgemeinen Recherchen übermäßig oft. Was mir irgendwann enorm dabei half, meine Puzzleteile zusammenzufügen.

Zu dieser Zeit wurden weltweit Strukturen geschaffen, auf die wir bis heute zurückgreifen:

– Durch sogenannte 'Revolutionen' wurden Völker und Königreiche zu 'Nationen' gemorpht, Monarchien wurden in 'Demokratien' umgelabelt. Myriaden von Menschenleben verschwanden – und damit auch deren kollektives Gedächtnis.[78]

– Nicht nur das Finanzwesen wurde dadurch grundlegend neu geordnet,[79] sondern auch (zumindest in der Rückschau) die Wahrnehmung der Obrigkeit – die ja plötzlich 'gut' zu sein schien.

---

77 Frei nach Römer 1,22.

78 Nur gut, dass die bösen Despoten beseitigt wurden und wir fortan 'frei' sein durften. Staatlich verordnete Freiheit wurde doch nur noch nie richtig umgesetzt...

79 Die Finanzwesen der Monarchien waren nicht mehr so leicht zu kontrollieren wie bisher (von wem werden wir noch erfahren). Deshalb begannen altgediente Seilschaften, ein neues Weltfinanzsystem aufzubauen.

- Allerlei sogenannte 'Nichtregierungsorganisationen' begannen damit, sich um unterschiedliche Bevölkerungsgruppen zu kümmern. Damit konnten sie Problemen begegnen, die ihre eigenen Netzwerke selbst geschaffen hatten:

  - Die Industrialisierung (Urahn der Globalisierung) führte Krieg gegen Autonomie und Selbstverantwortung – Sinnbild der Vaterschaft – und sorgte für staatliche 'Fürsorge', Staatsquote, Staatsschulwesen etc.

  - Der Humanismus (Urahn des Kulturmarxismus) führte Krieg gegen die schöpferische Beziehungsordnung – Sinnbild der Sohnschaft – und sorgte für Emanzipation, Familien'hilfe', Geburtenkontrolle etc.

  - Der Codex Alimentarius (Urahn der Künstlichen Intelligenz) führte Krieg gegen den Körper – den Tempel des Heiligen Geistes – und sorgte für synthetische Drogen, 'Lebens'mittel und 'Arznei', Impfungen, Euthanasie, Gentechnik, Organrecycling etc.

Meine Schafe hören immer schlechter.[80]

Im Gemeindeumfeld entstanden verschiedene Denominationen.
Wir wissen, dass Gott Fluch nur zu gerne in Segen umwandelt, doch auch darauf weiß die Schlange wiederum zu reagieren.
Verschiedene Erweckungsbewegungen dieser Jahre sorgten dafür, dass das Volk Gottes immer wieder aufwachte – um dann alsbald von den neu geschaffenen Strukturen erneut 'geschluckt' zu werden.

Satan schlottern die Knie, wenn er im geistlichen Kampf steht. Er weiß, dass er nirgends mit mehr Elan angreifen muss als in der Gemeinde Jesu Christi. Daher nutzt er hierfür am liebsten (nicht nur!) von ihm selbst geschaffene und als das Gegenteil verpackte Strukturen.
Die meisten dieser Strukturen identifizieren wir oftmals als urchristlich und ziehen sie nicht mehr in Zweifel. Zeitlich und oft auch organisatorisch in direkter Nähe zu Erweckungsbewegungen entstanden, erscheinen sie uns als nachgerade sakrosankt.
Doch dieser 'geistliche Korporatismus' bringt dieselben Verwerfungen und Verdrehungen hervor wie beispielsweise gerade auch der ökonomische Korporatismus, der nur allzu gerne mit 'Kapitalismus' verwechselt wird und exakt denselben Strukturen entstammt: er entzieht dem Gedeihen die Grundlagen durch schleichende – durch unterschiedliche Labels getarnte – Erosion.

---

80 Frei nach Johannes 10,27.

Die Ignoranz des HERRN ist das Ende aller Weisheit.[81]

Exklusive Gesellschaften begannen damit, 'Wissen' zu schaffen. Vielen ihrer Erkenntnisse haben wir sehr viel Gutes zu verdanken – auch wenn wir dieses Gute eigentlich nicht bräuchten.
Darunter befindet sich beispielsweise auch die Archäologie. Ihr letzter Zweck ist ausschließlich, Gottes Aussagen zu beweisen (sie nennen es 'entkräften') - was am Ende zu nichts taugt, weil nur dadurch kein Glaube entsteht. So sehr ihre 'Gottesbeweise' gerade auch viele Christen faszinieren: die Archäologie kann nur als Stilmittel zur Predigt fungieren und vermag es nicht, den Geist zu überführen.

Die Archäologen bescherten uns angeblich auch zwei alte Handschriftensammlungen, deren Authentizität erheblich angezweifelt werden muss.[82] Nichtsdestotrotz wurde vorrangig auf diesen beiden Werken eine Ideologie aufgebaut, die ungezügelter Korruption und wütendem Verriss der Schrift Tür und Tor öffnete.
Die Rede ist von der 'modernen Übersetzungstradition'.
Was sie bis heute anzurichten imstande war, davon werden noch weite Teile dieses Buches handeln. Hier liegt der Schlüssel zu umfassendem Verständnis gerade auch der Verwerfungen, die dieses ganz spezielle Jahrhundert – das Neunzehnte – mit sich brachte.

---

81 Frei nach Hiob 28,28; Psalm 111,10; Sprüche 1,7; Sprüche 8,13; Sprüche 9,10; Sprüche 14,27; Sprüche 15,33 etc.

82 Hier sei im Idealfall bspw. auf die umfangreichen Recherchen von David Daniels (www.chick.com) verwiesen.

Dieses Verständnis erleichtert es uns, zu verstehen, was dazu imstande sein könnte, das allgegenwärtige Chaos wirklich zu beseitigen.

Die Zeichen jeder Zeit verstehen wir am Besten in der Rückschau. Strukturieren wir das Ganze also etwas und begeben wir uns nun auf eine kleine Zeitreise auf den Spuren von Wahrheit, Freiheit und Korruption.

Da wir gelernt haben, dass sich Wahrheit und Freiheit einander bedingen, müssen wir uns für unsere Zeitreise auf die Suche nach jenen Zeitgenossen begeben, die zu allen Zeiten mehr als alle anderen mit beiden Begriffen das meiste verbinden.
Und wer sie zu korrumpieren das größte Interesse hat.

Abend und Morgen sind seine Sorgen; segnen und mehren, Unglück verwehren sind seine Werke und Taten allein. Wenn wir uns legen, so ist er zugegen; wenn wir aufstehen, so lässt er aufgehen über uns seiner Barmherzigkeit Schein.

Ich hab erhoben zu dir hoch droben all meine Sinnen; lass mein Beginnen ohn allen Anstoß und glücklich ergehn. Laster und Schande, des Satanas Bande, Fallen und Tücke treib ferne zurücke; lass mich auf deinen Geboten bestehn.

Lass mich mit Freuden ohn alles Neiden sehen den Segen, den du wirst legen in meines Bruders und Nähesten Haus. Geiziges Brennen, unchristliches Rennen nach Gut mit Sünde, das tilge geschwinde von meinem Herzen und wirf es hinaus.

Menschliches Wesen, was ist's gewesen? In einer Stunde geht es zugrunde, sobald das Lüftlein des Todes drein bläst. Alles in allen muss brechen und fallen, Himmel und Erden die müssen das werden, was sie vor ihrer Erschaffung gewest.

Alles vergehet, Gott aber stehet ohn alles Wanken; seine Gedanken, sein Wort und Wille hat ewigen Grund. Sein Heil und Gnaden, die nehmen nicht Schaden, heilen im Herzen die tödlichen Schmerzen, halten uns zeitlich und ewig gesund.

Gott, meine Krone, vergib und schone, lass meine Schulden in Gnad und Hulden aus deinen Augen sein abgewandt. Sonsten regiere mich, lenke und führe, wie dir's gefället; ich habe gestellet alles in deine Beliebung und Hand.

Willst du mir geben, womit mein Leben ich kann ernähren, so lass mich hören allzeit im Herzen dies heilige Wort: "Gott ist das Größte, das Schönste und Beste, Gott ist das Süßte und Allergewißte, aus allen Schätzen der edelste Hort."

Willst du mich kränken, mit Galle tränken, und soll von Plagen ich auch was tragen, wohlan, so mach es, wie dir es beliebt. Was gut und tüchtig, was schädlich und nichtig meinem Gebeine, das weißt du alleine, hast niemals keinen zu sehr noch betrübt.

Kreuz und Elende, das nimmt ein Ende; nach Meeresbrausen und Windessausen leuchtet der Sonnen gewünschtes Gesicht. Freude die Fülle und selige Stille wird mich erwarten im himmlischen Garten; dahin sind meine Gedanken gericht'.

(Paul Gerhardt)

Der lange Weg der Korruption.

Es würde in erheblichem Maße unsere Betrachtungen sprengen, würden wir uns hier en Detail – Vers für Vers – mit dem letzten Buch der Bibel auseinandersetzen. Ich kann nur anlässlich der folgenden Geschichtsstunde dazu einladen, im Gebet die Offenbarung Jesu Christi in bewahrter[83] Form 'neu' zu entdecken.

Sie werden erkennen, wie elementar die Betrachtung der Offenbarung für das Verständnis der Geschichte ist – und vice versa.
Beides vielleicht auf eine Art, die Sie nicht erwarten würden. Denn hier greift das Dilemma deduktiver und induktiver Auslegung[84] ganz besonders tief. Ähnliches gilt für jene ganz spezielle Prophetie, die der Traumdeutung des Daniel zugrunde lag. Selbstverständlich wird diese völlig zu Recht seit jeher mit der Offenbarung und mit gnadenzeitlichen Ereignissen in Verbindung gebracht, denn sie verdeutlicht in erstaunlichem Maße die Treffsicherheit biblischer Prophetie auch in unsere Zeit hinein. Nur leider oft auf extrem verbogene Weise. Auf sie werden wir einleitend kurz eingehen und dafür die Blende auf die Zeit Israels (d.h. des Alten Testaments) ausweiten.
Gemeindlich geprägte Leser mögen jetzt ihr Schubladenkästchen aufsuchen und rätseln, ob hier wohl dieser oder jener -ismus der Endzeit[85] vertreten wird. Wenn ich doch schon die Chuzpe habe, die

---

83 'Bewahrung' = von Korruption befreite und geläuterte 'Bewährung'. Es gibt viele 'bewährte' Bibelausgaben, jedoch nur ein 'bewahrtes' Wort Gottes.

84 Siehe Vorwort.

85 Sie alle werden bspw. vorzüglich von Steve Wohlberg (Wohlberg, Steve: *'Der Endzeitwahn'*. Lüdenscheid, Asaph; 2007) vorgestellt.

Kirchengeschichte damit in Verbindung zu bringen. Doch ich lasse mich nicht dazu hinreißen, dieses Dilemma mit theologischen Begrifflichkeiten zu verkürzen. Vielleicht sollte diese kleine Chronik 'Magdeburger Centurien[86] fortgeschrieben' lauten, doch das wäre wohl etwas anmaßend.

Die folgende Chronologie wird in einer Art und Weise unterteilt werden, die Fragen aufwerfen wird. Doch keine Sorge! Diese Unterteilung wird zu einem Zeitpunkt erläutert werden, zu dem es unter Umständen schon gar keiner Erläuterung mehr bedarf.

---

86 Das in diesem Kapitel Gesagte wird vielleicht verstehen lassen, warum die erste nicht durch Rom autorisierte Geschichtsschreibung seit der Antike so unglaublich unbekannt, jahrhundertelang behindert und nahezu völlig verschollen ist (das Widmungsexemplar der Stadt Magdeburg bezeichnender weiße seit 1945!).

Das Standbild – Die Reiche der Welt.

Um den Gang der Gemeinde Jesu Christi durch die Heidenvölker der Welt einordnen zu können, müssen wir uns zunächst die großen Weltreiche anschauen, die bereits vor Christi Wirken nahtlos ineinander übergingen und deren Schicksale jeweils bis heute nachwirken.[87]

Ägypten war das erste Volk, das durch Sklavenhandel und Sozialismus Ruhm erlangt und gerade durch die Ergebenheit eines bestimmten Sklaven mächtig profitiert hatte. Es musste dessen Nachkommen schon einmal voller Scham und verlustreich ziehen lassen. Im Jahre 605 v. Chr. verschwand es endgültig von der Bildfläche der um Weltmacht buhlenden Völker.

Der Rest des einst jahrhundertelang unterjochten Volkes der Israeliten hatte sich damals erneut unter die tributpflichtigen Fittiche seines übelsten Gefährders geflüchtet, nachdem Nebukadnezar Assyrien überrannt hatte. Dieses Assyrien war seit Langem im Begriff, zur Weltmacht aufzusteigen. Wer jedoch die Bußrufe des Höchsten ignoriert, bezahlt dafür. Daher konnte nun Ägypten den Aufstand gegen den Eroberer Assyriens testen, nahm dafür Juda mit ins Boot – und verlor kläglich.

Doch mit Ägypten verlor auch Juda. Es wurde geschleift und die Elite des Landes wurde die Route Abrahams zurückwandernd nach Babylon verbracht. Die längst geweissagte 70-Jahres-Gefangenschaft begann und markierte den Beginn einer neuen Ära. Die Ära der Weltreiche.

---

87 'Weltreich' darf hier nicht mit 'Hochkultur' verwechselt werden. Eine besonders schillernde Hochkultur, die kein Weltreich war, wird uns noch anderweitig begegnen. Auch Ägypten erfüllt eine direkte prophetische Rolle, die schon aus der direkten Beziehung mit dem Volk Israel deutlich wird.

Das siegreiche Babylon zeichnete sich als das Reich aller Reiche aus. Es zog sich von Nordafrika bis nach Indien hin und klotzte in unermesslichem Reichtum, der die Pharaonen am Nil und alle Nachbarreiche tief in dessen Schatten und Einfluss stellte.

Doch die kulturelle Größe manifestierte sich schon seit Nimrods Zeiten in religiösen Perversionen und Abscheulichkeiten, die Ihresgleichen zu suchen hatten und bis heute nicht finden.[88] 'Babylon' steht bis heute sprichwörtlich für die offensive Verirrung und Verherrlichung alles der Schöpfung entgegenstehenden. Doch weil auch dieser Reichtum Teil der guten Schöpfung Gottes ist, musste Gold[89] für die Symbolik dieses Reiches herhalten.

Wie uns Daniels Traumdeutung[90] eröffnet, würde das Reich selbst keinen Bestand haben. Es würde beerbt werden durch Reiche, die peu à peu in ihrer Pracht abnehmen, jedoch in ihrer Stärke und Macht zunehmen sollten.

Die alliierten Meder und Perser würden übernehmen und ihr 'silbernes' Reich[91] dem Schicksal Babylons überstülpen. Gefolgt von

---

88 Unser fragwürdiges Verständnis von Kultur an sich führt sich darauf zurück. 'Kult-ur' = 'Ur-Kult'.

89 Der Reichtum von Nebukadnezars Babylon rührte nicht zuletzt von den exorbitanten Reichtümern her, die König Salomo in Jerusalem angesammelt hatte.
Wie Rosioara (Rosioara, Iustin: *'God's Money - Vol. 1.'*, Minnesota: Service Strategy Solutions, 2018) vorzüglich herausgearbeitet, ist Gold gemäß der Schöpfung das Vehikel der Vermögenssicherung.

90 vgl. Daniel 2.

91 Silber ist seit jeher der kleine Bruder des Goldes und schöpfungsordnerisch gleichbedeutend mit 'Geld' (כסף: Silber, Geld). Entsprechend war es Darius der Große, der in der Blüte seines medopersischen Großreiches mit dem Daric die erste universelle Landeswährung einführte und sie sogleich als transnationales Währungssystem etablierte. Damit gingen Handelsregulierung und Bürokratie durch Provinzverwaltungen einher. Seine Handelsrouten waren die ersten ihrer Art, lange vor einer ernstzunehmenden Seidenstraße. Die Globalisierung war geboren.

den Griechen, deren Hang zur Bronze allgegenwärtig ist.[92] Die Hellenisten suchten die Weltmacht nicht mehr primär durch Religion oder durch Expansion eines starken Staates, sondern zuallererst durch den Intellekt. Er vermochte es, beides (die Identifikation damit) wesentlich subtiler an den Mann zu bringen, als es Babylon oder Persien je gekonnt hätten. Nicht durch Feldzüge, sondern durch ihre geistigen Errungenschaften erreichten sie tatsächlich diese Weltherrschaft.[93]

Das eiserne Rom schließlich, das solle bestehen bleiben, bis es ohne menschliches Zutun zerschmettert werden würde.[94]
Aber das Römische Reich ist doch längst Geschichte? Was soll das also?
Nun, wir werden sehen, dass nichts falscher ist als das. Doch davon später mehr. Führen wir unsere kleine Zeitreise zunächst im Zentrum der Weltgeschichte, der Auferstehung unseres HERRN, fort.

---

92 Die KJV übersetzt wie Shakespeare mit 'brass', was heute hauptsächlich Messing (Kupfer-Zink-Legierung) beschreibt. Es steht jedoch außer Frage, dass damit Bronze (Kupfer-Zinn-Legierung) beschrieben ist.
Die Griechen waren Experten des Bronzegusses, ihre Soldaten trugen bronzene Brustpanzer und bronzene Helme, sie trugen Schilde aus Bronze und benutzten Schwerter, die aus Bronze gefertigt waren.

93 *„Und nach dir wird ein anderes Königreich aufsteigen, schwächer als du. Und ein anderes, drittes Königreich aus Bronze, das Herrschaft über die ganze Welt erlangen wird."*
(Daniel 2,39 – KJD)

94 *„Die Arme der Republik, manches Mal in der Schlacht besiegt, doch im Krieg immer siegreich, drangen schnellen Schrittes an den Euphrat, die Donau, den Rhein und den Ozean vor. Und die Bilder von Gold, Silber oder Bronze, die den Nationen und ihren Königen zur Repräsentation dienten, wurden erfolgreich von der eisernen Monarchie Roms gebrochen."*
(Edward Gibbon; in: *'The decline and fall of the roman empire'*, S. 634)

Juda.

Die bestochene Nachtwache.

In Matthäus' Beschreibung der Auferstehung des HERRN lesen wir von erfolgreicher Bestechung der römischen Nachtwache durch den Hohen Rat.[95] Damals war das politische Rom und der Klerus auf dem Papier noch nicht vereint, doch waren sie im Grunde seit jeher schon eines Sinnes. Der Hohe Rat hatte bekanntlich bereits gegenüber Judas die Kassen klingeln lassen, und jetzt wähnten sich die von Rom bereits privilegierten Judenführer mehr denn je mit dieser Methodik auf der sicheren Seite. Sie griffen nun zu Summen, die nur noch als 'groß' betitelt werden. Scheinbar sehr erfolgreich, denn nicht umsonst erwähnte Matthäus, dass diese Legende vom Leichenraub unter den Juden (sprich: dem damaligen Gemeindeumfeld) allgemein bekannt sei.

Für mich zeigt sich hier eine frühe Form des Deep State und die erste großangelegte Täuschung der (nun offenbaren) Gemeinde. Bis zum heutigen Tag treten immer wieder einflussreiche Kräfte auf, die erzählen, Jesus wäre im Grab verwest. Nicht wenige davon geben vor, Christen zu sein. Ob sie es tatsächlich sind, können wir (eigentlich) mehrfach lesen...

---

95 *„Als sie nun gingen, siehe, da kamen einige von der Wache in die Stadt und erzählten den Hohepriestern alle Dinge, die getan worden waren. Und als diese mit den Ältesten versammelt waren und sich beraten hatten, gaben sie den Soldaten viel Geld, und sprachen: "Sagt: 'Seine Jünger kamen bei Nacht und stahlen ihn weg, während wir schliefen.'" Und wenn das dem Statthalter zu Ohren kommt, so werden wir ihn überreden und euch absichern. Da nahmen sie das Geld und taten, wie ihnen aufgetragen wurde; und dieser Spruch ist unter den Juden bis auf den heutigen Tag allgemein bekannt."*

(Matthäus 28,11-15 – KJD)

Pfingsten.

In der allgemeinen Ansicht markiert die Pfingstpredigt des Petrus die Geburtsstunde der Gemeinde. Doch der biblische Beleg hierfür ist sehr dünn! Apostelgeschichte 2,41 spricht eindeutig davon, dass die dreitausend Seelen *„ihnen hinzugefügt wurden"* und in Vers 42 *'fuhren sie fort'* in den Lehren und der Gemeinschaft der Apostel! Die Apostel waren also eindeutig bereits das, was wir fortan Gemeinde nennen. Entsprechend liegt die Vermutung nahe, dass die 'Gemeindegründung zu Pfingsten' lediglich die katholische Häresie vom Kirchenstifter Petrus stützen soll.

Pfingsten selbst wird damit nicht geschmälert, denn die Ausgießung des Heiligen Geistes als Stellvertreter des entrückten Christus steht für sich.

Die Gründung der Institution 'Gemeinde' fand m.E. bereits mit der Taufe Jesu statt, denn hier entschied sich der Mensch Johannes mit dem Beinamen 'der Täufer' (ein Abkömmling des Geschöpfs Adam und des Glaubensvaters Abraham) aus freien Stücken dafür, das Wirken Jesu im irdischen Raum 'abzusegnen'. Wie er sie heute auch zum Bau seines Reiches nutzt, so nutzte der HERR die Dienstbarkeit des Menschen, um die Schöpfungsprinzipien auch zur Erfüllung seiner Heilstat zu wahren.[96]

Die Institution Gemeinde ist nicht etwa nur die Sammlung unter den Heiden, wie gerne unhinterfragt angenommen wird. Sie ist die Sammlung aller Heiligen. Aller Nachkommen des Glaubensvaters Abraham.

---

96 Näher erläutert wird dieser Gedankengang sehr schön bei Iustin Rosioara (ebd.; ab S. 32).

Das würde bedeuten: die Gemeinde existierte bereits vor der Heilstat Christi und nicht erst nachdem sie durch den Hohen Rat und dessen Grabräuber-Legende in ihre irdischen Schranken verwiesen wurde. Der Segen des Missionsauftrags zeigte sich vor der Verfolgung und nicht umgekehrt. Diese Tatsache ist geistlich nicht zu verachten!

Mit keinem Wort redet die Bibel davon, 'Gemeinde' könne zwingend nur aus mehreren Menschen bestehen. Die hierfür immer wieder angeführten Bibelstellen[97] werden immer wieder klassisch aus dem Kontext gerissen.

Halt, halt, halt! Das widerspricht deshalb nicht dem Umstand, dass es der Auferbauung, dem Dienst und somit allgemein dem Reich Gottes immer zuträglich ist, sich im Bekenntnis entsprechenden Glaubens[98] zu verbünden. Somit spricht es selbstredend auch nicht dagegen, dass dieses Bündnis dann auch schöpfungsordnerisch verwaltet wird, sprich: in Verantwortung vor Gott eine fruchtbare Hierarchie angestrebt wird.[99] Diese allgemein als Gemeindeleben verstandene Praxis ist ja schließlich auch Hauptgegenstand nahezu aller apostolischen Briefe. Weil es immer anzustreben war und ist, diese Gemeinschaft zu pflegen.

Im Idealfall erwächst unter beschnittenen Herzen ohnehin Gemeinschaft. Doch deshalb ist deren Idealbild noch lange keine Bedingung für Geistesfrucht! Gemeindliche Gemeinschaft, wie sie allgemein definiert wird, erwächst aus Geistesfrucht und nicht umgekehrt! Das tut sie dann, wenn es die inneren wie die äußeren

---

97 z.B. Matthäus 18,20; Apostelgeschichte 2,42; Hebräer 10,25.

98 Wie es das Komitee der King James Version als bewahrt empfand (Hebräer 10,23 - KJD): *„Lasst uns unerschütterlich am Bekenntnis unseres Glaubens festhalten (denn der es zugesagt hat, ist treu)!"*

99 Kein 'demokratisches' Chaos, das menschliche Strukturen über Schöpfungsverantwortung stellt.

Umstände zulassen. Wenn die Umstände jedoch (warum auch immer) in der entsprechenden Situation keine Sammlung zulassen, dann ist deshalb nicht keine Geistesfrucht mehr vorhanden!

Der Gräuel der Verwüstung.

In den Parallelstellen Matthäus 24 und Markus 13 (der 'Ölbergrede') lesen wir von einem *„Gräuel der Verwüstung"*.

Der Herr macht in seinem Wort immer wieder deutlich, was ihm ein Gräuel ist. Im Vorfeld und währenddessen prophezeit er immer wieder die *„Verwüstung"* Jerusalems, die mit solchen Gräueln in Verbindung stehen wird. An keiner anderen Stelle jedoch (außer in der von Jesus erwähnten Weissagung Daniels) ist die Rede vom *„Gräuel der Verwüstung"* selbst. Unmittelbar vor dieser Formulierung weißt Jesus die Pharisäer unmissverständlich darauf hin, dass die Verwüstung Jerusalems (nicht bloß dessen *„Zerstörung"*, die bereits schon einmal stattfand) unmittelbar bevorsteht. Diese geistliche Verwüstung Jerusalems macht Jesus selbst erheblich zu schaffen, und das nicht aufgrund seines eigenen Schicksals.

Die Räuberhöhle, zu der der dortige Tempel selbst verkommen ist, ist ihm ein Gräuel – aber die Konsequenz, ihn verwüstet sehen zu müssen, ist für ihn das noch viel erheblichere Gräuel. Und dementsprechend artikuliert er dies gegenüber seinen Jüngern.

Bibelstellen werden aus den unterschiedlichsten Gründen kontrovers ausgelegt. Doch wenige werden aus vollster Überzeugung derart widersinnig verbogen wie Matthäus 24. Auch Daniels Wortwahl der *„letzten Tage"* verweist nicht auf die Endzeit. Denn es ist dort ja tatsächlich die Rede von letzten Tagen. Den letzten Tagen des Alten Bundes! Auch ich muss bekennen, dass ich das viele Jahre lang durch die Brillen kommentierender Theologen einfach nicht gesehen habe.[100] Wird das Gespräch Jesu mit seinen Jüngern nicht isoliert, sondern im direkten Kontext betrachtet, so wird man gewahr, dass ihm ein Disput mit den Pharisäern vorangegangenen war. Hier wurde die Verwüstung Jerusalems direkt thematisiert.[101]

Es sind die Jünger, die von *„dem Kommen"* Jesu und vom *„Ende der Welt"* reden! Das tun sie deshalb, weil sie noch immer selbst in der irdischen Reich-Gottes-Sicht stecken, die damals das Kommen eines weltlichen Führers erwartete. Ganz ähnlich den heutigen Gemeindegängern, die am Kommen eines imaginären Antichristen herum deuten. Jesus warnt sie deshalb direkt:

> *„Seht zu, dass euch niemand täuscht! Denn viele werden in meinem Namen kommen und sagen, dass ich der Christus bin – und viele täuschen."[102]*

Auch Anführungszeichen der wörtlichen Rede sind vom hebräischen Text nicht überliefert, sodass es den Übersetzern heute ein Leichtes ist, auch diesen Vers völlig umzudeuten. Jesus warnt nicht vor Leuten, die sich für Christus halten! Er spricht davon, wie Menschen, die sich zu ihm bekennen, dennoch viele Zuhörer täuschen werden!

Dem einen oder anderen Gemeindeleiter mag diese Vorstellung gar nicht schmecken.[103]

---

100 Wie so oft war es auch hier ein US-amerikanischer Privatmann, der mich darauf hinwies. Ein Blogger, der sich hauptsächlich mit den Tricks des Vatikans befasst hatte. Die Biegungen, die Matthäus 24 beigebracht werden, haben mit diesen Tricks sehr viel zu tun. Konkret mit dem Futurismus des Jesuiten Francesco Ribera, der uns allen – fleißig unterstützt durch unterschiedlich motivierte Bibellehrer und Theologen aller Couleur - eine Hollywood-Sicht auf die Visionen (Bildnisse) der Offenbarung eingeimpft hatte. Dies und das Jesuitentheater generell werden uns noch oft begegnen.

101 Wir müssen uns immer vergegenwärtigen: Kapiteleinteilungen und Sinnabschnitte sind nicht inspiriert!

102 (Matthäus 24,4-5 – KJD).

> *„Und ihr werdet von Kriegen und Kriegsgerüchten hören.*
> *Schaut, dass ihr euch nicht sorgt! Denn alle diese Dinge*
> *müssen geschehen – aber das Ende ist das noch nicht!"*[104]

Umgangssprachlich könnte man vielleicht sagen:

> *„Ihr werdet von Kriegen und Kriegsverschwörungen*[105] *hören.*
> *Lasst euch nicht ver*ern und keine Angst einjagen! Das alles*
> *muss so ablaufen, aber das hat nichts mit dem Ende der Welt*
> *zu tun!"*

Die Verse 7 bis 14 beschreiben kurz und knapp die – bis dato – runden 2.000 Jahre, die der Gemeinde bevorstehen – die 'Gemeindezeit'.

---

103 Dass kurz darauf in Vers 24 tatsächlich von 'falschen Christussen' die Rede ist, hat damit nichts zu tun.

104 (Matthäus 24,6 – KJD).

105 Sogenannte 'False Flags' dienen seit Generationen u.a. dem Ziel, Vorwände für Kriege zu liefern. Nicht jede False Flag dient als ein solcher 'Casus Belli' einem offenen Krieg und nicht jeder Casus Belli ist eine False Flag. Meist bedient sich ihr der Staatsterrorismus und in entsprechenden Regionen werden traditionell bestehende Konflikte angeheizt. Als berühmt-berüchtigte False Flags unserer Zeit, die in direktem Zusammenhang mit darauffolgenden Kriegshandlungen stehen (jedoch nicht immer Gegenstand offizieller Geschichtsschreibung sind), können bspw. angesehen werden:

- die Explosion auf der USS Maine im Februar 1898,
                          - das Attentat von Sarajevo im Juni 1914,
- die Versenkung der RMS Lusitania im Mai 1915,
                          - der Angriff auf Pearl Harbor im Dezember 1941,
- der 'Tonkin-Zwischenfall' im August 1964,
                          - die 'Brutkastenlüge' im Oktober 1990,
- der 'Hufeisenplan' im April 1999,
                          - die Sprengstoffanschläge in Russland im Aug./Sept. 1999,
- '9-11' im September 2001,
                          - die 'Massenvernichtungswaffen' im Juni 2003,
- der 'Euromaidan' ab November 2013.

Eine Sonderrolle nehmen die Aktivitäten jener sogenannten Terrororganisationen ein, die zweifelsfrei auf die direkte Einflussnahme der CIA zurückzuführen sind (bspw. Mujaheddin, al-Qaida, IS). Sie sollen hier nicht unerwähnt bleiben.

Theologen nennen sie gerne 'Gnadenzeit'. Sie werden zum Inhalt haben, dass einer auf den anderen einprügelt und die Christen dazwischen stehen sollen und davon unbeeindruckt das Evangelium verbreiten. **Das** soll der Fokus der Jünger sein.[106]

> *„Doch wer bis ans Ende aushält, der wird gerettet. Und diese gute Nachricht des Königreiches wird als ein Zeugnis für die Völker in aller Welt gepredigt werden, und dann wird das Ende kommen."*[107]

Sprich:

> *„Kümmert euch darum, dass ihr an der Verkündigung des Evangeliums Anteil haben werdet! Erst, wenn absolut allen Völkern das Evangelium bezeugt wurde (durch wen auch immer), wird das Ende kommen!"*

Wie ich das heute lese, sollen wir uns also überhaupt keine Gedanken darüber machen, wie das Ende der Welt auszusehen hat! Alle Kalkulation ist schon deshalb hinfällig, weil es Kannibalenvölker gibt. Der selbstmörderische Einsatz unzähliger Missionare darf nicht marginalisiert werden, doch er hat nichts mit irdisch messbarem Erfolg zu tun. Jesus will hier nicht ausdrücken, was Missionare immer wieder zu solchen Höchstleistungen antreibt. Ich bin überzeugt: es gibt kein Volk, das nie die Chance hatte, das Evangelium kennenzulernen. Gott lässt den völligen Abfall eines Volkes einige Generationen lang zu, doch er ermöglicht danach eine wie auch immer geartete Umkehr.

---

106 Wenn Jesus hier die Prioritäten geraderückt, sagt er damit nichts aus über Sinn und Unsinn wachsamen Wandels. Die Evangeliumsverkündigung ist vielmehr darauf angewiesen, auf die Zeichen der Zeit einzugehen. Gerade auch um Irrtümer wie die hier besprochenen zu entlarven.

107 (Matthäus 24,13-14 - KJD)

Haben wir die innigsten Regeln der Schöpfungsordnung - die zehn Gebote[108] - vergessen oder wenden wir sie nur dann an, wenn es uns in den selbstgerechten Sinn passt? Blütezeiten verschiedenster Völker hatten – seit dem Missionsauftrag Jesu Christi – immer dieses geistliche Gesetz zur ersten Grundlage. Auch dort, wo wir es heute zu allerletzt vermuten würden. Das allein lässt uns vielleicht schon die Welt mit etwas anderen Augen sehen.

Jesus fährt dann ab Vers 15 mit der Zerstörung Jerusalems und Judäas fort, um die es ihm geht und die noch während der derzeitigen Generation beginnen soll. Was sie dann auch unzweifelhaft tat.[109]
Wenn **diese Tage** nicht verkürzt worden wären, würde die Welt nicht gerettet werden (Vers 22). Warum? Weil niemand mehr da wäre, der sie evangelisieren könnte.[110]
In den Versen 23 bis 27 kommt er dann erneut auf die Gnadenzeit zu sprechen und vergleicht diese in 28 bis 31 mit dem Weltende, das überdeutlich davon zu unterscheiden ist. Damit warnt er vor jeglichen irdischen Kalkulationen!
Danach geht er schon wieder auf die Zerstörung Jerusalems ein, denn er will bekräftigen, dass sich seine Jünger **darum** kümmern sollen! Weil sie das ganz persönlich angeht. Und das Ende der Welt, das würden sie ohnehin nicht erleben.

---

108 *„Du sollst dich ihnen nicht beugen, noch ihnen dienen! Denn ich, der HERR dein Gott, bin ein eifersüchtiger Gott, der die Verfehlungen der Väter über den Söhnen bis in die dritte und vierte Generation derer, die mich hassen, heimsucht!"*
(Exodus 20,5 - KJD)

109 s. Flavius Josephus: *'Jüdischer Krieg'*.

110 Ich persönlich vermute: eine direkte Fortführung der drei Konfliktphasen hätte wohl schnell dazu geführt, dass jeder Christ als Jude betrachtet worden wäre und der fragile Schutz römischer Staatsbürger kein Schutz mehr gewesen wäre.

Der Kundschafter Josua führte einst das Volk Abrahams, Isaaks und Jakobs in ein Land, in dem sprichwörtlich Milch und Honig flossen.[111] Ja, dessen Weintrauben so groß waren, dass man sie zu zweit tragen musste![112] Das Regime jedoch, das heute in jener Region agiert, muss die Felder seiner Untergebenen über kilometerlange Leitungen bewässern und ist auf erhebliche Tantiemen seiner 'Verbündeten' angewiesen, um den Status Quo zu halten.

Es ist historisch nur noch schwer zu bestreiten, dass das fortan 'Syria Palästina' genannte Judäa kaum noch besiedelt war und mitnichten seine Kultur bewahrt hatte.[113] Jegliche Vorhersage – die zahlreicher Propheten wie auch die hier teils zitierten von Jesus – hat sich wie üblich minutiös erfüllt. Nicht aufgrund von bloßer römischer Unterdrückung (die es bestimmt gab), sondern weil ein halsstarriges Volk immer noch darauf vertraute, ein irdischer Führer könne für Freiheit sorgen. Nichts Neues unter der Sonne.

---

111 *„Und sie berichteten ihm und sagten: 'Wir kamen in das Land, in das du uns gesandt hast. Und es fließt definitiv über vor Milch und Honig! Und dies hier ist die dortige Frucht.'"*

(Numeri 13,27)

112 *"Und sie kamen an den Bach Eschkol und hieben von dort einen Zweig mit einer Traube ab und trugen ihn zwischen zweien auf einem Stab; und sie brachten von den Granatäpfeln und Feigen."*

(Numeri 13,23)

113 *„Von etwa 70 n. Chr. bis zur Mitte des vierten Jahrhunderts, mit gescheiterten Aufständen und den verlockenden kulturellen Normen des Hochrömischen Reiches, zerfiel das Judentum fast vollständig. Spät im Römischen Reich spielte der christianisierte Staat jedoch eine entscheidende Rolle bei der "Re-Judaisierung" der Juden. Der Staat schloss sie allmählich aus der Gesellschaft aus, während er ihre Führer unterstützte und ihre lokalen Gemeinschaften anerkannte. Auf diese Weise wurde in der Spätantike die synagogenzentrierte Gemeinschaft unter den Juden vorherrschend, und es entstand wieder eine spezifisch jüdische Kunst und Literatur, die die Grundlage für das Judentum, wie wir es heute kennen, bildete."*

(aus: Schwartz, Seth: 'Imperialism *and Jewish Society: 200 B.C.E. To 640 C.E. (Jews, Christians, And Muslims From The Ancient To The Modern World)'*; 2004: Princeton Paperbacks.)

Generation One.

Der Zuspitzung der Beziehung zu Rom ging die kurze Herrschaft Agrippas I., des Enkels Herodes des Großen voran. Bereits innerhalb dieser sieben Jahre explodierte die 'Gute Botschaft', das Evangelium, und ergoss sich trotz unvorstellbarer Anfeindung von Jerusalem aus über die erreichbare Welt. In der syrischen Weltstadt Antiochia am Orontes[114] wagten es erstmals nach Petrus' erstem Herantasten bei Kornelius einige Christen, einigen Nichtjuden das Evangelium zu bringen. Sie provozierten damit sozusagen die 'zweite Erweckung' der Gemeinde nach Pfingsten, was dann auch die zweite größere 'Stadtgemeinde' nach Jerusalem – und die erste heidenchristliche überhaupt – nach sich zog. Die Apostel blieben hier ein Jahr lang zusammen und lehrten eifrig. Und auch danach diente die antiochische Versammlung gerne als Basis für die allgemeine Mission.

Hier entstand die Bezeichnung 'Christen'. Auf Betreiben der judäischen 'Hardliner' entbrannte hier auch der erste große Streit unter diesen Christen und in Jerusalem fand daraufhin das sogenannte 'Apostelkonzil' statt. Entgegen den Lehren Jesu verlangte die Stammgemeinde, die Heidenchristen müssten sich zusätzlich zur 'Beschneidung im Herzen' auch noch 'im Fleisch' beschneiden lassen. Im Zuge dessen willigten sie ohne jede Not ein, in einem Kompromiss Speisegesetze einzuhalten. Sie waren nun einmal ungefärbte Nachfolger Jesu und hatten ihre Prioritäten entsprechend gesteckt.

Dieses Apostelkonzil wird in der Gemeindewelt üblicherweise ziemlich stiefmütterlich behandelt. Und weil die Heidenchristen derart

---

114 Heute Antakya, Teil der Großstadtgemeinde Hatay / Türkei.

'jesusgemäß' argumentierten und handelten,[115] stößt sich heute kaum jemand daran, wie starrsinnig hier wieder einmal die direkten Erben jenen Volkes agierten, das nur etwa eine Dekade zuvor deren eigenen HERRN ans Holz genagelt hatte!

Der schwelende Konflikt zwischen Judenchristen und Heidenchristen führte auch weiterhin zu erheblicher Argwohn innerhalb der Mission und wir können wohl davon ausgehen, dass dadurch in erheblichem Maße bereitliegender Segen gedämpft wurde. Doch auch ohne dieses Plus erwies sich das Wirken der Apostel als überaus erfolgreich. Trotz oder gerade aufgrund der intensiven Verfolgung noch durch die Juden selbst.

Antiochia war die Hauptstadt der römischen Provinz Syria und die drittbedeutendste Stadt innerhalb den Grenzen des Imperiums. Wer dort lebte, sprach syrisch und somit liegt nahe, was von der Bibelkritik sehr gerne übergangen wird: dass syrische Handschriften des Neuen Testaments früher existieren mussten als solche in der aus dem vorigen Großreich geerbten Amtssprache griechisch. Dass diese Belege im Vergleich zum Gesamtbefund sehr rar sind, liegt zum einen freilich an der Verwendung von wenig haltbaren Papyri. Zum anderen liegt es sicherlich an der ständigen Verfolgungssituation, der die Christen in nahezu allen Lebenssituationen und zu allen Zeiten ausgesetzt waren. Nichtsdestotrotz wurden alsbald auch griechische und lateinische Übersetzungen angefertigt, davon können wir ausgehen. Dennoch führt bereits dies das allfällige Dogma griechischer Grundtexte und griechischer Exegese ad absurdum. Wäre es primär um die Bewahrung der Schriftvorlagen gegangen, dann kann es nur noch weniger überzeugen, dass Prediger weltweit Fragmente

---

115 Gerade gegenüber den Brüdern in Jerusalem nicht das erste Mal, betonte doch Lukas kurz davor (Apostelgeschichte 11,27-30) nicht ohne Grund eine selbstlose Hilfssammlung in Antiochia für Jerusalem.

einer Sprache zu Rate ziehen sollen, die heute kaum noch gesprochen wird.[116] Und dann doch bitte nur die, die der Bibelwissenschaft genehm sind.

Nein, die massenhafte Übertragung in die Weltsprache Griechisch war m.E. vielmehr der Missionierung geschuldet, nicht der Konservierung!

Agrippas plötzlicher Tod übrigens wird von Flavius Josephus sehr detailreich erzählt – und stimmt wie viele seiner Aussagen mit dem Bericht des Lukas in der Apostelgeschichte völlig überein.[117]

Seine Aggressionen gegen die Gemeinde hatten ihm alles andere als Glück gebracht – und ebenso seiner ganzen Herrschaft. Der Weg war nun frei für die Unterwerfung des lästigen Judäas unter Rom, denn sein Sohn Agrippa II. - in inzestuöser Liaison mit seiner Schwester

---

116 Was über das fadenscheinige Argument des Koine-Griechisch auch noch bestritten wird. Dieses Argument wurde freilich notwendig, um die Menschen bspw. davon abzuhalten, griechische Muttersprachler aus Erasmus' Übertragung lesen zu lassen (wie es bspw. KJV-Verfechter im jüngst demonstrierten (Anderson; Mejia; Johannsson: 'Going back to the Greek' [Film]. Tempe, AZ: Faithful Word Baptist Church, 2019).

117 *„Am zweiten Tage begab er sich mit Anbruch des Morgens in einem Kleide, das mit wunderbarer Kunst ganz aus Silber gewirkt war, zum Theater. Hier erschien das Silber, das von den ersten Strahlen der Sonne getroffen wurde, in wundervollem Glanze, so dass das Auge sich geblendet und erschauert zurückwenden musste. Zugleich riefen seine Schmeichler von allen Seiten ihm zu, nannten ihn Gott und sagten: >Sei uns gnädig!, wenn wir auch bisher dich als Menschen geachtet haben, so wollen wir doch von nun an etwas Höheres als ein sterbliches Wesen in dir verehren.< Der König machte ihnen darauf keinen Vorwurf und wies ihre gotteslästerliche Schmeichelei nicht zurück; als er aber bald nachher den Blick nach oben wandte, sah er über seinem Haupte den ihm wohlbekannten Uhu auf einem Stricke sitzen. Er wusste, dass dieser, der ihm früher sein Glück prophezeit hat, ihm jetzt ein schlimmes Unglück anzeigte, und darum empfand er bittere Reue. Nicht lange jedoch, so wurden seine Eingeweide von furchtbaren Schmerzen zerrissen, die gleich mit unerhörter Heftigkeit begannen... Er ließ sich daher schnell in seine Wohnung bringen, und bald war allenthalben bekannt, dass er in den letzten Zügen liege... Nachdem er noch fünf Tage die Qual in seinen Eingeweiden ertragen, verschied er endlich im 54. Jahre seines Lebens und im siebten seiner Regierung."*
(Flavius Josephus; *'Jüdische Altertümer'*, XIX.8.2).

Berenike – war ein noch erbärmlicherer Garant für judäische Eigenständigkeit als sein Vater.

Damit konnte nun also der von Daniel und Jesus angekündigte 'Gräuel der Verwüstung' kommen.

Babylon.

The corruptible seed.

Es ist unbestritten, dass die Mehrheit der erhaltenen Schriftfragmente des Neuen Testaments aus syrischem Umfeld stammt[118] und dass nur wenige Schrift'zeugnisse' älter datiert werden als diese. Diese sogenannte 'Antiochia-Tradition' steht einer anderen Tradition der Übertragung gegenüber. Sie steht für eine andere römische Großstadt mit 'A': Alexandria.

Mit der Alexandria-Tradition verbindet sich eine ganz besondere Geschichte.[119]

Alexandria steht in der biblischen Symbolik wie immer schon das gesamte Land Ägypten für Ausflucht, Sünde, Korruption. Diese Allegorie hält sich auch in nachkanonischer Zeit. In jeder Beziehung, denn das alte Jerusalem teilt dasselbe Schicksal.[120] Das erst später so

---

118 Ganz gleich, ob es sich um Fragmente in syrischer (später: 'Peschita'-Tradition), griechischer oder lateinischer ('Itala'-Tradition) handelt.

119 Nicht unwesentlicher Teil dieser Geschichte und gewissermaßen ihre Manifestation ist die sagenumwobene Bibliothek von Alexandria, die gleich zwei Mal vernichtet wurde. Damit werden wir uns zu gegebener Zeit befassen.

120 vgl. Jeremia 44,13 und v. a. Offenbarung 11,8 – Sodom, Ägypten und Jerusalem verbindet ein wichtiger Umstand: alle drei Orte sind untrennbar mit der dortigen Sündentilgung

genannte 'Apostelkonzil' stellt die Zäsur dar, die von Jerusalem heraus in die Gemeinde hinein gepflanzt wurde und bis heute den Sauerteig der Korruption innerhalb der Braut Christi gedeihen lässt.

So wie Jerusalem mit den Heidenchristen im Unfrieden verharrte, verharrt die Alexandria-Tradition bis zum heutigen Tag mit der Antiochia-Tradition im Unfrieden. Sie steht für einen ganzen Blumenstrauß an Giftpfeilen, die gegen das Wort Gottes gerichtet sind. Der beinhaltet die griechische 'Septuaginta' (eine Übertragung des Alten Testaments) mit ihren zusammengeklaubten apokryphen Texten ebenso wie die lateinische 'Vulgata'. Die war nichts weiter als ein Angriff auf die damals verbreiteten 'Itala'-Texte (auch 'Vetus Latina' - 'altes Latein' - genannt).

Bis ins Mittelalter hinein bediente man sich trotz der Vulgata weiterhin auch der 'antiochischen' Itala, um die biblischen Texte aus dem Lateinischen in allerlei Profansprachen und Dialekte des Volkes zu übertragen. Die Vulgata spielte – anders als uns nur zu gerne suggeriert wird – oft nur innerhalb römischer Klerusmauern eine Rolle.

Die Belege für die Übersetzungen auf Basis der Itala sind rar, doch trotz immer wieder heftiger Verfolgung und Ausräucherung gibt es sie. Alles andere als rar sind übrigens die alttestamentlichen Aufschriebe des 'masoretischen Textes' in hebräischer Sprache. Um dessen Glaubwürdigkeit zu schwächen, ist die Septuaginta (= '70 Schreiber') angetreten, die die Alexandria-Familie auf das Alte Testament ausweitet. Von ihr wird behauptet, sie wäre vor Christi Geburt entstanden und Jesus selbst hätte aus ihr zitiert, wenn er von 'der

---

verbunden. Sodom wurde eliminiert und im Zuge der Flucht aus Ägypten wurde die Opferung in der Weise eingesetzt, wie sie schließlich Jesus in Jerusalem erfüllt hat.

Schrift' sprach. Doch diese leider längst ins Allgemeinwissen abgerutschte These ist faktisch nicht haltbar.[121]

Was ist mit den Apokryphen?

Innerhalb der Septuaginta erschienen erstmalig die apokryphen Bücher.[122]

Sie kennzeichnen die Alexandria-Tradition wie nichts anderes. Und das, obwohl – oder gerade weil? – sie angeblich so schön flüssig zu lesen sind und seit mittelalterlichen Zeiten immer wieder wie selbstverständlich scheinbar gleichberechtigter Bestandteil unterschiedlichster Bibelausgaben sind.
Für Martin Luther waren es *„Bücher, die der Heiligen Schrift nicht gleich gehalten und doch nützlich und gut zu lesen sind."*

Und so fügte er sie - scheinbar ohne jeden Skrupel - seinem Werk bei. Und auch die ersten Ausgaben der King James Version beinhalteten zwischen dem Alten und dem Neuen Testament anstandslos die Apokryphen. Katholische Bibeln indes mischen sie gerne unter den inspirierten Text, was dann doch einen erheblichen Unterschied darstellt. Das Übersetzungskomitee der KJV verliert in dessen berühmter Einleitung ('The Translators to the Reader') nicht eines von

---

121 vgl. hierzu bspw. die minutiösen Untersuchungen von David Daniels (www.chick.com).

122 Die Bibelwissenschaft kennt noch eine Vielzahl weiterer apokrypher Schriften, die jedoch nie einheitlich und meist überhaupt nicht als 'die Apokryphen' verstanden wurden. Zudem existieren verschiedene 'Pseudepigraphien' aus der Frühzeit der Gemeinde, die ähnlichen Charakters sind und bisweilen als 'neutestamentliche Apokryphen' bezeichnet werden.

über 11.000 Worten über diese soeben von ihm übersetzten und entsprechend vorliegenden 10 Bücher. Ein Versehen? Ein Zufall?[123]

Bleiben wir kurz bei diesem Dokument der aufkeimenden 'Neuzeit', aus dem frühen 17. Jahrhundert:

Es fällt auf, dass ansonsten in den höchsten Tönen über die sogenannten 'Kirchenväter' und eine 'damals noch echte' katholische Kirche gesprochen wird. Außerdem geht man - schon damals – scheinbar wie selbstverständlich davon aus, dass die Septuaginta vorchristlich sei. Wie kann das sein, wenn doch dieses Komitee derart exklusiv zusammengesetzt war und all das nicht den Tatsachen entspricht?

Nun – es ging den Schreibern hier nicht um Textkritik, nicht um Auslegungsfragen! Die dienenden Übersetzer der Authorized Version waren sich nicht zu schade dafür, in aller seit jeher grassierenden Korruption dennoch auch Gottes segnende Hand zu sehen. Auch und gerade darin sollten sie uns Vorbild sein. Für den inkonsequenten Lobpreis beispielsweise auf Hieronymus, den Erschaffer der Vulgata, weniger. War das vielleicht derselben Politik geschuldet wie der Abdruck der Apokryphen? Oder hatten sie hier lediglich nicht den Zugriff auf unkatholische Quellen?

Wie auch immer - für mich sind die Apokryphen der **Gipfel der Bibelkorruption**. Sie machen ihrem Namen (ἀπόκρυφος = 'verborgen',

---

123 Die Aufnahme der Apokryphen in die KJV war ein Fehler, doch es war ein Fehler der protestantischen Übersetzer und Drucker der damaligen Zeit. Dadurch wird der eigentliche Text des Alten und des Neuen Testaments der KJV nicht unpräziser. Der Text der King James Version hat den Test der Zeit bestanden - und ist korrekt und zuverlässig.
Zudem muss man den Abdruck der Apokryphen wohl in zeitlichem Kontext erfassen: zu nachreformatorischen Zeiten war man sicherlich gut beraten, wenn man über die Quellen so mancher katholischer Doktrin sowie über die Lebenswelt der Judäer im Bilde war. Beides wurde im Rahmen der Apokryphen erschöpfend bedient.

'dunkel') alle Ehre. Sie enthalten Passagen, die Abstrusitäten wie Totengebete, das Fegefeuer, Suizid, lügende Engel Gottes, Zauberei und Magie befürworten; Leute sterben innerhalb zweier Bücher drei verschiedene Tode; Sie widersprechen sich selbst mehrfach.

Es gibt Gründe, warum sie von der apostolischen Kirche nie in irgendeiner Weise als inspiriert betrachtet wurden.

Babylon mit Rom 1.

Brot und die etwas anderen Spiele.

Gehen wir also besser wieder zurück zur apostolischen, der 'antiochischen' Kirche; der Gemeinde.

Die jüdischen Kriege befreiten die Gemeinde vom Zugriff ihrer Erzfeinde und bitteren Verfolger der ersten Jahre.

Doch viel zu verschnaufen gab es dadurch nicht, denn der neue Feind hatte erheblich mehr Durchschlagskraft. Sollten sich die Juden bislang selbst um ihre Sektierer kümmern, so mussten die Römer nun selbst Hand anlegen. Und taten das mit der uns heute durchaus bekannten Härte. **Noch** bekannt, denn wie heißt es so schön? *„Der Sieger schreibt die Geschichte".*

Doch wer ist dieser Sieger? Das Christentum? Wenn ja – welches?

Welchen Grund mag der HERR nur haben, uns trotz dieses gewaltigen Pyrrhussieges des Jahres 312 weitere 1.700 plus X Jahre vor uns hin gammeln zu lassen?

Gab es in der Zeit danach Vergleichbares? Die Reformation vielleicht?

Wenn die Reformation den Sieg des Christentums im Sinne des

112

Evangeliums aufgreift, dann hätte doch der Vatikan an die Verliererstelle des damals untergegangenen Römischen Imperiums rutschen müssen? Wie kommt es dann, dass der Vatikan weiterhin besteht und zumindest seinen Reichtum erhalten konnte? Wenn er doch Verlierer ist?

Nun, wie gesagt: der Sieger schreibt die Geschichte und es bleibt fraglich, wer dieser Sieger ist...

Konstantin Orwell.

Nach offizieller Lesart ging das Imperium Romanum mehr oder weniger träge irgendwann in Dekadenz unter, nachdem seine Zeit gekommen war.
Der Zeitgeist erlaubt es heute nicht mehr, von Dekadenz zu sprechen (warum nur). Somit schlägt man zwei Fliegen mit einer Klappe und redet vielmehr von der heute allseits in die Köpfe zu hämmernden 'Transformation'. Das ändert nichts daran, dass der 'Sieg des Christentums' politisch notwendige Strategie war. Ein neues Label musste her – und last but not least musste auch endlich diese nicht tot zu kriegende jüdische Sekte epochal getäuscht werden. Von innen zersetzt.
Das Erfolgsrezept? *„Der Pontifex Maximus ist tot – es lebe der Pontifex Maximus."*
Der Titel **Pontifex Maximus** (lateinisch für 'oberster Brückenbauer') bezeichnete (ursprünglich, wie es heißt) den obersten Wächter des altrömischen Götterkults. Er ging später auf die römischen Kaiser und schließlich auf den Bischof von Rom über.

Nun – spätestens seit Alexander Hislop und vielen anderen schreibenden Geisterunterscheidern[124] wissen wir, dass von diesem 'ursprünglich' nicht viel zu halten ist. Wenn nun also der Titel eines besonders mächtigen heidnischen Kultusführers vom irdischen Regenten für sich beansprucht wird, um dann wiederum vom 'christlichen' Kultusführer übernommen zu werden – ist das dann klassische Kriegsbeute? Ist Jesus Christus dafür ans Kreuz gegangen, damit von ihm gesegnete Landeinnehmer einfach mal kurz die goldenen Kälber übernehmen? Oder war die sogenannte 'Konstantinische Wende' etwas anderes als 'die Bekehrung eines Kriegers' und mehr als 'ein geschickter Schachzug zum persönlichen Machterhalt'? Betrachtet man die bekannte Historie ohne Scheuklappen, so liegt es auf der Hand.

Der Vatikan ist der vollwertige Erbe des Imperium Romanum, nicht sein Bezwinger![125]

Um George Orwells Neusprech zu bemühen:

> *Sieg ist Niederlage – Heiligung ist Anbiederung – Wende ist Kontinuität.*

Dieser Sieger musste sich keine ausgeklügelten Medienkonglomerate aufbauen, um seine Geschichte zu schreiben. Bis zur Etablierung des Buchdrucks war es nahezu unmöglich, dem Monopol Roms hier Parolie zu bieten. Was nicht mündlich oder durch extreme Aufwände weitergegeben werden konnte, wurde umgedeutet.

---

124 Um hier in alphabetischer Reihenfolge nur einige zu nennen:
H. Grattan Guinness, F. Tupper Saucy, Michael De Semlyen, Jim Tetlow, Ralph Woodrow (der unter Druck widerrufen hat).

125 Das wird uns spätestens dann deutlich, wenn es uns im Laufe der Geschichte wieder begegnet – mehrfach. Wir werden auch sehen, warum das anders überhaupt nicht hätte sein können.

Chaos aus der Ordnung.

Es ist trotz allem durchaus richtig, dass Konstantin im biblischen Sinne agiert hatte. Doch nicht inhaltlich, sondern vielmehr dadurch, dass er anhand seines Durchmarschs einen Zerfall Roms abwendete. Denn der schien zu drohen, bevor das pagane Rom in ein papistisches Rom umgewandelt war und somit Daniels Prophetie gewahrt bleiben konnte.

Wo ich dem Forscherzeitgeist Recht gebe, ist in der Frage der Völkerwanderungen. Wenn auch die Motivationen unterschiedlich sein mögen, so bin ich doch auch der Ansicht, dass dies keine wahl- und ziellos stattfindenden Migrationen durch Europa sind. Auch die Hunnen sind nicht für alle Bewegungen verantwortlich.

Das über Generationen geschaffene Narrativ sitzt offenbar tief genug in den Köpfen,[126] sodass nun getrost umgeschwenkt werden kann. Nun kann problemlos ein neues Narrativ der Fremdenfreundlichkeit Roms, des gar nicht so unmenschlichen Großreichs gezeichnet werden. Schließlich geht man mittlerweile wesentlich offener als bisher Schritte in Richtung der 'kruden Verschwörungstheorie' gewisser 'Vereinigter Staaten von Europa'.[127]

Meine These im Hinblick auf die sogenannten 'Völkerwanderungen' ist: hier wurde wohl versucht, der Christianisierung[128] vorzugreifen, um Evangelisation zu verhindern.

---

126 Gemeint ist die 'Bereicherung' durch Ortswechsel bzw. durch Assimilation fremder Völker.

127 Eine bislang wohl unerreichte Sammlung von Plänen einer Föderaleuropa-Utopie bietet Oliver Janich (Janich, Oliver: 'Die Vereinigten Staaten von Europa'; München: Finanzbuchverlag, 2013)

128 Christianisierung = 'Evangelisation' seitens des korrupten Regimes, der Alexandria-Tradition, der Hure Babylon.

Pagan Rome = Papal Rome.[129]

Denn ich bin der Überzeugung, dass die verklärte Christianisierung Europas alles andere als ein Honigschlecken für die römischen 'Missionare' war. Und das lag wohl in erster Linie nicht am Widerstand der ach so barbarischen Heidenvölker. Denn unter ihnen war Rom selbst das größte. Nein, ich denke (und mit entsprechendem Rechercheaufwand ließen sich bestimmt Belege finden), Rom kam vielerorts zu spät und hatte es mit einem übermächtigen Feind zu tun: dem Evangelium. So war Rom nicht erst im Mittelalter plötzlich gegen Bibeln in Profansprachen eingestellt. Die waren dem Großreich immer schon ein Dorn im Auge. Es gab schon immer hingegebene Diener, die keinen Aufwand scheuten, das ungeheuchelte Evangelium zu verbreiten. Aus päpstlicher Tarnung heraus – ohne praktische weltliche Macht – konnte man dagegen nur wenig ausrichten. So blutig man es auch versucht hatte, damit säte man lediglich 'den Samen der Kirche' aus. Händeringend führte Rom erbitterten Krieg gegen diese unberechenbare **echte** Kirche und kein Opfer war ihm dafür jemals zu groß. Und kein dämonischer Trick zu verwegen. Einer davon war, von 'Christianisierung' zu reden, wenn 'Romanisierung' gemeint war.

Die Verfolgung ging somit komplett in den Untergrund der Korruption über, nachdem bereits das 'weltliche' Rom das Zepter von den Juden übernommen hatte. Wie wir noch sehen werden, blieb es auch in diesem Untergrund, trotz aller Expansion und aller zusätzlichen Ketzerverfolgung.

---

129 Heidnisches Rom = Papistisches Rom.

Paulus und Johannes reden nicht ohne Grund von <u>einem</u> Antichristen-System. Von einem System, das seine Fühler in alle Richtungen ausgestreckt hat. Scheinbar dem Dirigat Roms widersprechende Narrative stehen ihm nicht explizit entgegen.

Alles Rom, oder was?

Konstantin verlegte seine Hauptstadt an das Tor zur apostolischen Welt und somit an die Frontlinie des bedrohlichsten Angriffs – nach Byzantion. Diese Halbinsel am Bosporus war der südöstlichste Zipfel Europas, der römischen Stammlande. Nur so konnte ein Bollwerk gegen das volle Evangelium erhalten bleiben. Die spätere Reichsteilung war im Endeffekt lediglich eine Verlagerung der Streitmacht.

Konstantin widmete Byzantion zunächst in 'Neurom' um. Er errichtete nach dem Vorbild am Tiber eine mächtige Anlage auf sieben Hügeln, verfünffachte die Dimensionen der alten Stadt. Es ist Stand der Forschung, dass Neurom bzw. Konstantinopel nicht als 'das christliche Rom' errichtet wurde. Dies wird uns später noch einleuchten.

Babylon mit Rom 1 und Hure 1.

Bücherverbrennung, das unverzichtbare Werkzeug aller Geschichtsklitterei.[130]

Das griechische Altertum hatte der Überlieferung nach seine größte Literatursammlung in dem uns wohlbekannten Alexandria beherbergt, der Hauptstadt des Ptolemäerreiches und damals wichtigsten Metropole auf Seiten des äthiopischen Kontinents.[131] Bereits in vorchristlicher Zeit unter Gajus Julius empfindlich dezimiert, wurde sie dennoch ins Römische Reich integriert. Es wird berichtet, sie wäre schließlich von Christen vernichtet worden.[132] Von 'Christen' des jungen Staatschristentums wohlgemerkt. Christusnachfolger hätten das wohl auch kaum getan – sie hätten sie vielmehr erweitert und Fragen beantwortet. Mit Antworten, die beispielsweise auch wir hier versuchen zu geben. Es sind Antworten auf Fragen, die mit Sicherheit so manches verbrannte Material hervorgerufen hatte. Und sehr wahrscheinlich fand sich darunter auch bereits die eine oder andere Antwort. Denn die ptolemäische Bibliothek – wenn auch dafür ausersehen und seinerseits bereits heidnisch – stand gewiss selbst noch nicht in jener alexandrinischen Tradition, die uns heute begegnet. Wie wir wissen, war und ist dies die Tradition des Hurengeistes – der sich wie überall mit fremden Federn schmückt und sie mit Pech beschmiert. Alexandria ist nicht gleich Alexandria, wie auch Jerusalem nicht gleich Jerusalem und gewissermaßen auch Rom

---

130 Bücher'verbrennung' steht im Endeffekt für jegliche Art der Gedächtnisauslöschung, denn Bits und Bytes sind genauso schwer entflammbar wie Gehirnströme.

131 Ganz Afrika war bis ins Mittelalter hinein unter der Bezeichnung 'Äthiopien' bekannt.

132 Womit man ja Erfahrung hatte – auch Rom selbst wurde einst angeblich von Christen versengt.

nicht gleich Rom ist. Alexandria ging aus, die Welt zu korrumpieren und musste dafür zunächst selbst korrumpiert sein.

Rom ist nicht genug.

Ein Sonderfall römischer Christianisierung zeigte sich in Irland und im Norden Schottlands. Sie war in gewisser Hinsicht ein Vorgeschmack auf spätere 'Missionen' stammesgeprägter Gebiete wie in Asien, Afrika oder den Amerikas. Aber sie rächte sich später gewissermaßen durch die Anglikanische Kirche.

Die iro-schottischen Mönche werden von Christen weltweit nur zu gerne als Sinnbilder des Urchristentums verstanden. Daher dienen sie heute als Geheimwaffe der Ökumene.
Ihre Regionen waren nie Teil des ursprünglichen, 'politischen' Römischen Reiches. Doch das hielt die 'Missionare' Roms nicht davon ab, auch hier zu missionieren. Der Moloch des Reiches konnte hier nicht wie auf dem Kontinent und im restlichen Britannien wüten, und somit erwies es sich hier als umso schwieriger, papistische Ideologien unterzubringen. Die hier oft wesentlich erdgebundeneren Stämme entwickelten folglich einige Gepflogenheiten, die sich von der Mutter Rom unterschieden. Zum Schlüssel entwickelte sich ausgerechnet das, was uns als das einende Band mit Rom[133] auffallen muss: das Mönchtum. Fatal für das allgemeine Verständnis des biblischen Glaubens! Denn dessen – dem ausgeprägten Clanleben geschuldetes – Übermaß liefert heute ein fatales Argument dafür, Klosterleben wäre ein Synonym für unkorrumpiertes Urchristentum.

---

133 Übrigens auch mit vielen anderen babylonischen Religionen - wie Buddhismus,
   Shintoismus, Hinduismus etc. bis hin zu allerlei kleinen Gemeinschaften und Sekten.

Die Erfahrungen der Iroschotten im Umgang mit den hiesigen Stammesvölkern wurden später zu einer gerne auch auf dem Kontinent eingesetzten Ressource, um die Aktivitäten der Ketzer zurückzudrängen. So entstand dann die Legende der 'Missionierung Europas über Irland'.

Die Hartnäckigkeit indes, mit der man hier zu kämpfen hatte und die Extrabehandlung, mit der man aufwändig Imagepflege betreiben musste, durfte Nordirland später jahrhundertelang bezahlen.

Die Nebelkerze der Korruption – der 'Arianische Streit'

Ketzer lauerten zu allen Zeiten an allen Orten. Sicherlich würde es sich auszahlen, sich zu gegebener Zeit die Umstände des sogenannten 'Arianischen Streits' noch etwas näher anzuschauen. Doch mir scheint mittlerweile, dass hier von Seiten der üblichen Verdächtigen eine Mücke zum Elefanten gemacht wurde.[134]

Man brauchte etwas Universelles in der Hand, um die Ketzergeschichte in einem theologisch zweifelhaften Licht erscheinen zu lassen. Das erreichte man beispielsweise durch die Streitfragen des Nicänischen Konzils, die teils wirklich abstruse Gedanken, teils aber auch durchaus ernstzunehmende Thesen enthalten.

Wir erinnern uns daran, dass die vatikanischen Tentakel in ihren Schreibstuben ein Monopol auf die Geschichtsschreibung hatten. Der Klerus war spätestens seit Leos Friedensschluss mit Attila politisiert. Das Pontifikat führte sein Erbe nahtlos fort und lediglich die

---

134 Das hier gesagte gilt m.E. größtenteils auch für den sogenannten Monophysitismus und das akakianische Schisma – und für eine Vielzahl weiterer Streitfälle hauptsächlich der Zeit, in der die Früchte der Apostel v.a. in Byzanz noch spürbar waren.

Drecksarbeit hatte es outgesourct. Daher ist auch hier Vorsicht geboten!

Wir lesen in den uns überlieferten Quellen außergewöhnlich oft von alexandrinischen Theologen, die auf beiden Seiten des Streits stehen, ähnlich aus anderen Regionen.
Ich möchte gewiss nicht deduktiv argumentieren. Aber sollte hier vielleicht der Eindruck vermittelt werden, Quell fataler Häresien wäre nicht etwa die Theologie – namentlich die alexandrinische Schule – sondern vielmehr die Schrift in ihren Grundfesten selbst? Sehen wir hier frühe Fälle kontrollierter Opposition?

Es ist nicht nur das sogenannte 'Comma Johanneum',[135] das in der Schrift die Dreieinigkeit vertritt. Hierfür reicht allein schon die

---

135 Als 'Comma Johanneum' wird eine geschickte Einfügung (oder Auslassung) in zwei ursprünglich bezeugte Sätze des ersten Johannesbriefs bezeichnet:

> „Denn es sind *drei, die* **im Himmel** *Zeugnis ablegen:* **der Vater, das Wort und der Heilige Geist – und diese drei sind Eins. Und es sind drei, die auf Erden Zeugnis ablegen:** *der Geist, das Wasser und das Blut – und diese drei stimmen überein."*
>
> (1. Johannesbrief 5,7-8 - KJD)

Erasmus von Rotterdam, der Ersteller der Übersetzungsvorlage 'Textus Receptus', hatte es zwar ursprünglich nicht erwähnt und es ist uns heute nur durch die Minuskel 61 bezeugt, die sich (entsprechend Erasmus' Einschätzung) später als klare Fälschung herausstellen sollte. Dennoch fügte er es in seiner Revision ein, wonach es ab 1581 dann auch bei Luther und dann 1611 sogar in der doch sonst so grundtexttreuen KJV erschien. Ein absoluter Sonderfall in der Überlieferungsgeschichte, der jedoch m.E. mehr für des HERRN Humor steht als für eine damit nicht begründbare Disqualifikation der Bewahrungshistorie.
Die eingefügte Aussage widerspricht inhaltlich weder dem herkömmlichen Textbefund noch irgendeiner anderen Aussage der Schrift. Die Dreieinigkeit steht und fällt nicht mit den inhaltlich zutreffenden Worten des Comma Johanneum und nur wer die Bewahrung als alleinige Aufgabe der Experten versteht, hat damit ein Problem. Er stellt die Expertise des Menschen über die Zusagen Gottes und daher ist das Comma Johanneum für die Bewahrungshistorie vielmehr ein Segen als ein Fluch. Gehen wir an dieser Stelle nur einen Vers weiter, so entblößt sich die gesamte Absurdität dieses Pharisäertums:

Einleitung des Johannesevangeliums[136] aus; bestärkt durch jegliche Aussage, die entweder die Gottheit Christi oder die Vater-Sohn-Beziehung beschreibt.

Wir werden später noch mehr vom Arianismus lesen bzw. darüber, wofür er später noch gebraucht wurde. Es wurde Wert darauf gelegt darauf abzustellen, Rom lehne den Arianismus völlig ab. Wenn er jedoch Jahrhunderte später noch auftaucht, suggeriert dies einen Pluralismus, den es parallel zu Rom nicht gab. Der perfekte Sündenbock also, um in der Geschichtsschreibung das nicht klein zu kriegende Evangelium zu verbergen.

Dennoch wirken auch die zentralen Ansichten des Arianismus fort bis in die Gegenwart, bzw. werden sie dort wieder neu ausgegraben. Doch nicht indem die damaligen Ansichten wieder aufkeimen. Nein, die alexandrinische Dämonie geht sehr viel weiter: seit einigen Jahren setzt sich eine neue Doktrin immer mehr durch, die sich an den Arianismus lediglich anlehnt. Sie bestreitet die Dreieinigkeit, indem sie Gott als **eine Person** darstellt (der sogenannte 'Modalismus'). Das bringt ungeahnte Probleme mit sich, denn dadurch wird beispielsweise das Gebet **zu** Jesus statt **in dessen Namen** immer populärer;[137] und es stärkt der 'keine-Religion'-Bewegung[138] den Rücken.

„Wenn wir das Zeugnis des Menschen annehmen, so ist das Zeugnis Gottes größer – denn das ist dasjenige Zeugnis Gottes, das er von seinem Sohn abgelegt hat."

(1. Johannesbrief 5,9 - KJD)

136 *„Im Anfang war das Wort, und das Wort war bei Gott, und das Wort war Gott."*

(Johannesevangelium 1,1 - KJD)

137 In der evangelikalen Welt wird immer öfter dazu übergegangen, Jesus anzubeten. Doch der HERR legt nicht umsonst über die gesamte Schrift hinweg Wert darauf, dass wir im Namen des Sohnes zum Vater beten. Jesus ist unser Fürsprecher, nicht der Adressat unseres Gebets!

Die Aufrüstung, die als Abrüstung verkauft wird.

Das entsprechende Establishment stellte Konstantin lange als den Stifter eines 'christlichen Roms' dar, das fortan mit Westrom konkurriert habe. Der common sense hat das aufgrund der Gegebenheiten als Legende entlarvt. Obwohl sich die andere Legende, die der offiziellen Teilung und des ersatzlosen Verschwindens Westroms, hartnäckig hält. Unter Theodosius' Söhnen erfolgte lediglich eine unter römischen Kaisern immer wieder vorkommende Teilung der Macht, nicht aber des Reiches! Wozu also die Irreführung der Geschichtsschreibung?

Aus unserem Blickwinkel relativ logisch: Man wollte das Byzantinische Reich als etwas Neues darstellen, das mit dem alten, paganen Rom der Zeit vor Konstantin und Konstantinopel ideell nichts zu tun hat. Dazu passte auch die Idee, Konstantin hätte nach seiner 'Bekehrung' ein 'christliches Rom' begründet. Dieser Schwindel war von großem Erfolg gekrönt.

Der Vatikan konnte seelenruhig in Rom bleiben, da von dort aus ja kein weltliches Reich mehr residierte. Das offiziell oströmisch regierte Westrom schnappte seine letzten Züge von Ravenna, Trier und

---

Lediglich Vertreter Babylons haben ein Interesse daran, einen Mittler zu installieren, der es ihrer 'Mutter Gottes' gleich tut.

138 Der immer populärer gewordene Slogan 'just Jesus – no Religion' suggeriert, es gäbe keine legitime Religion und der Glaube an Jesus (zumeist ohne das Exklusivattribut 'Christus') hätte mit jeglicher Religion nichts zu schaffen. Das ermöglicht erhebliche Beschneidungen und Vergewaltigungen des Evangeliums.
Ursprünglich wohl von dem evangelistisch gesinnten Ruhrpott-Pastor Wilhelm Busch geprägt, sollte der Gedankengang den Zugang zum Evangelium erleichtern und wie so oft fiel man dabei auf der gegenüberliegenden Seite vom Pferd. Der Begriff 'Religion' wird dabei (unterstützt durch moderne Definitionen) auf die Entartung der Religion reduziert. Der allem zugrundeliegende Dualismus babylonischer ggü. biblischer Religion (Kain vs. Abel) hingegen wird ignoriert.
So bleibt nicht etwa Abel, sondern vielmehr eine neue Art Kain bestehen.

Mailand aus. So bestand nur noch ein 'christliches' Ostrom[139] und ein 'Kirchenstaat', der vorgeblich das Seelenheil der Welt zu verantworten hatte (was er ohnehin bald von Jerusalem aus zu tun gedachte).

Doch man kümmerte sich auf europäischem Boden nun viel lieber um die Herrschergeschlechter aufstrebender Reiche. Wozu sich die Hände schmutzig machen, wenn man im Verborgenen die Fäden ziehen kann?

Zu dumm, dass Byzanz schließlich genauso am Feuer des Evangeliums scheitern sollte wie Rom selbst.

Doch das ist eine andere Geschichte. Und was wäre das papistische System, würde nicht auch dieses Problem mittels maximaler Perversion gelöst werden?

Babylon mit Rom 1 + 2 und Hure 1.

Der Giftpfeil des Südens – der Islam.

Zweifelsohne eine der nachhaltigsten Perversionen des Vatikans war die Installation eines jungen Arabers mit Namen 'Mohammed'.

Durch unsere Prägung mag es wie eine völlig abstruse Verschwörungstheorie wirken, doch bei Tageslicht ist es nicht von der Hand zu weisen, dass der Islam (die sogenannte 'dritte abrahamitische Religion')[140] heute nicht der Islam wäre, hätte Rom ihn nicht selbst

---

139 Aus Sicht des Vatikans damals wie auch heute wieder das Idealbild eines Staates – eine Oligarchie.

140 Satan wandte hier seinen alten Trick an und schaffte es, die Verheißung an Hagar scheinbar wörtlich auf die Anhänger Mohammeds zu beziehen (vgl. Genesis 16,12).

protegiert![141] Dem fanatischen System um den Pontifex war jedes Mittel recht, das Evangelium einzudämmen. Es ist nicht das erste Mal, dass man durch Hochmut sich selbst sehenden Auges das Leben schwer macht.

Augustinus aus dem heutigen Algerien (berühmt für andere ähnlich verdorbene Einflüsse) bastelte an einer Verschwörung, um den Arabern den Katholizismus schmackhaft zu machen. Die Alexandria-Tradition, wie wir sie kennenlernten.

Weil es letztlich jedoch nicht von sich aus überzeugen konnte, brauchte das korrupte katholische Bekenntnis ein Bollwerk sowohl gegen das ungeheuchelte Evangelium als auch gegen die Nachfahren der Judäer, die immer noch die Hand auf den Trümmern Jerusalems hatten.[142] Daher heckte man notgedrungen einen ganz speziellen Plan aus: man entschloss sich dazu, den Arabern einen eigenen Messias zu erschaffen. Jemanden, der zum großen Führer der Wüstenvölker aufgebaut werden konnte. Einen Mann mit Charisma, den sie

---

Doch Ismael steht genauso wenig für den Islam, wie Isaak für diejenigen steht, die sich heute als 'Juden' bezeichnen. Jesus argumentiert gegenüber den Pharisäern mit der Bindung der Sünde (Johannes 8), um das zu verdeutlichen.
Kinder der Verheißung an Abraham sind von Beginn an all diejenigen, die ihr Vertrauen auf den HERRN setzen (nicht die davon reden!), wie auch Sarah darauf vertrauen musste, dass sie noch empfängt. Alle anderen sind geistlich 'Ismael'.
Die Brüder, vor deren Angesicht Ismael wohnen wird, sind die den Gott der Bibel fürchtenden in aller Welt und in allen Konstellationen. Sie alle haben mit Ismaels in ihrer Mitte zu kämpfen. Wir sind es gewohnt, dass der Satan derartige biblische Symboliken korrumpiert und für sich verwendet.

141 'Bei Tageslicht' bedeutet insbesondere hier leider nicht, die Wahrheit würde auf der Straße liegen. Die hier geschilderten Zusammenhänge und Ereignisse orientieren sich Großteils am Zeugnis eines einzigen Mannes. Sein Name tut hier nichts zur Sache, er wurde – wie üblich – von seiner übermächtigen Gegnerschaft lange behindert und endlich beseitigt. Er ist in den Rechercheempfehlungen des Anhangs zu finden.

142 Die waren zwar praktisch wertlos, doch von unschätzbarem ideellem Wert – gerade für eine Institution, die sich für den Stellvertreter Gottes hält. Doch die Nachfahren der Judäer hatten nicht vergessen...

trainieren konnten und hinter dem sich alle nicht-katholischen Araber vereinigen konnten. Damit wäre es gewiss ein Leichtes, die 'heiligen' Ruinen Jerusalems einzunehmen – im Dienste des Vatikans. Doch vor allem wären die Araber unter Kontrolle und dem Evangelium wäre wenigstens innerhalb der südlichen Hemisphäre ein Riegel vorgeschoben.

Die drei sogenannten 'abrahamitischen Religionen' Katholizismus, Judentum und Islam (die sich allesamt mit fremden Federn schmücken) haben eine große Gemeinsamkeit: ihre irdische Existenz dreht sich primär um die Abbitte an einem 'heiligen Ort', ihrem goldenen Kalb. Dieses goldene Kalb nimmt in Rom die Form eines großen Pantheons und einer Versammlungshalle mit dämonischem Relief und Schlangenaugen ein, in Jerusalem die einer Bruchsteinmauer und in Mekka läuft man um einen Steinwürfel herum.

Alle drei Orte haben zudem einen direkten und zugleich korrumpierten Link zum biblischen Befund:

Rom hatte schon vor Christi Geburt die Vielgötterei seiner Ahnen geerbt, über die sicherlich nicht nur in Ephesus gepredigt worden ist. Das alte Jerusalem war das Zentrum des alten Bundes und hatte wie prophezeit im neuen Bund komplett ausgedient. Und unter der Kaaba in Mekka floss gemäß der Überlieferung einst das Quellwasser, das Hagar das Leben rettete. Zufall?

Zwei Jahrhunderte nach Augustinus' Wirken als Bischof von Nordafrika war endlich die Zeit gekommen. Die gereifte und wohlhabende Witwe Chadidscha stiftete der 'Kirche' und wurde eine Agentin, die eine entsprechende Gestalt finden, bezirzen und in die Obhut der Römer bringen sollte. Sie war erfolgreich und Mohammed wurde umfassend trainiert – u.a. (wie sollte es anders sein?) durch die Schriften

Augustinus'. Die Juden wurden ihm als Erzfeinde verkauft und jeglichen Christen, der nichts von Rom wissen wollte, musste er als Betrüger und als ein Kind des Teufels betrachten.

Als 'heiliger Mann' empfing er 'göttliche Offenbarungen', die ihm seine Lehrer zu deuten halfen. Somit entstand der Koran, das einzige Schriftwerk, das von Mohammed veröffentlicht ist. Der schnell anwachsenden Anhängerschaft dieser Lehren wurde beigebracht, Jesus und der römische Papst wären gleichermaßen Propheten. Schließlich sollten sie für diese Propheten in den Kampf ziehen – und das taten sie mit Hingabe.[143]

Babylon mit Rom 1 + 2 und Huren 1 + 2.

Die Geister, die ich rief, hatten Hunger ...

Der Papst unterzeichnete für die Kreuzritter mit Halbmond die nötigen Bullen zu deren Expansion. Die Finanzierung durch den Vatikan unterlag dreierlei Bedingungen:

> 1: Eliminiere die 'Ungläubigen'
> (Juden und nicht-katholische Christen).
> 2: Beschütze die römischen Ressourcen.
> 3: Erobere Jerusalem für den Heiligen Stuhl.

---

143 Die 'Züchtung' Mohammeds durch Rom widerspricht nicht der Geschichte jener 'satanischen Verse' Salman Rushdies, die just zu der Zeit weltweit gesteuerte Schlagzeilen machte, zu der Ex-Jesuit Rivera seine Erkenntnisse geleakt hatte (wie angedeutet) und zu der sich Khomeini in der Demokratisierungsschlacht des Golfkriegs keine Schnitzer mehr erlauben durfte. Rushdie lässt nur einige Details weg. Zufall?

Die blutrünstige Eroberung Syriens (wir erinnern uns an dessen Blüte in apostolischer Zeit), Persiens, Palästinas und Nordafrikas nahm ihren Lauf – bemerkenswerterweise kann für diese Zeit keinerlei Beeinträchtigung der dortigen römischen Institutionen nachgewiesen werden! Die 'Wissenschaft' nennt dies scheinheilig *„unterschiedliche Belege über den Umgang mit Christen"*.

Der Überrest hatte schon wieder neue Verfolger gefunden. Nach den Judäern, dem Römischen Staat und dem Vatikan waren es jetzt viertens und zusätzlich die Korangläubigen, die ihnen nach ihrem irdischen Leben und somit auch dem Reich Gottes nach dessen entsprechendem Segen trachteten.

Doch die alte Schlange ist der Herr der Lüge und des Betrugs. Er wandte nun die Verheißung an Hagar[144] praktisch an und die 'wilden Männer' dachten nicht daran, durch die Herausgabe Jerusalems ihre Zusagen an Rom einzulösen. Im Gegenteil: man ersuchte den Papst um weitere Eroberungsbullen – für Europa.

Die späteren 'Kreuzzüge' wurden somit unvermeidlich, denn das war eine offene Kriegserklärung.

---

144 *„Und er wird ein wilder Mann sein; seine Hand wird sich gegen jeden Mann richten und jeden Mannes Hand gegen ihn. Und er wird vor aller seiner Brüder Angesicht wohnen."*
(Genesis 16,12 – KJD)

Dancing the decadence dance.

Nicht nur durch die sprichwörtliche 'römische Dekadenz' verschwanden die Reste Westroms. Es war schlicht durch Ostrom ersetzt.

Was weit mehr zählte als das nach Konstantinopel verbrachte Politreich, war mittlerweile das 'geistliche' Rom; der Vatikan. Er hatte längst seine politischen Fühler in alle wichtigen Adelshäuser der ihm erreichbaren Welt ausgestreckt.

Zucker hatte er dabei wohl selten zu schlecken, denn die Herrscher waren nicht auf den Kopf gefallen und konnten meist lesen. Daher brauchte man loyale Helfer, um zu den teuflischen Zielen antichristlicher Weltregierung zu gelangen. Ein Weltreich, das den Namen Rom in sich trug (geschweige denn dort residierte), erschien da zunächst als viel zu hinderlich. Wie praktisch, dass sich die weströmischen Kaiser ihr Reich teilten. Man munkelte viel lieber im Verborgenen mit einflussreichen Familien, um weithin unbemerkt europaweite Ränke schmieden zu können.[145]

Und als Ersatz für den Vatikan am Tiber schielte man ja ohnehin auf den Jerusalemer Tempelberg.[146]

---

145 Ich lade gerne dazu ein, sich bei Gelegenheit mit den 'satanischen Blutlinien' zu befassen (z.B. bei Robin de Ruiter), oder zunächst bspw. mit der Geschichte und den Geschicken Venedigs einzusteigen. Ich warne vor erhellenden Beobachtungen.

146 Auf dem wohl längst der Felsendom stand. Die vorherrschende Meinung einer späteren Errichtung wird jedenfalls reichlich bezweifelt.

Der Giftpfeil des Nordens – das dirigierte Europa, Urahn der 'westlichen Welt'.

Ein für Europa und die heute sogenannte 'westliche Welt' besonders schicksalhafter Pendelschlag gipfelte am Weihnachtsmorgen des Jahres 800, nachdem bereits 300 Jahre zuvor quasi eine Generalprobe stattgefunden hatte. Die Rede ist von Karl dem Großen und seinem Vorbild Chlodwig I.

Nachdem das politische Rom zerfallen war, hatte sich von Gallien ausgehend immer mehr Macht auf die Merowinger konzentriert. Die Rolle, die der Vatikan darin spielte, wird wie üblich durch die katholische 'Taufe' Chlodwigs verschleiert. Bei dieser Gelegenheit wird es nicht versäumt, den Arianismus als Opposition Roms darzustellen, was er schlichtweg nicht war. Wie oben angedeutet, wird von vielen Stammesführern und Landesfürsten berichtet, sie seien 'arianischen Glaubens' gewesen. Es liegt doch sehr nahe, dass es sich hierbei um 'Ketzer' handelte, auf die der Vatikan eben noch keine Macht ausüben konnte. Man hatte schließlich die entsprechenden Stammesführer noch nicht unterworfen.

Mit Chlodwigs Konversion begann sich das zu ändern. Denn jetzt regierte Rom im merowingischen Frankenreich und ist gekommen um zu bleiben.

Das Geschlecht der Merowinger blieb indes nicht, doch wer die Absolution erteilt, kümmert sich nicht darum, wer die Klinge schwingt – um eine spätere Aussage entsprechender Hintergrundmächte zu bemühen.[147] Jahre später wurde der Karolinger Karl Martell, der die

---

147 *„Mich interessiert nicht, wer die Gesetze macht, solange ich das Geld kontrolliere."*
(Amschel Meyer Rothschild)

uns bereits bekannten arabischen Invasoren in Schranken wies, als 'Befreier des Abendlandes' gefeiert. Heutzutage sind wir da freilich aufgeklärter und wissen, solche rassistischen Taten zu verhindern...

Sein Sohn Pippin III. vergoldete das Wohlwollen des Klerus u.a. dadurch, dass er diesem weitläufige, von den Langobarden eroberte Gebiete schenkte. Dort konnte der Papst nun ganz ungezwungen Staatsmann spielen, was er bislang meist nur im Verborgenen tun konnte. Pippins Sohn Karl wiederum erbte dadurch sehr fruchtbare Beziehungen, die ihm schließlich die besagte Kaiserwürde einbrachte. Nach vier Jahrhunderten trug endlich wieder jemand den Titel 'Kaiser von Rom'. Denn der Klerus war nun gefestigt genug, um durch einen von ihm gekrönten willigen Wirt seinerseits ein Kaiserreich lenken zu können. Eine nette Entwicklung für diese eigenartige Institution, die seinerzeit selbst durch das alte Reich begründet worden war.

Trotz der offenen Feindschaft in Bezug auf Jerusalem vergaß der Vatikan übrigens immer noch nicht, welche Verbündeten er in den 'Ismaeliten' hatte. An der weit wichtigeren Front gegen die Christusnachfolger sollten sie weiterhin von Nutzen bleiben. Doch nicht nur sie! Denn ihre stechenden Argumente gegen das volle Evangelium imponierten dem Pontifikat. Und in Gestalt des selbsternannten Erbes der Judäer hatte das Territorium Ostroms mittlerweile interessante Kontakte zu bieten. Unermesslich wertvolle Kampfschriften gegen die menschgewordene Wahrheit sind in Babylon und Palästina entstanden: der Talmud,[148] der Tanach und viele weitere rabbinische Schriften. Der subtile Aufbau dieser Quellen

---

148 Zum Inhalt des Talmud s. bspw.:
- Schäfer, Peter: 'Jesus im Talmud'. Gütersloh: Mohr Siebeck; 2007.
- Hoffman, Michael A.: 'Judaism's Strange Gods. Revised and Expanded'. Coeur d'Alene ID: Independent History & Research; 2011.

sollte sich demnach noch wirkungsvoller erweisen als die Erzeugung der sogenannten 'ismaelitischen Religion'.

Hierfür fand man jedenfalls jenseits des Schwarzmeers dankbare Partner.

Babylon mit Rom 2 + 3 und Huren 1 + 2.

Der Giftpfeil des Ostens - Kabale und Liebe.

Bis ins ausgehende 10. Jahrhundert hatte sich nördlich des Byzantinischen Reiches ein Turkvolk gehalten, das (gemessen an seiner Bedeutung) ungewöhnlich selten Gegenstand allgemeiner Geschichtsforschung ist. Das riesige Chasarenreich (in etwa von Kiev bis zum Aralsee, von Nischni Nowgorod bis nach Aserbaidschan) war als das westlichste Erbe der Göktürken elementarer Bestandteil der Seidenstraße und insofern in hervorragender wirtschaftlicher Ausgangslage.

Bei aller Notwendigkeit irdischen Segens für ein nachhaltig gedeihliches Leben erscheint es für ökonomisch interessierte Wahrheitssucher logisch, dass dies den belegten Religionspluralismus erheblich beförderte – wenn nicht erst ermöglichte. Hier zeigt sich, wo das Streben nach Freiheit landet, wenn dabei die Wahrheit ausgeklammert wird. Die Liebe zum Geld korrumpiert, und man findet sich im scheinbaren Schlaraffenland der Ideologien wieder.

So war dieser Pluralismus wohl dafür verantwortlich, dass sich hier zwischen den moslemischen Reichen im Osten und den katholischen Reichen im Westen eine dritte Buchreligion als vorherrschend etabliert hatte. Eine Lehre, die in etwa parallel zum römischen

Katholizismus aus den Überresten Judäas entstanden war, diese aber in keinster Weise authentisch repräsentierte.

Das, was wir heute als 'Judentum' bezeichnen, war eine Neuentwicklung auf Basis der inmitten des 'Gräuels der Verwüstung' überlieferten Reste. Sie fiel erst im davon unbefleckten Reich der Chasaren auf fruchtbaren Boden.

Byzanz war zunächst von dieser Entwicklung nicht begeistert und begann, die Beziehungen zu den Chasaren abkühlen zu lassen. Doch vieles deutet darauf hin, warum man von dieser Haltung abwich. Man hatte die Sprengkraft erkannt, die im Wachhalten des 'Judentums' verborgen lag. Man hatte schon einmal eine Religion 'gezüchtet', um im Kampf gegen das Evangelium einen Verbündeten zu bekommen. Warum sollte man nicht auch jene Religion protegieren können, die von sich behauptet, erste Rechte am Gott Abrahams zu haben? Die Moslemführer gaben 'das Heilige Land' (das Rom selbst einst verworfen hatte) nicht kampflos her. Warum also nicht gleich auch mit den 'rechtmäßigen Eigentümern' paktieren? Das Chasarenreich war nun das Reich, in dem sich dieser neue alte Glaube ganz exklusiv als Quasi-Staatsreligion etablieren konnte. Nach dessen Zerschlagung fanden sich die weitaus meisten Migranten im just entstehenden[149] 'Heiligen Römischen Reich Deutscher Nation' wieder (während einige wenige bis nach Spanien weiterzogen). Ein Zufall?

Die Beziehungen zu mitteleuropäischen Pelzhändlern hatten das sicherlich befördert. Sie wurden in der Folge zu einem entscheidenden Grundstock für das sogenannte 'Finanzjudentum'.

---

149 Zweieinhalb Jahre zuvor fand die Krönung Ottos I. statt, des ersten Römischen Kaisers nach dem Zerfall des Frankenreichs.

Die Israeliten seinerzeit waren immer wieder abgefallen und huldigten fremden Götzen, gerne auch Götzen aus Gold. Insofern war diese Entwicklung nur konsequent, obwohl die Chasaren in keinster Weise ihre echten Nachfahren waren![150]

Doch war es auch der Vatikan selbst, der im eben reanimierten Politrom seine korrupten Kräfte stärken wollte. Möglichst unbemerkt, durch eine 'fremde Religion'. Und möglichst schlagkräftig, durch das Mandat der Vermögensverwaltung.[151]

Die auf mitteleuropäischem Boden siedelnden Exilanten blieben die 'Aschkenazim'.[152] Die Nachfahren der im moslemischen Westen gelandeten und vornehmlich nach Karl Martell später orientalisch verstreuten Chasaren vermischten sich (sofern vorhanden) mit tatsächlichen Nachfahren der Judäer. Doch sie nahmen dort nicht

---

150 Kein Mensch kann heute seriös von sich behaupten, er wäre biologischer Nachfahre irgendeines der zwölf Stämme! Der Gräuel der Verwüstung war immanent und Gott lässt sich nicht gereuen! Genetisch wie mathematisch lässt sich jede Nachkommenschaft aus den zwölf Stämmen final widerlegen. Das tat zuletzt der Baptistenpastor Steven L. Anderson sehr eindrücklich. Auch für die fünf Prozent der Sephardim, die alle Abstammung auf den Orient beziehen, gilt das. Inwieweit wenigstens sie etymologisch semitischen Ursprungs sind, bleibt fraglich.
Die ursprünglichen Chasaren sahen sich selbst in einer ähnlichen Weise als Juden, wie sich bspw. zum Islam konvertierte Chinesen als Araber oder einige Christen als Nazarener definierten.

151 Hier kommt v.a. auch das Eigeninteresse der Römer ins Spiel, das Finanzwesen auf noch breiteren Boden zu stellen - nachdem man bereits intensivste Erfahrungen im Verschleiern entsprechender Beziehungen unter Beweis stellen konnte (Stichworte Venedig, Medici, ...).

152 Etwa 85% der heute lebenden Juden.
Bereits in der rabbinischen Literatur wurde der Terminus Ashkenaz (der älteste Enkel Noahs) auf die Territorien des späteren Chasarenreiches angewandt (auf die Skythen und später auf die Slawen). Seit dem 11. Jahrhundert jedoch finden sich Referenzen, die ihn nunmehr auf die Regionen links und rechts des Rheins beziehen (seitdem die Chasaren dorthin emigriert sind).
Ashkenazim sehen sich heute hochoffiziell v.a. von der Bruderschaft 'B'nai-B'rith' vertreten, eine reichlich schillernde Organisation.

etwa eine Bezeichnung an, die bereits im Vorfeld die Judäer von den Ashkenazim unterschieden hätte. Nein, sie trugen ihre auf der iberischen Halbinsel erworbene Herkunftsbeschreibung 'Sephardim'[153] mit sich, die sie in der Diaspora von den französisch-deutschen Ashkenazim abgegrenzt hatte.

Verbunden hatte beide Gruppen seit jeher die Identifikation als 'Juden'.[154]

Vermögensverwaltung wurde zu Wucher und dadurch die Ashkenazim, die sich im Exil eine eigene Sprache entwickelt hatten[155] und sich nicht assimilierten, immer wieder angefeindet. Die daraus entstandenen Judenpogrome sind sprichwörtlich.

Sie waren auch eine der Ursachen für die erneute Umsiedelung weiter Teile der Aschkenazim an die Ostsee. Doch sehr wahrscheinlich eben nicht die einzige, wie wir später noch sehen werden.

Als wäre das alles nicht bereits genug Täuschung, heizte das Establishment selbst viele Jahrhunderte später die Debatte über 'den ewigen Juden' (Zitat Henry Ford) weiter an und lenkte sie in Richtung einer Strategie, die die Juden zum wohl mörderischsten Spielball der von ihrer Eitelkeit selbst gefütterten Hegelianik werden ließ. Der

---

153 Etwa 15% der heute lebenden Juden, davon wird etwa einem Drittel die tatsächliche Nachkommenschaft Judas offiziell nicht abgestritten. Bezugnehmend auf Obadja 1,20 wurde klassisch eisegetisch (einlegend) Spanien als 'Sefarad' bezeichnet.

154 Schon alleine der Umstand, dass sie sich 'Juden' nannten, impliziert, dass sie sich selbst nicht auf das alttestamentliche Volk Israel berufen hatten. Sie beriefen sich auf die Religion, die sie auf die römische Provinz Juda zurückverfolgten! Die jedoch hatte lediglich einen Teil Israels repräsentiert (um genau zu sein, die zwei wohlhabendsten Zwölftel Israels!).

155 Da die Chasaren noch über keine Schrift für ihre Sprache verfügten, hatte man die hebräischen Schriftzeichen adaptiert und an die eigene Sprache angepasst. Daraus entwickelte sich dann in der Diaspora - vornehmlich im alemannischen Sprachraum - das 'Jiddisch'.

'Zionismus' wurde in Stellung gebracht, und das uralte Schicksal der Pogrome wurde genüsslich in alle erdenklichen Richtungen ausgeschlachtet. Viele Mücken konnten dadurch auf einmal gefangen werden, indem man sie zu exklusiven Elefanten hochstilisierte.

Doch diese Baustelle ist eine Großbaustelle für sich, die wir hier gewiss nicht aufbuddeln werden.

Babylon mit Rom 2 + 3 und Huren 1 - 3.

... aber die Kreuzzüge ...

Mohammeds 'wilde Männer' selbst hatten einstweilen auf ihren Beutezügen eben ohne Bulle weitergemacht. Was so viel heißt wie: nicht nur gegen die Heidenvölker, die Juden und die Christen; im Zweifel ging man jetzt eben auch gegen die eigenen Gönner aus Rom vor. Bis sie vor allem die Westgoten auf der iberischen Halbinsel im Sack hatten und damit ihren Fuß in der Tür Europas. Sizilien fiel ihnen noch zu, doch dann versagten Großteils ihre Ressourcen und Jahre später war wie oben erwähnt auch die iberische Episode schonwieder gelaufen.
Die heraufbeschworene Antwort auf das einnehmende Wesen der Kalifen ließ eine Weile auf sich warten, kam dann aber geballt aus dem Europa Roms.

Die Kreuzzüge werden in der antichristlichen 'Bildungs'politik traditionell als **der** sinnlose und blutrünstige Akt der Christen verdreht.

Ja, es ist nichts Heiliges an ihnen – nichts! Doch an dieser Ausspielungstaktik vornehmlich aus Kreisen des Humanismus noch weniger. Die Katholiken waren von ihren Söldnern übers Ohr gehauen worden, wogegen sie sich zur Wehr setzten. All das auch noch den echten Christen ins Stammbuch zu schreiben, entbehrt dagegen jeglicher Logik. Es ist klassische Kriegspropaganda. Denn die Provokationen der Moslems wurden nicht nur dazu missbraucht, Juda oder was auch immer beliebt zu erobern. Die Kreuzzüge waren auch und vor allem anderen ein willkommener Anlass, schlagkräftig gegen die Jesusleute vorzugehen, die den byzantinischen Römern das Leben so 'schwer' machten.

Wo man auf seiner Tour durch die muslimischen Gebiete auf sogenannte 'Ketzer' traf, wurden sie klassisch neutralisiert. Wäre die Missionierung – oder auch nur die Christianisierung – der Wüstenvölker (oder meinetwegen auch nur die Eroberung Jerusalems) Hauptanlass für die Kreuzzüge gewesen, hätte die fadenscheinig begründete Plünderung Konstantinopels nie stattgefunden. Konstantinopel war zwar die Reichshauptstadt und von den Römern selbst aufgebaut, jedoch war sie dadurch auch Heimat zahlreicher Christen.
Wir können nur ansatzweise erahnen, wie heftig die Renaissance eingeschlagen hätte, wäre Konstantinopel nicht jetzt, bereits 250 Jahre zuvor schon einmal – von den eigenen Leuten - geplündert worden.

Christus hatte ja seine Nachfolger gewarnt – und getröstet.[156]

---

156 *„Diese Dinge habe ich euch gesagt, damit ihr in mir Frieden haben könnt. In der Welt werdet ihr Drangsal erleiden – doch freut euch! Ich habe die Welt überwunden.“*
(Johannes 16,33 - KJD)

Macht macht kaputt.

An der Heimatfront schien die selbstgezüchtete Gefahr aus Mekka gebannt. Doch die erheblich drängendere Gefahr – die, die den päpstlichen Wahn mit Leichtigkeit von innen zersetzt – blieb auf europäischem Boden umso präsenter.
Scharenweise pflanzten sich die 'Ketzer'[157] fort. Mit Methoden, die jedem irdischen Reich fremd waren. Die Geschichtsschreibung redet von einer grausamen 'Christianisierung', die es zweifelsohne auch gab. Die Heidenvölker hatten sich wohl alle ziemlich ungern irgendeine Ideologie aufs Auge drücken lassen, die ihre Götter in Zweifel zog. Doch vor allem akzeptierten sie wohl kaum widerstandslos römische Unterjochung.

Mir kommt in diesem Zusammenhang die Areopag-Rede des Paulus[158] in den Sinn und ich weiß, wie offen ein Naturvolk sein kann, wenn man ihm freundlich begegnet! Nur: wer begegnete einem fremden Volk jemals freundlicher und aufgeschlossener, als die wiedergeborenen Christen der ersten Jahrhunderte?
Keiner der 'Ketzer' hat 'christianisiert'. Und dennoch schienen sie mit ihrer Mission ähnlich erfolgreich zu sein, wie sie es Jahrhunderte zuvor in Syrien, Kleinasien und Mazedonien unter Beweis gestellt hatten.
Einer der Unterschiede: das damalige offen heidnische Rom war zensurpolizeilich nicht so gut vernetzt wie das nunmehr klerikale Rom mit seinen lokal agierenden und zentral kontrollierten Ordensklöstern. Die hatten jahrhundertelang nichts Wichtigeres zu tun, als die Ketzer in Schranken zu weißen.

---

157 Paulikianer, Albigenser, Katharer, Waldenser, ...

158 vgl. Apostelgeschichte 17,19-34.

Rom hatte nie sonderliches Interesse an Evangelisation! Ihre Christianisierung war das Gegenteil: Unterwerfung! Mit der Ausrede des Evangeliums ließ es sich vorzüglich verschleiern, dass man einen irdischen Machtanspruch hatte. Unter Rom gab es nie Souveränität, ganz gleich welche Label auch dafür erdacht wurden!
Irdische Befreier weltweit waren immer wieder siegreich gegen das Joch des Klerus und sorgten dadurch für reichlich Prosperität in ihren Einflusssphären. Doch bei allem irdischen und oft auch geistlichen Segen, den sie ihrem Volk und der Welt eingebracht hatten und auch weiterhin einbringen werden: sie scheitern, in biblischer Regelmäßigkeit. Sie alle folgen letztlich der Tradition der judäischen Makkabäer und beginnen an irgendeinem Punkt, ihr irdisches Wirken geistlich zu überhöhen.

Der Antichrist lässt sich sein Monopol der Täuschung nicht dauerhaft vom Brot nehmen. Er kommt auf dieser Erde immer wieder durch – doch bis dahin liegt es tatsächlich an uns, was wir mit unseren anvertrauten Talenten anstellen!
Dieses Pendel des Widerstands wird uns in unserer kleinen Betrachtung noch relativ oft begegnen.

Teile und Herrsche XXL.

Die Konflikte Roms mit der Basis des Byzantinischen Reichs, die nun einmal viel näher 'dran' war an jenen Geschehnissen um die Zeitenwende, schwelten indes hübsch weiter. Auch darauf war schon der Zerfall des alten Reiches in Ost und West zurückzuführen, und nun war die Zeit reif dafür, die dämonische Macht zu teilen.

Die sich nun 'orthodox' nennenden Bischöfe im Osten distanzierten sich mehr und mehr von Rom. Denn wer griechisch konnte, begriff z.B., dass die Taufe etwas mit 'untertauchen' zu tun haben müsste.

Auf diese Weise konnte man der Basis weitreichende Zugeständnisse machen. Doch 'weitreichend' ist im Grunde das völlig falsche Wort für diese weiterhin in abstruse Formen gegossenen Zugeständnisse. Sie waren lediglich Fassade und im Vorfeld durch Propaganda als Hauptursachen aufgebauscht. Eine dieser propagandistischen Kniffe ist gerade das Thema 'Taufe'. Die Symbolik des im-Wasser-begraben-Werdens ist nicht zu verachten – doch das rechtfertigt keinerlei Überhöhung dieses Zeugnisaktes![159]

Die 'Spaltung', die sich durch die organisatorische Aufteilung im Zuge dieses 'großen Schismas' ergab, würde sich in kommenden Jahrhunderten noch als **das** Erfolgsrezept gegenüber dem Erzfeind Evangelium erweisen.

---

159 Wer die Taufe zum Dogma erhebt, aber die 'Beschneidung des Herzens' einfach so schluckt, handelt m.E. inkonsequent. Der symbolische Akt der Taufe hat den symbolischen Akt der Beschneidung ersetzt. Der symbolische Akt der Beschneidung war – entsprechend dem Alten Bund – verpflichtend. Der Neue Bund jedoch manifestiert die Gnade aus Glauben und verpflichtet auch nur zum fruchtbaren Glauben! Im Taufbecken wird kein Herz beschnitten. Was verdeutlicht, dass die Taufhandlung nicht verpflichtend sein kann!

Doch bis dahin konnte man nicht umhin, weiterhin auch parallel zu weniger subtilen Mitteln zu greifen.

Die Ostkirchen standen weiterhin in ihrem Bemühen, ihr Umfeld zu christianisieren, dem Westen in nichts nach. Daher expandierten ihre Bischöfe (in relativer Selbständigkeit) in die Weiten Asiens, Arabiens und Afrikas. Die von ihnen 'okkupierten' Reiche entwickelten sich aufgrund anderer Voraussetzungen (griechisch statt Latein, größere Nähe zu den Kulturen der Urgemeinde) im Folgenden relativ autark. Das darf nicht über die überall spürbaren Ursprünge hinwegtäuschen, und doch hatte es zeitweise spannende Auswirkungen auf die Geschicke der Regenten.
Wir beschränken uns im Folgenden dennoch auf die über allem stehenden Entwicklungen im Westen, die lediglich ihre unterschiedlichen Entsprechungen im Umfeld der Ostkirchen fanden.

Babylon mit Rom 2 + 3 und Huren 1 - 4.

50 Millionen.

Die römische Propaganda sorgte dafür, dass für die gewaltsame Bekämpfung der Ketzer zumindest im Nachhinein weitestgehende Akzeptanz und Ignoranz entstanden ist. Aufgrund der seit dem 12. Jahrhundert belegten Inquisition und den Albigenserkreuzzügen entstand der Eindruck, in jener Zeit wäre die Ketzerei explodiert. Manch einer erkennt darin den Ursprung reformatorischer Umbrüche. Wer jedoch die Zensur des Siegers beachtet und sich den Sprengstoff des Evangeliums vergegenwärtigt, wird sich darüber im Klaren sein, dass hier allenfalls (wenn überhaupt) ein Strategiewechsel stattgefunden hat. Die meisten Bezeichnungen der ketzerischen Gruppen – die Bibel spricht vom 'Überrest'[160] - gaben sich diese nicht selbst. Solche Labels geben daher nur unzureichend Auskunft über absolute Zahlen. Somit kann wahrscheinlich nicht einmal davon ausgegangen werden, dass die von John Foxe[161] aufgerufene und erdrückend belegte Schätzung der bis dahin 50 Millionen alle Verfolgungsopfer erfasst.

Nichtsdestotrotz kann wohl angenommen werden, dass die ketzerischen Umtriebe in Südfrankreich zu ihrer Zeit europaweit die gefährlichsten waren. Das mag verschiedene Gründe haben. Um diese Umtriebe einzudämmen, musste man sich schließlich einer Methodik besinnen, deren Erfolge sich nach mehreren Generationen allmählich einzustellen schienen: die der 'Spaltung' durch inhaltliche Differenzen und Ränkespiele.
Das sich nun abzeichnende 'abendländische Schisma' jedoch fruchtete noch nicht nachhaltig. Die Zeit schien wohl noch nicht gekommen...

Das Seemannsgarn spinnt immer der Sieger.

Eine im kollektiven Gedächtnis ganz besonders in ihrer Bedrohung für die Kurie unterschätzte Episode ist die einer dezentral entstandenen und sehr erfolgreichen Verbindung freier Kaufleute. Mit ihr stehen wichtige Freiheitsbewegungen der gesamten Epoche in Verbindung, so z.B. das Magdeburger Stadtrecht, das uns noch begegnen wird.

---

160 *„Und der Drache wurde zornig über das Weib und begann, mit dem Überrest ihrer*
Nachkommen Krieg zu führen, der die Gebote Gottes hält und das Zeugnis Jesu Christi hat."
(Offenbarung 12,17 – KJD)

161 vgl. John Foxe ('Foxe's Book of Martyrs'; 1563).

Die Hanse war gewiss keine neutestamentliche Institution – doch war ihr freiheitlicher Grundgedanke dem vatikanischen Protektionismus und Sozialismus gegenüber naturgemäß feindlich eingestellt. Kein Wunder, dass sie von vorherrschender Geschichtsschreibung marginalisiert wird.

Die Hanse hatte es verstanden, biblische Werte und die naturgemäß daraus erwachsende Gedeihlichkeit wieder auf ein altes Level zu heben. Ein Level, das durch Rom und seine Tentakel seit jeher verhindert wird. Was Wunder, dass auch sie (beispielsweise über den 'Deutschordensstaat')[162] sozusagen tiefenstaatlich kontrolliert, opponiert (beispielsweise durch die 'Republik' Venedig und andere Blutbande) und durch die vatikanische Korruption zu Fall gebracht wurde.

Die Hanse und ihr ähnliche Bewegungen verteidigten das, was klardenkende Ökonomen heute als 'Kapitalismus' klassifizieren und kaum noch real existieren sehen.[163]

Schöpfungsordnung hat es nun einmal so an sich, dass sie Segen generiert. In jeglicher Richtung. Die Luft zum Atmen des Kapitals sind Wahrheit und Freiheit. Und wie wir gesehen haben, bedingen Wahrheit und Freiheit einander.

---

162 Die Ambivalenz des Deutschen Ordens wird uns später noch begegnen, wenn wir über die Geschicke Preußens nachdenken werden. Ich persönlich halte es für sehr wahrscheinlich, dass sein Hauptzweck darin bestand, die Hanse im Zaum zu halten bzw. von ihr zu lernen und zu profitieren. Zu diesem Zweck holte man sich schließlich nicht wenige der im Reich verhassten Finanzjongleure der 'dritten abrahamitischen Religion' mit ins Boot.

163 Was nach heute vorherrschender Meinung demgegenüber als 'Kapitalismus' verstanden wird, erfüllt vielmehr alle Voraussetzungen des 'Korporatismus', der zentralistischen Vorbedingung für subtilen Sozialismus.

Gegen Wahrheit jedoch ist die Kurie allergisch, und deshalb auch gegen die Freiheit. Dabei spielt es dann auch keine Rolle, wenn gelegentlich auch das Eigene in seiner Freiheit beschnitten wird. Kollateralschäden passieren.

Diese Erkenntnis dürfen wir uns für die Weiterreise auf unserem Zeitstrahl merken.

Orden für das Chaos.

Sich mit der Hanse und ihren Angelegenheiten zu beschäftigen, bringt wichtige Zusammenhänge ans Licht, die aber leider den Umfang vorliegender Betrachtung bei Weitem übersteigen.
Eine ihr in gewisser Hinsicht entgegengesetzte Entwicklung nahmen damals die päpstlichen Ritterorden ein, von denen wir einen (Mitglied der Hanse) bereits ein bisschen kennengelernt haben.
Entstanden durch den alten Traum eines katholischen Jerusalems und zumeist auch reichlich 'gefüttert' durch Kreuzzüge und Christianisierungen, existieren sehr viele dieser und nach deren Vorbild aufgebauter Organisationen noch heute. Und das mit keineswegs geschmälerter Schlagkraft, wie die heute zahllosen Verschachtelungen und Verflechtungen zeigen. Auch wenn teils die Label wechselten und sich augenscheinlich vom Papsttum entfernten – die Organisationen dahinter sind geblieben.

In den Ritterorden war und ist seit jeher ein Gutteil der Crème de la Crème der Weltelite versammelt. Sie scharten seit jeher Unterorganisationen um sich, die sich in der Feinheit ihrer Ziele immer wieder zu überbieten schienen. Zu diesem Spiel gehörte zu allen Zeiten auch der Propagandakrieg, der damals lediglich noch etwas aufwändiger zu führen war. Rückschläge waren denn auch immer wieder sehr schmerzhaft und für uns ist es auch heute nicht immer eindeutig herauszuarbeiten, ob etwas eine propagandistische False-Flag-Operation war oder ein Aufbäumen des Reiches Gottes in der Welt. So oder so werden daraus Legenden gesponnen, die heroisch ausgeschlachtet werden - wie z.B. die angebliche Niederschlagung des Templerordens mit Hinrichtung seines Führers im Jahre 1314[164] oder das 'Verbot' des Illuminatenordens und der Freimaurer im Jahre 1784.[165]

Nicht unwesentlich erscheint in diesem Zusammenhang etwa die Ostsiedlung des Deutschen Ordens. Sie setzte in einer Zeit ein, in der die Aschkenazim – meist sehr wohlhabende Parallelgesellschaften im Römischen Reich Deutscher Nation – immer wieder durch Pogrome zu leiden hatten. Von ihnen profitierte der Deutsche Orden in jeder Hinsicht enorm.

Hinsichtlich des Ordenssystems von Weltregierung zu sprechen, wäre sicherlich zu platt. Denn bei aller Verschwörung vor dem Thron Satans verfolgt jeder seine eigenen Interessen. Und doch ist die eine oder andere delikate Verbindung nicht seriös von der Hand zu weisen. Hier haben wir sie also – die Task Forces des Antichristen.

Der alte und aus dem alten Wahn des klösterlichen Lebens abgeleitete Gedanke des 'Ordens' trifft hier den Nagel auf den Kopf. Bedauerlich für ihren Auftraggeber,[166] dass sie es mittlerweile bereits seit bald

---

164 Das okkulte Märchen vom Freitag, dem 13.

165 Ausgerechnet durch einen von Jesuiten selbst auf seine Regentschaft vorbereiteten Erben der Wittelsbacher.

166 *„Ihr seid eures Vaters, des Teufels – und die Gelüste eures Vaters werdet ihr erfüllen. Er war ein Mörder von Anfang an und steht nicht in der Wahrheit, denn es ist keine Wahrheit in*

eintausend weiteren Jährchen nicht geschafft haben, eine weltumspannende 'Ordnung aus dem [selbsterzeugten] Chaos' zu schaffen...

Wer aufmerksam liest, weiß: es wird bei allem Leid und bei aller zugelassenen Transformation[167] letztlich überhaupt nicht dazu kommen. Not gonna happen.

Kollateralschäden am Bosporus.

Die größte Niederlage gegenüber der Eigenzüchtung 'Ismael' stellt bis heute der Fall Konstantinopels in die Hände der Osmanen dar. Doch war das letztlich eine Niederlage? Kein Kalergi-Plan, kein Houton-Plan, kein Migrationspakt sollten heute darüber hinwegtäuschen, dass sie alle seit jeher für das vatikanische System keineswegs eine Niederlage darstellen, ganz im Gegenteil. Auch damals mitten im Herzen Neuroms und der italienischen Antihanse (der venezianischen Republik) war das nicht anders.

Der Kampf gegen das Evangelium erfordert immer Kollateralschäden.

---

ihm. Wenn er eine Lüge spricht, dann spricht er von dem Seinen. Denn er ist ein Lügner und der Vater der Lüge."

(Johannes 8,44 – KJD)

167 Auch die Transformation der Menschheit, die in den feuchten Träumen der Technokraten völlig in künstlicher Intelligenz aufgeht, wird ihr Ziel nicht erreichen. Unmöglich wird jeder Mensch aus freien Stücken in die entsprechenden Vorhaben einwilligen. Bei technokratischen Eingriffen in den Körper jedoch kann der HERR zumindest bei seinen Kindern (den Tempelbestandteilen des Heiligen Geistes) Zwang nicht dulden, denn *„niemand wird sie aus meiner Hand reißen":*
„Und ich gebe ihnen ewiges Leben; und sie werden niemals zugrunde gehen, noch wird sie irgendjemand aus meiner Hand reißen."

(Johannes 10,28-29 - KJD)

Nicht auszudenken, wäre das Byzantinische – sprich: das Römische – Reich nach einem über tausendjährigen Kampf schließlich doch noch den weltweit immer gefährlicheren Horden des Friedensreichs zum 'Opfer' gefallen. Denn wie wir mittlerweile wissen, rumorte es an allen Ecken der öffentlich bekannten Welt immer bedrohlicher. Nicht nur in Südfrankreich. Wie überaus praktisch also, dass mit den Osmanen ein Bollwerk gegen den ewigen Widersacher aus Nazareth wie gerufen kam.

Wen mag es da noch scheren, dass die neuen Herren umgehend durch ein besonders schweres Erdbeben gebeutelt wurden? Oder dass die tausendjährige Hauptstadt des sogenannten 'Christlichen Weltreiches' nun offiziell in 'Islamreich' (türkisch für 'Istanbul') umbenannt wurde?

Das Friendly Fire der Osmanen brachte die Renaissance mit sich. Durch Flucht und Vertreibung setzte sich ein Braindrain in Richtung Westen in Gang, dessen Ausmaße wohl nicht ansatzweise zu bemessen sind.

Diese Byzantiner hatten dem Weltende in die Augen geschaut und mit dem entsprechenden Eifer konnten sie auch für die Ursprünge ihrer Kulturschätze werben.

Nicht alles, was da aus dem Südosten auf den Kontinent einprasselte, war griechischer Mystizismus oder orthodoxer Götzenkult. Trotz der Vorarbeit der Kreuzritter kam immer noch auch massenhaft Material an, das dem Vatikan ganz und gar nicht gefallen konnte. Und woran erinnert uns das?

„Mein Wort wird nicht leer zu mir zurück kommen."[168]

---

168 Nach Jesaja 55,11 - KJD:

„So wird es mit meinem Wort sein, das aus meinem Munde kommt: es wird nicht leer zu mir zurück kommen, sondern es wird verrichten, was ich damit bezwecke. Und es wird erfolgreich sein in der Sache, zu der ich es ausgesandt hatte."

Auch wenn man dieses Wort noch so blutrünstig zurückdrängt (wie beispielsweise in zahlreichen Bauernkriegen, Erbfolgekriegen, Scharmützeln und – wer will das ausschließen – der einen oder anderen falschen Bildersturm-Flagge).

Im Gegenteil! Inmitten Europas fielen diese Zeugnisse der frühen Christenheit auf immer fruchtbareren, vom Blut Abermillionen von Märtyrern getränkten Boden.

Babylon mit Rom 3 und Huren 1 - 4.

Glutnester und der Brandbeschleuniger der Renaissance.

Dabei war man wahrlich schon genug damit beschäftigt, die schon angeheizten Glutnester des Evangeliums auszutreten. Europa kam auch schon ohne Renaissance nicht zur Ruhe.

Das 'abendländische Schisma', der Unruheherd in Südfrankreich, war noch in vollem Gange, da rumorte es auch in England – ein katholischer Geistlicher wagte etwas, was sich bis dahin meist nur diese kruden 'Ketzer' geleistet hatten. Und er schlug damit Wellen, die man nicht brauchen konnte. John Wycliffe hieß der gute Mann, der es sich erdreistete, aus seiner selbst übersetzten englischen Bibel zu predigen! Seine Lehren verbreiteten sich wie ein Lauffeuer, auch auf dem Kontinent. Überall feierte man fleißig Gottesdienste in Landessprache und begann, mehr und mehr zu verstehen, was 'die Kirche' wirklich ist.

In Böhmen, vor den Toren der eisernen Habsburger, brodelte es wohl am allermeisten. Der dortige Prediger Jan Hus (auch Angehöriger des Klerus) hatte mit seinen Predigten durchschlagenden Erfolg. Er wurde zum 'Star' des Konstanzer Konzils, das eigentlich den Aufruhr im Westen beenden sollte. Nun hatte man mit <u>noch</u> mehr Aufruhr zu tun, diesmal aus dem Osten.

Hus zu verbrennen, reichte nicht. Die Lunte war nicht mehr zu löschen und eine Strategie musste her.

Das zeigten nicht zuletzt auch die aufbegehrenden Bauern, die sich schließlich zwischen den beiden Polen in Böhmen und Frankreich erdreistet hatten, 'Freiheit' mit der Bibel in Beziehung zu setzen.

Konstantin 2.0.

Offenbar besann man sich darauf, im Verborgenen gute Miene zum bösen Spiel zu machen und die sich abzeichnende und wohl unvermeidbar scheinende Schwächung der Kurie gut vorbereitet zu meistern.

Exakt hundert Jahre nach Konstanz erschien in Sachsen ein weiterer junger Mönch auf dem Spielfeld, dessen Schicksal wie kein anderes für die sogenannte 'Reformation' stehen sollte. Die Kirche hatte seiner Ansicht nach einiges radikal zu ändern. Er legte sich offen mit dem Pontifex an, den er unverblümt als das identifizierte, wovon er in der Bibel gelesen hatte: den Antichristen.

Delikat: das scheint heute weitestgehend vergessen. Doch das – und wohl nur das – war es, was ihn für die Kurie so unbeschreiblich gefährlich machte. Der andere Kern seiner Thesen wäre für sich alleine wohl niemals dermaßen eingeschlagen: die fünf Solas. Doch konsequent steht und fällt das eine mit dem anderen.

Man muss kein Luther-Experte sein, um zu sehen, dass sein Thesenanschlag nicht überraschend kam. Wie tief hier schon von Beginn an getrickst wurde, vermag ich nicht zu beurteilen. Jedenfalls lief zumindest im Nachgang bei Weitem nicht alles sauber. So untersagte beispielsweise der sächsische Herzog den Druck irgendeiner anderen Bibel als der Lutherischen.[169] Angeblich, um die Drucker seines Vertrauens wirtschaftlich zu schützen. Nun: auch heute noch überleben Monopole ausschließlich durch die starke Hand des Staates.

Luther übersetzte (angeblich) alleine – in mörderischem Tempo – und redigierte ständig. Was dann bei seinem Ableben übrig blieb, wurde dafür witziger weise umso sklavischer in der Form konserviert.

Vergleicht man die 'letzte Hand' Luthers mit der KJV, fällt man vom Glauben ab (vorausgesetzt, man ist sich nicht ohnehin schon der Exklusivität der KJV bewusst). Manch einer mag argumentieren, der ältere Beleg würde stechen – doch hier steht ein katholischer Mönch gegen 54 anglikanische, quäkerische und puritanische Ausnahmekoryphäen jenes Weltreichs, in dem die Sonne nicht untergeht![170]

Die deutsche 'Mentelin-Bibel' von 1466 fällt durch über 3.000 schwere Unstimmigkeiten gegenüber der 'Vulgata' auf. Die waren wohl auch der Anlass dafür, dass das Projekt 'Eck-Bibel' auf Basis der 'Mentelin'

---

169 s. Herzog Johann Friedrich I.: *'Kursächsisches Privileg'*; 1534.

170 Dem Heiligen Römischen Reich Deutscher Nation (HRR) wird zwar gerade zu Zeiten Luthers unter Karl V. dieselbe Eigenschaft zugesprochen, doch kam dies lediglich durch dessen Herrschaft über Spanien zustande. Spanien war jedoch nie eins mit dem HRR und Spanien selbst war nie stark genug, um eine Vormachtstellung in der Welt zu erlangen.

(eine erste Reaktion auf Luther) wieder eingestellt wurde. Scheinbar kam der Weltentäuscher auch auf andere Weise zu seinem Ziel.

Der Welt berühmtester Bibelübersetzer Martin Luther griff zwar seinerseits unverblümt auf Erasmus und somit an sich auf die Antiochia-Tradition zurück (was Herrn Eck missfiel) – doch das Ergebnis lässt davon nicht sehr viel übrig.

Von allen theologischen Seiten – der bibelkritischen wie auch der bibeltreuen – wird auf den Textus Receptus abgestellt, der die Übersetzungsbasis für Luther lieferte. Wycliffe hatte als Kleriker noch aus der Vulgata übersetzt, doch der Fall Konstantinopels spielte dem Rotterdamer Desiderius Erasmus die griechischen Handschriften in die Hände. Er setzte sich hin und verglich diese mit der Vulgata. Dadurch fühlte er sich genötigt, den griechischen Text interlinear mit seiner Übersetzung zu veröffentlichen. Nach dem Buchdruck war dies die zweite technische Grundlage für viele 'reformatorische' Bibeln, wie sie u.a. auch von Luther oder Tyndale erstellt wurden.

William Tyndale kam (wie damals die allermeisten Ketzer) auf den Scheiterhaufen. Von den deutschen 'Reformatoren' indes ist nichts dergleichen überliefert. Im Gegenteil: Luther und Calvin selbst verfügten die 'Ertäufung' widerspenstiger 'Wiedertäufer'.
Irgendwie schienen es diese 'Väter der Reformation' geschafft zu haben, Rom effizienter weichzukochen als all die Märtyrer zuvor. Dabei riskierte gerade Luther in einigen Punkten die allerdickste Lippe gegenüber dem Antichristen. War es diese Frechheit, die Rom gebrochen hat? Reichte das, um erneut eine Halbierung vatikanischer Macht zu provozieren? Ich bezweifle das.

In vielen Punkten stellten sich die Reformatoren eisern dem Papst entgegen. In den allermeisten Fällen sicherlich auch absolut authentisch. Die ersten Auswirkungen waren monetär ziemlich schmerzhaft für den vatikanischen Geldsack (Stichwort 'Bildersturm'). Geistlich wohl auch, obgleich durch die Ertäufungen und Grabenkämpfe den Offiziellen viel Arbeit abgenommen wurde.

Die Reformatoren hatten in unterschiedlichen Punkten ihre katholische Brille aufbehalten und beförderten den Aufbau neuer Institutionen. Damit wurde der viele schmackhafte neue Wein in umgelabelte alte Schläuche gekippt.
Nach außen war ein radikaler Schnitt mit Rom vollzogen, der innerlich durch den mittlerweile anwachsenden 'Geheimdienstapparat' Roms im Zaum gehalten wurde.

Der 'Katholizismus light' war geboren.

Babylon mit Rom 3 und Huren 1 - 5.

Ein Schritt vor, zwei Schritte zurück.

Doch um das Prinzip der Antithese gut verschleiern zu können, musste man der neuen 'lutherischen' und 'reformierten' Welt Zugeständnisse machen. Das klappte am besten dadurch, dass man die sichtbaren Pfründe untereinander aufteilt und das ganze einen 'Religionsfrieden' nennt. Fortan war es Sache des jeweiligen Landesherrn, darüber zu befinden, ob sein Land 'evangelisch' oder 'katholisch' genannt werden soll.
Man war sich darüber im Klaren, dass diese Freiheit der Fürsten für den Vatikan nicht ganz schmerzfrei verlaufen würde. Doch wir dürfen

nicht vergessen: w r haben es mit dem Pontifex Maximus, dem obersten Heerführer der heidnischen Mächte und dem Hauptrepräsentanten der alten Schlange zu tun. Für den kommt nach dem Hochmut erst einmal noch sehr lange nichts. Er würde das alles schon verkraften, wenn er nur die nun besser kontrollierbaren Quertreiber endlich um den Finger gewickelt hat...

Ich persönlich bin der Überzeugung, dass man nicht ganz mit der Kühnheit eines ganz bestimmten Landesherrn gerechnet hatte. Ich meine nicht Friedrich den Weisen – aber davon später mehr.

Unseres Herrgotts Kanzlei.

Nicht weit von Wittenberg erhebt sich die Stadt Magdeburg aus dem Flachland, das nach ihr benannt ist. Ihr Stadtrecht war schon lange vor den Erfolgen der Hanse sprichwörtlich. Es stand Pate für zahllose Städte im Reich, die ähnlich prosperieren wollten. Das funktionierte eben nur mit demselben Maß an Freiheiten und Selbstverantwortung. Interessant dabei ist beispielsweise, dass gerade die Siedler des Deutschen Ordens für ihre Territorien diese Magdeburger Rechtsordnung verfügten. Eine Rechtsordnung, die sich zwangsläufig durch ihre Ausbootung des Klerus auszeichnete. Vorausgesetzt, der setzte nicht seine Maulwürfe ein.
Im Jahre 1294 hatten die Magdeburger Stadtbürger dem Erzbischof die Ämter des Schultheißen und Burggrafen abgekauft. 150 Jahre später wurden von derselben Bürgerschaft die 'Magdeburger Centurien' in Angriff genommen.
Sie verfolgten dasselbe Ziel wie wir mit unserem kleinen Geschichtsabriss – in **etwas** anderen Dimensionen.

Leider war ihr Plan dann doch etwas zu ambitioniert, um gegen die Giftpfeile aus Rom anzukommen. Nicht nur, dass im 30jährigen Krieg Magdeburg empfindlich geschlagen wurde ('Magdeburger Hochzeit', 'magdeburgisieren'). Jahrhundertelang wurden erneute Ansätze verhindert. Der letzte Giftpfeil war wohl der Verlust des einen in Magdeburg verbliebenen Exemplars – im 'Befreiungsjahr' 1945.

Wäre den Centurien der Erfolg beschieden gewesen, sie wären heute wohl eine der wichtigsten Dokumentensammlungen dieser Erde. Denn sie hätten wohl geoffenbart, wie offen die Offenbarung jederzeit offenbart war. Die hätte dann nicht so einfach wieder geschlossen werden können.

Denn alles Land, was du siehst – ich werde es dir geben, und deinem Same auf ewig.[171]

Vielleicht hätten uns die fortgeschriebenen Centurien auch mehr über Amerika erzählt.

Ein Vierteljahrhundert vor Luthers Thesenanschlag 'entdeckte' Kolumbus die 'neue Welt'. Heute ist es längst common sense, dass auch hier die Geschichtenschreibung über die Geschichtsschreibung

---

171 (Genesis 13,15 – KJD).

Die Landesverheißung an Abram wird heute sehr gerne von der Verheißung seiner Nachkommenschaft im nächsten Vers abgetrennt. Eine grobe Missachtung sowohl des direkten Kontextes als auch der neutestamentlichen Belege. Vgl. z.B. Galater 3,16 ('Verheißungen' im Plural) oder Hebräer 11,8 (die Landesverheißung im neutestamentlichen Kontext).

Den heutigen Sozialisten und Enteignern kann es freilich nicht schmecken, dass allem Same Abrahams Land verheißen ist, das er im Geiste des Vaters des Glaubens **einzunehmen** hat. Ganz wie es dem weltgewandten Christen oft nicht schmeckt, dass es im Geiste Abrahams - also **im Glauben** - einzunehmen ist.

dominiert hatte. Dazu passt es nur zu gut, wie wenig über die Person Christoph Kolumbus selbst – dessen Name wohl nicht umsonst an Columban erinnert – als gesichert gilt.

Stellen Sie sich vor, wie erniedrigend es für die vatikanische Elite wohl gewesen sein muss, dass da irgendwo eine riesige Landmasse existiert, auf die man keinen Einfluss hat! Könnte es vielleicht sein, dass die Mystifizierung der Tafelrunde und der uralten Berichte über Atlantis dazu beitragen sollten, davon abzulenken? Heute ist man sich weitgehend einig darin, dass dieses 'versunkene Inselreich' nichts mit Amerika zu tun hat. Das war aber mal anders.
Die vage bekannte Existenz Amerikas konnte so sicherlich verschleiert werden, bis für eine 'Entdeckung' das Kosten-Risiko-Verhältnis einigermaßen ausgewogen war.

Die Vorsehung ließ die Erschließung Amerikas just zu einer Zeit geschehen, in der der Buchdruck für nie dagewesene Chancen für neue 'Ketzereien' sorgte. Sie bereitete einer Landnahme derer den Boden, die sich dem Abrahamitischen Segen entsprechend vermehrten wie die Fliegen: den Lesern gedruckter Bibeln.[172]

Hier lauerte tatsächlich 'gelobtes Land'.
Ein Land, in dem (ein kurzes Zeitfenster lang) Milch und Honig flossen.
Ein Land, das wie lange kein anderes mehr vom Lob Gottes erfüllt wurde.
Doch das musste noch warten. Einstweilen wurde mit harter katholischer Hand erobert und versklavt.
Wir dürfen dabei nicht vergessen, dass durch katholische Stammesfürsten erobertes Land immer in erster Linie eine Eroberung

---

172 Die oft schon vor Erasmus und seinem Textus Receptus antiochisch übersetzt waren.

Roms war (und ist). Vor diesem Hintergrund macht auch die Theorie Sinn, Kolumbus wäre evtl. ein sich tarnender Angehöriger der verfolgten Juden gewesen. Wir kennen ja mittlerweile eine der Hauptaufgaben, die die Juden für ihre vatikanischen Gönner erfüllten: niemand konnte effizient und dennoch kontrollierbar von den Motiven Roms ablenken als die, *„die von sich sagten, sie wären Juden"* und es *„nicht sind".*[173]

Die Eroberungen der Spanier und Portugiesen (Erben des Kalifats Cordoba) schimmern heute in einem für die Katholiken nicht mehr so wirklich glorreichen Licht. Doch auch das erfüllt seinen Zweck, der am Ende auch Rom dienlich ist. Denn Rom ist nicht nur der Katholizismus. Wir werden später darauf zurückkommen, wie wichtig der historische Befund blutiger Eroberung zum Aufbau eines mörderischen Narratives noch wurde.

Die Angeln und ihre Engel.

Die britische Krone fand ihre ganz eigene Methode, mit der Reformation umzugehen. In einer Flucht nach vorne ermächtigte sich Heinrich VIII. der alleinigen Macht über die Kirche, indem er vorgeblich aufgrund einer unautorisierten Ehescheidung mit dem Papst gebrochen hatte. Nur wer nichts über den Vatikan weiß, lässt sich mit einer derartigen Begründung abspeisen. Wem die Hintergründe bewusst sind, dem sind die Fassaden einerlei. Er sieht, dass dies für Rom allenfalls ein Grund, aber niemals ein Hindernis dafür sein konnte, sich aus den Geschicken dieser 'Anglikanischen Kirche' herauszuhalten.

---

173 vgl. Offenbarung 2,9 und 3,9.

Das für uns Wichtige dabei ist zu erkennen, dass der HERR immer wieder aus Exkrementen Dünger generiert und somit auch dieser Trick Roms dem Evangelium langfristig zu unverhofftem Segen gereichte. Daran konnte auch die Phase 2 dieses Unterfangens – ein von Heinrichs Tochter initiiertes zurückschwingendes Pendel – für Rom zunächst nichts zum Positiven ändern. Ganz im Gegenteil, denn so konnten sich beim nächsten Pendelschlag die sich bietenden Chancen voll ausspielen.

Die Installation der bis heute weltweit aktiven 'anglikanischen Gemeinschaft' unterstützte die Reformation auf ganz spezielle Art und Weise. Dadurch, dass sie sich bis heute bewusst zu den römischen Wurzeln bekennt, unterstützt sie besonders nachhaltig die Illusion der für sie nicht geltenden lutherischen Ablösung aus den römischen Strukturen. Sie stärkt so den Eindruck, die lutherischen Solas würden die Fülle des Evangeliums zurückbringen und schafft für sich selbst den Spagat zwischen offen römischer Liturgie und reformatorischer Theologie. Damit macht sie dem Beobachter deutlich, welcher enorme Selbstbetrug heute in allen volkskirchlichen und sonstwie einheitsbestrebten Strukturen schlummert.

Doch dieser erst viel später zusammengezimmerte Selbstbetrug war nicht alles, was die Anglikanische Kirche auszeichnete. Ihre ganz speziellen das Reich Gottes segnenden Impulse sind nicht hoch genug einzuschätzen und werden uns hier mehrfach begegnen.

An ihren Mitteln sollt ihr sie erkennen![174]

Nach Schließung des 'Augsburger Religionsfriedens' war der Vatikan darum bemüht, trotz Einigung mit den Revolutionären auf dem Kontinent so viel zerbrochenes Porzellan wie irgend möglich zu kitten. Man versuchte ganz offen, den einen oder anderen Landesfürsten für sich zurückzugewinnen und die Ressourcen der 'Evangelischen' zu schwächen.

Der invalide spanische Klosterbruder Ignatius von Loyola übernahm mit seinem Jesuitenorden den Großteil dieser Propagandaangriffe.[175] Eine ganz spezielle Art von Humor beschreibt ein ganz besonderes Tool der offenen Gegenreformation: die Entdeckung des Schauspiels für propagandistische Zwecke. Das sogenannte 'Jesuitentheater' indoktrinierte katholische Schüler mit Tausenden von Stücken und erzeugte dadurch eine Basis für die gesamte moderne Pädagogik. Es versinnbildlicht die gesamten uns heute offen als 'Gegenreformation' verkauften Aktivitäten (die angeblich mit dem Westfälischen Frieden beerdigt worden sein sollen) als das, was sie sind: Teile eines ganz großen (doch um so folgenschwereren) Schauspiels. Und als wäre sie sich dessen bewusst, bezeichnet heute die sogenannte Geschichtswissenschaft all das verniedlichend und kuschelnd als 'Konfessionalisierung'.

Nett.

Es wird nicht überraschen, wenn ich sage: da war mehr als 'Konfessionalisierung'. Hauptsächlich deshalb, weil mitnichten nach

---

174 Frei nach Matthäus 7,16 (*„Ihr sollt sie an ihren Früchten erkennen. Erntet man denn Trauben von Dornen oder Feigen von Disteln?"* - KJD), gepaart mit dem Motto der Jesuiten (*„Der Zweck heiligt die Mittel"*).

175 Sehr wertvolle Biographien des Ignatius von Loyola finden sich bspw. bei Douglas Reed, einem vormaligen Mitteleuropakorrespondenten der 'London Times'.

den Verheerungen des großen Krieges Ruhe einkehrte. Ganz im Gegenteil. Doch im Dunkeln lässt sich gut munkeln.

Im Dunkeln lassen sich beispielsweise auch die auf der eigenen Fantasie beruhenden Bibelauslegungen in alle Winde zerstreuen. Ich denke dabei u.a. an die verschiedenen deduktiven Endzeittheorien. In erster Linie an den sogenannten 'Futurismus', den Francisco Ribera[176] in die Welt gesetzt hatte und der noch Jahrhunderte später immer populärer wurde. An ihm richtet die heutige Weltelite massenweise Täuschungsmanöver und Angstmache aus, eifrig unterstützt von der geblendeten evangelikalen Christenwelt.

Eine nicht so versteckte Art der Gegenreformation verfolgte die schon erwähnte englische Königin Mary I. in ihrem inquisitorischen Feldzug gegen das angelsächsische Schisma (oder doch eher gegen die es entlarvende Menge?). Sie wurde bekannt unter dem Namen 'Bloody Mary', und heute ist kaum noch der Ursprung dieser Cocktail-Bezeichnung bekannt. Noch zu meiner Zeit wuchsen wenige Kinder auf, ohne jemals dem Versuch zu erliegen, vor einem Spiegel drei Mal 'Bloody Mary' aufzusagen.
Dankenswerterweise ereilte uns dabei nicht das Schicksal der zahlreichen Märtyrer, die Mary I. hinrichten hat lassen.

Des Kaisers neue Kleider.

Die offenen Bestrebungen der Gegenreformation reichten bereits dafür aus, in einer unbeschreiblichen Verheerung Mitteleuropas zu

---

176 Nicht zu verwechseln mit jenem anderen – ehemaligen – Jesuiten Alberto Rivera, der Ende des 20. Jahrhunderts elementare Zusammenhänge geleakt hatte und schlussendlich ganz klassisch vergiftet wurde.

gipfeln, deren Ausmaße in keinster Weise denkbar gewesen wären. Was passiert wäre, wäre sich das Volk über die tiefenstaatliche Realität bewusst gewesen – wir können es nur erahnen. Wir können aber auch nur erahnen, ob tatsächlich schon immer eine den heutigen Verhältnissen entsprechende Unwissenheit darüber herrschte.[177] Schließlich war die Heirat der Tochter James (der uns noch gut bekannt werden wird) nicht ganz unwichtig für den Ausbruch dieses großen Krieges.[178]

Jede Zäsur bringt eine neue Geschichtsschreibung mit sich. Den Siegern Unpässliches wird vernichtet[179] und was umgedeutet werden kann, wird umgedeutet. Welche Verwerfungen der Geist des Antichristen zu initiieren imstande ist, hatte er erst wenige Jahre zuvor in London unter Beweis gestellt. Diese Begebenheit werden wir noch isoliert betrachten.

Das Römisch-Deutsche Reich war nicht mehr dasselbe nach diesem '30jährigen Krieg'. Nicht nur dessen Dauer war einzigartig. Auch die Umstände, die ihn entstehen ließen.

---

177 Was übrigens ebenso auf die Geschehnisse im 20. Jahrhundert zutrifft. Jedoch wird hier – orwellianisch – das 'Vergessen' selbst ziemlich zweifelhaft instrumentalisiert. Man lernt ja schließlich dazu.

178 Die Heirat mit dem pfälzischen Kurfürsten sollte Britanniens Einfluss unter den protestantischen Häusern stärken, um eine friedliche Demarkationslinie gegen das katholische Europa zu bilden. Aus unserer Sicht war das reichlich naiv und führte um Haaresbreite zur Teilnahme Britanniens am Dreißigjährigen Krieg. Man kann darüber nur spekulieren, aber James' Absage an seinen Schwiegersohn rettete wohl mehr Menschenleben als sie gefährdete.

179 Dass wir überhaupt die Chance haben, Geschichtsschreibung kritisch zu betrachten, liegt darin begründet, dass sich nicht jeder Sieger automatisch auch in Opposition zur Wahrheit sah. Soweit sichtbar, deckt sich das verdächtig oft mit jenen Siegern, die im Allgemeinen nicht im Dienste des Antichristen-Geistes standen.

Doch der ihn beschließende Westfälische Frieden war kein Frieden. Dieser Vertrag markierte allenfalls einen einseitig eingehaltenen Waffenstillstand. Die andere Seite wechselte lediglich die Waffen. Die neuen lauerten in Arsenalen, die man über Jahrhunderte aufgebaut hatte. In den zahlreichen Ordensstrukturen, die sich teils zum Schein aufgelöst hatten, irgendwann in irgendeiner Form reaktiviert wurden und teils ganz neu aufzubauen waren. Sie sollten nach und nach wie Zahnräder in einer Maschine[180] ineinandergreifen und Schritt für Schritt scheinbar neue und doch so uralte Zwecke erfüllen.

Unfassbar praktisch waren dafür die diplomatischen Erfahrungen, die man im Kontakt mit fremden – unkatholischen - Kräften gewonnen hatte. Sie halfen in erstaunlichem Maße dazu mit, alles bestmöglich unter verschiedenen Deckmäntelchen zu halten. Die eine Aktivität wurde ins Reich der Fabeln verbannt, andere schob man anderen Mächten in die Schuhe. Diese Taktik hat sich der Geist des Antichristen bis zum heutigen Tage bewahrt, indem er sie Generation um Generation perfektionierte.

Seither wird auch deutlich: der Geist des Antichristen sitzt beileibe nicht nur im Vatikan, und das ist nicht etwa **nur** eine Verschleierungstaktik des Jesuitenstaates. Diese eine Hure (die Mutter der Huren)[181] ist nicht das einzige und im Endeffekt auch nicht das exklusivste Werkzeug des Widersachers. Doch war und ist sie dasjenige, das die Fäden zusammenhält. Sie ist die, deren Kaufleute mit allen Handel treiben.[182]

---

180 Übrigens lieferte gerade die Dampfmaschine dafür ganz gute Dienste, doch das führt hier zu weit.

181 vgl. Offenbarung 17,5.

182 vgl. Offenbarung 18.

Ihr System, dem es dank der Verbrüderung mit allerlei Fremdlingen[183] an nichts mangelt, wird in einer Stunde nichts mehr gelten.

Die Strukturen, die im Zuge der Gegenreformation Form annahmen, werden uns fortan auf Schritt und Tritt verfolgen. Sie werden bisweilen nicht immer sofort auszumachen sein und vielmehr oft als das Gegenteil dessen erscheinen, was sie sind. Doch alle Propaganda dieser Welt schafft es nicht, der Wahrheit völlig den Gar aus zu machen.

So war es beispielsweise auch in Britannien, als machtpolitische Ränkespiele letztlich dafür sorgten, dass der römische Einfluss auf London – zunächst – dahin schmolz wie Butter in der Sonne. Die Trennung der Anglikanischen Kirche vom Papst war für die britische Krone von elementarem Wert. Und so wurde Rom auf einer völlig neuen Ebene – auf der geistlichen – herausgefordert.[184]

Liberty or death – alles oder nichts.

Was all die Jahrhunderte bislang theologischen Quertreibern und Ketzern vorbehalten war, das drohte jetzt in einer völlig anderen Liga

---

183 - Die selbsternannte Synagoge Satans mit Finanzwelt, Unterhaltungsindustrie, Häresie.
  - Die Weltreligionen mit Verderben, Fluch und Lüge.
  - Die sog. Wissenschaft mit sogenanntem Fortschritt, Zweifel, Krankheit, Perversion.

184 Die bisherigen Reformen der 'Kirche' fanden letztlich allesamt auf intellektueller Ebene statt. Man war sich in Lehr- und Praxisfragen uneins und überließ es nie dem Geist Gottes alleine, die jeweilige Reform voll zu seinen Gunsten zu nutzen. Das geschah zwar meist nicht vorsätzlich, war jedoch relativ einfach zu korrumpieren.
Hier zeichnete sich nun aber eine Entwicklung ab, deren Ergebnis nicht so einfach zu unterwandern war. Das britische Königshaus war sich seiner Überlegenheit sicher genug, um von sich aus den Heiligen Geist 'herauszufordern'.
Was die Sachsen ein Jahrhundert zuvor noch geschickt umgingen (Souveränität gegenüber dem Papst), erledigten nun die Angelsachsen.

zu spielen. Elizabeth I. hatte bereits Bloody Marys Pendel von Fluch und Segen zurückschwingen lassen. Da der Versuch durch eine extrem gepimpte spanische Kriegsflotte wider Erwarten kläglich scheiterte, sollte die Thronfolge der Stuarts endlich wieder für geordnet katholische Verhältnisse sorgen. Doch auch das misslang.

Elizabeths Thronfolger schickte sich vielmehr an, die eigenen Bibelausgaben zu überarbeiten. Doch nicht nur irgendwie! Weil man sich als das Weltreich aller Weltreiche abheben wollte, sollte niemand geringerer als der Heilige Geist selbst die begnadetsten Köpfe der englischen Krone lenken. James VI. von Schottland[185] brachte nicht etwa den Papst, sondern vielmehr den rebellischen Geist seiner Heimat mit ins Reich. Der König jener Schotten, die seinerzeit nur durch intensivierte Hingabe (Stichwort: iroschottische Klosterämter) in die gewünschten Bahnen zu lenken waren, bereitete dem Klerus nun ein weitaus größeres Problem. Als James I. König dreier souveräner Nationen in Personalunion kümmerte er sich umgehend um eine Bibel, die sowohl die 'Bishops' der Staatskirche als auch die 'Geneva' der Puritaner perfektionieren sollte. Kein Aufwand der Welt sollte dafür zu groß sein.

Von 1604 bis 1610 übersetzten nicht weniger als 54 der weltgrößten Gelehrten der Zeit[186] die sogenannte 'King James Version'. Die 54

---

185 Es wird erzählt, er wäre *„der weiseste Narr der Christenheit"* genannt worden. Nicht umsonst hielt er sich betont aus Kriegshandlungen (trotz prominenter Provokationen, siehe Dreißigjähriger Krieg) zurück. Viel interessanter jedoch sind seine Begegnungen mit Hexen, die ihm scheinbar nach dem Leben trachteten. Dass er sich für Skepsis gegenüber Hexenprozessen einsetzte, hat nichts mit einem Sinneswandel gegenüber der übernatürlichen Realität zu tun, über die er selbst fleißig schrieb.

186 Nur einige Beispiele:
Launcelot Andrewes, Experte für Latein, Griechisch, Hebräisch, Chaldäisch, Syrisch, Arabisch - spricht 15 Sprachen. Edward Lively, Experte für orientalische Sprachen. William Bedwell, Experte für Arabistik und Iranistik. Miles Smith, eine 'wandelnde Bibliothek', Experte für antike Literatur, Rabbinertum, Hebräisch, Chaldäisch, Syrisch, Arabisch. Thomas Holland, als Universalgenie der Literatur bekannt.

Männer unterteilten sich in sechs Gruppen, die unterschiedliche Bücher zu übersetzen hatten. Alle Gruppen konferierten über ihren Bereich mit den jeweiligen anderen Gruppen, so dass am Ende jede einzelne Übersetzung einer jeden Bibelstelle 15x bewertet wurde. Alle kamen am Ende durch ständiges Gebet mit der besten Übertragung ins Englische überein – ungeachtet ihrer persönlichen Ansichten.
Wir werden uns später eingehend mit dem inhaltlichen Ergebnis befassen.

Die Task Force der Gegenreformation begriff sehr schnell, dass hier eine andere Gefahr lauerte als seinerzeit in Konstantinopel oder Wittenberg. London, das sich ohnehin anschickte, die politische Macht des alten Rom in die Tasche zu stecken, drohte auch noch, zu einer Art neuzeitlichem Antiochia zu werden.
Dem musste dringend Einhalt geboten werden.

...the fifth of November.[187]

Als absolut episch und modellhaft kann die Terroraktion gelten, die die jesuitischen Kräfte nur zwei Jahre nach James' Thronbesteigung initiierten. Wesentlich ausschlaggebender: es geschah ein starkes Jahr nach Einsetzung seines Übersetzungskomitees.
Dieser Terrorakt wurde bekannt unter dem vielsagenden Namen des 'Jesuit Treason', von interessierter Seite nachhaltig zum 'Gunpowder Plot' verstümmelt. Vom Vatikan selbst, dem Urvater aller modernen Erzählkunst. Er verstümmelt damit zur Posse, was um ein Haar die komplette englische Führung verstümmelt bzw. neutralisiert hätte.

---

187 Wie angedroht: hier begegnet er uns wieder...

Chaos aus der Ordnung.

Am fünften November des Jahres 1605 sollte in Westminster feierlich die Parlamentssaison eröffnen. Just am Abend zuvor konnten 36 Fässer voller Schießpulver sichergestellt werden. Inklusive Guido 'Guy' Fawkes, der gerade im Begriff war, die baldige Entzündung vorzubereiten. Ihre Detonation hätte das damalige, nicht minder massive Parlamentsgebäude inklusive weiter Straßenzüge Londons pulverisiert.[188] Wohlgemerkt in vollbesetztem Zustand!

Ist es ein weiterer dieser zufällig zugefallenen Zufallszufälle, dass vier Jahrhunderte danach die Maske eines überdeutlich König James konterkarierenden Thrillerhelden[189] einer zum Kulturgut mutierten Verhöhnung[190] zur Renaissance verhilft und heute einer falschen Leuchtturmbewegung der Truther[191] als Erkennungsmerkmal dient?

Wie auch immer: der Segen, der durch die Vereitelung dieser Aktion unvermindert seine Kreise ziehen konnte, kann heute unmöglich

---

188 Der britische TV-Sender ITV baute – entgegen der scheinheiligen damaligen Kritik des Establishments – zum 400sten Jahrestag des vereitelten Anschlags die Houses of Parliament maßstabsgetreu nach und brachte sie kontrolliert zur Sprengung ('The Gunpowder Plot: Exploding the Legend', online verfügbar). Das Resultat überraschte hochrangige Sprengstoffexperten weltweit.
Die Hälfte des verwendeten Pulvers hätte ausgereicht, um alles Leben innerhalb und außerhalb des Komplexes umgehend zu neutralisieren, wäre mindestens fünf Kilometer entfernt noch zu hören gewesen und in einem Radius von mind. 200 Metern wären massive Trümmer abgeregnet.

189 Der Plot dieser Pseudo-Dystopie treibt die Jesuitentheater-Methodik auf die Spitze. Nicht zuletzt auch dadurch, dass die spätere Verfilmung im Jahre 2005 erfolgt und rechtzeitig zur internetbasierten Renaissance der Trutherbewegung das linksgerichtete 'Anonymous-Kollektiv' unterfüttert.

190 Gemeint sind die karnevalistischen Umtriebe zum jährlichen 'Gedenken' an den Gunpowder Plot. Die parlamentarisch verfügte Gedenkfeier, die jahrhundertelang als die 'Bonfire Night' gefeiert wurde, ist heute als die 'Guy Fawkes Night' bekannt. Ein Schelm, der sich seine Gedanken dazu macht.

191 Gemeint ist die erwähnte kontrollierte Opposition, die sich 'Anonymous-Kollektiv' nennt.

überschätzt werden. Das Scheitern des 'Gunpowder Plot' ermöglichte es, dass die Arbeit an der 'Authorized Version' weitergehen und dass das 'Jakobinische Zeitalter' den Boden für deren unverhoffte Verbreitung bereiten konnte.

Das Zeitalter, das den Namen seiner Zerstörer trägt.

Als das 'Jakobinische Zeitalter' wurde die Regentschaft James' bekannt. Sie zeichnete sich als eine überaus fruchtbare Friedenszeit aus, die wie selbstverständlich mit geringer Steuerbelastung und schlankem Staat einherging. James war es, der die Freiheitsrechte der Magna Carta des 13. Jahrhunderts entstaubte und Roms Agitation in Nordirland zurückwies. Er widerstand dem habsburgischen Ansinnen, ihn in den kontinentalen Krieg zu zerren und er kolonisierte weitere Teile Amerikas völlig anders, als es ihm die Katholiken Spaniens, Portugals und Frankreichs vorgemacht hatten. All das hatte freilich auch seine Schattenseiten,[192] auch James war nur ein Mensch. Doch ein Mensch, der im Rahmen seiner Möglichkeiten das volle Evangelium achtete.

Erst nach seinem Ableben fanden die Methoden der Gegenreformation endlich auch in Britannien reichlich Futter und verkehrten das Jakobinische Zeitalter mit Verve in sein Gegenteil. Unter Charles I. konnte endlich wieder nach Herzenslust gemordet

---

192 Wobei jedoch zu beachten ist, dass versucht wird, James I. mehr als jedem anderen Regenten Schattenseiten anzudichten. So z.B. die Indentur zahlreicher Iren in der Neuen Welt. Sie war es gerade, die deren Versklavung verhinderte.
Im Lauf der Jahrhunderte erwies sich die Sklaverei immer wieder als urrömische Methode! Es ist ohnehin eine Legende, dass sie exklusiv im 19. Jahrhundert abgeschafft worden wäre. Auch andere, vornehmlich protestantische Staatsmänner opponierten gegen sie, was sehr gerne totgeschwiegen wird.

und gebrandschatzt (vulgo: Krieg geführt) werden. Innerhalb weniger Jahre entbrannte in Amerika plötzlich Streit zwischen Neuengland und Neufrankreich. Der nordirische Terror sollte für die nun folgenden vier Jahrhunderte James' Stammbuch besudeln. Der 'Englische Bürgerkrieg' war ein weiteres Lehrstück des intriganten Hegelianismus der Gegenreformation und den nunmehr erfolgreicheren Intrigen des Vatikans. Ganz zu schweigen vom 'Großen Feuer' von 1666, das allzu bekannte Handschriften trägt und das der Festigung eines autonomen Stadtstaates[193] zu Hilfe kam.

James' Wille zu britischer Einheit hatte nichts mit einer Einheit des kleinsten gemeinsamen Nenners zu tun, wie sie heute – wodurch wohl? - allerorten eingefordert wird. Sie war vielmehr getrieben vom Anspruch, mit gemeinsam gewachsenen Werten gemeinsam gedeihen zu wollen. Trotz alledem diente auch sie freilich später dazu, für die römischen Hegelspielchen hin und her zu deuten (so z.B. die im Grunde separatistischen Nordiren zu 'Unionisten' und die romtreuen Iren zu 'Nationalisten' abzustempeln).

Mach dich auf, durchzieh das Land in seiner Länge und seiner Breite – denn ich will es dir geben.[194]

---

193 Man könnte die heutige jesuitische Besatzungsmacht etwa sagen hören: *„Ihr wollt Rom imitieren? Ihr dürft Rom imitieren..."*
'The City' oder 'the square mile' ist tatsächlich ein nach vatikanischem Vorbild erstelltes, völlig unabhängiges Staatskonstrukt, in dem sogar die Queen of England dem 'Lord Mayor of the City of London' untertan ist.
Derlei Sonderzonen, deren Daseinsberechtigungen nicht immer klar verständlich sind, gibt es viele. So reiht sich hier bspw. auch der 'District of Columbia', die offen satanisch durchgeplante US-Hauptstadt Washington (direktes architektonisches Vorbild: die 'Fächerstadt' Karlsruhe, deren Eröffnungsfeier ein gewisser Thomas Jefferson beiwohnte) ein.
Die in der Magna Carta zugesicherten Rechte sollten eigentlich jedem vor Gott stehenden Individuum gelten. Doch manche sind eben gleicher als gleich.
194 (Genesis 13,17 – KJD), vgl. dazu Fußnote 171.

Jamestown war die erste Siedlung von Briten in James' viertem Regierungsjahr, doch vor ihnen hatten bereits Franzosen im heutigen Osten Kanadas gesiedelt. Die erst unter James' Erben über den großen Teich hinüber schwappende Rivalität der beiden Seemächte sollte sich über viele Generationen hinweg prägend auf die weiteren Geschicke Roms und der Welt auswirken. Denn dahinter verbarg sich das Übliche: Der Kampf des Antichristen gegen die Auswüchse von zu großer Toleranz gegenüber dem vollen Evangelium. Nichts weiter als diese Toleranz (mit einem l) brauchte es, um sich unweigerlich seinen Weg zu bahnen.

In diesem Schlagabtausch folgte niemand jederzeit völlig den Implikationen des Evangeliums. Kein menschliches Institut schafft das. Und so war auch keine Kolonisation irgendeiner Regierung völlig frei von ethnischer Säuberung. Doch hierbei sind die Hintergründe zu beachten. Die Siedler selbst gingen nur in Verteidigung aggressiv gegen die Ureinwohner vor,[195] und von den charakterstarken Preußen kann auch nur ähnliches belegt werden.

Seit jeher waren und sind es allen voran jene Menschen, die sich 'Staat' und 'Volksvertreter' nennen, denen der Hang zu Verantwortungslosigkeit immanent ist.[196] Entsprechend des

---

195 Der weltweit immer mehr gegenüber dem dämonischen 'Helloween' ins Hintertreffen geratende US-amerikanische Feiertag 'Thanksgiving' war einst die letzte Bastion des Erinnerns daran, dass das medial-'wissenschaftliche' Framing der gewaltsamen Landnahme gegenüber den Indianern nicht der Realität entspricht.
Zum Einstieg dazu empfehle ich die Untersuchungen von Robert Tracy McKenzie ('The first Thanksgiving'. Downers Grove, IL: InterVarsity Press, 2013).

196 Auch hier begegnen wir gewissermaßen wieder einem Orwellianismus: Das Maß an 'Verantwortung', das sich jemand innerhalb eines weltlichen Machtgefüges aufbürdet, wird von ihm lediglich transferiert: von demjenigen, dem diese Verantwortung schöpfungsgemäß obliegt, zu demjenigen, der diesem nunmehr 'Verantwortlichen' vorsteht. In letzter Konsequenz ist das immer Satan.

Anwachsens solcher Strukturen wachsen weltweit Gewalt und Chaos heran – niemals entgegengesetzt!

> *„Und da die Perversion Überhand nehmen wird, wird die Liebe der meisten erkalten."*[197]

Gottlose Gesetze sind der Gipfel der Perversion und somit kann es nicht verwundern, dass sie zwangsläufig mit Bürokratie, Ressourcenverschwendung und Leid einhergehen.

Und doch wird bei vorsichtiger Betrachtung der Amerikasiedlung sehr deutlich, dass hier der geistliche Hintergrund der Siedler mächtige Unterschiede machte.

Daran nicht unbeteiligt war – ab der Mayflower-Mission – die druckfrische King James Bible.

Gibst du mir den kleinen Finger...

Wie damals nach den Erfahrungen in Nordafrika hatte Ismael auch jetzt nach der Bezwingung des Byzantinischen Reiches nicht genug. Ist das eine Rom für den Islam zu kapern, müsste doch das andere genauso zu holen sein.

Doch nun, im 16. und 17. Jahrhundert, hatte man den Bogen (noch) überspannt. Die Osmanen wurden zwei Mal vor Wien in ihre Schranken verwiesen. Der Walache Vlad III. hatte sie ein Jahrhundert zuvor gar noch auf Pfähle gespießt.

Die römische Welt war noch nicht bereit für ein islamisiertes Europa. Das könnte **vielleicht** in erster Linie mit den jüngsten Ereignissen im Land zusammenhängen, die – bei allem inkludierten Betrug – **in**

---

197 (Matthäus 24,12 – KJD)

jeglicher Hinsicht dem vollen Evangelium und der Glaubensstärke den fruchtbarsten Boden bereiteten (Buchdruck, Reformationsaufbrüche, Renaissance, multiple Kriegsleiden)...

Einer 'Wertegemeinschaft' des 21. Jahrhunderts, die vollkommen degeneriert ihre Invasoren und Schänder mit Teddybären begrüßt, sollte das zu denken geben. Wenn dieser Haufen überhaupt noch denken könnte.

Nun ja…

Es bleibt zu erbeten, dass er es dereinst wieder können wird!

Des Teufels Verschwörung und Gottes Beitrag.

Währenddessen schraubte sich der Tiefe Staat des Vatikans, die Ordenswelt, immer tiefer in die okkulten Hintergründe aller Machtbereiche.

Die Freiheitsfanatiker der Kaufmannshanse waren längst von den Tentakeln des Vatikans (wie etwa den Kräften der venezianischen 'Republik' oder der chasarischen Kabale) entmannt und transformiert.

An der Ostseeküste hatte der Deutschherrenorden dadurch seine Schuldigkeit getan und wurde schon während der Reformationswirren vom Kaiser aufgegeben.

Ein klassischer Fehler Römisch-Deutschen Hochmuts, denn der geschasste Hochmeister firmierte Großteils in das reformierte 'Herzogtum Preußen' um. Am katholischen Reich rächte sich damit der Umgang des Ordens mit den Prußen, und auch sonst sollte Preußen weit mehr als es scheint mit seinen heidnischen Namensgebern gemein haben.

Jedenfalls entwickelte dieses Preußen nun eine Eigendynamik, die der Kurie spätestens mit Beginn des 18. Jahrhunderts zum Problem wurde. Der Herzog krönte sich selbst zum König, wodurch er die Grundlage eines ernst genommenen Evangeliums – die Verantwortung vor Gott – unterstrichen hatte.[198] Preußen gewann so immer mehr Einfluss im Reich und in der Welt. Der daraus entstehende 'Deutsche Dualismus' wurde dem Vatikan zu **der** Herausforderung, die ihn noch lange Zeit in Atem halten sollte.[199] Doch auch sie wurde letztlich 'bravourös'[200] gemeistert. Fürs Erste.

---

198 Spätestens sein Enkel hatte das Kind mit dem Bade ausgeschüttet, als er sich in falscher Konsequenz selbst als Papst bezeichnete (wenn auch vielleicht nur im allegorischen Sinne und in Abgrenzung zu Rom):
> *„Eure Hoheit werden wissen, dass ich in diesen Landen der Papst bin."*
> (Friedrich der Große an die Kurfürsten-Witwe von Sachsen; 1768)

199 Manch einer wird sich jetzt fragen: Dualismus? Das ist doch gerade die Handschrift der widergöttlichen Weltelite!
Den Hohenzollern werden entsprechende Interessen nachgesagt. Doch inwieweit das lediglich Versuchsballons des Vatikans zur Korruption der Preußen waren, kann kaum sichergestellt werden. Es spielt letztlich genauso wenig eine Rolle wie die Frage, wer Martin Luther aufgebaut hatte. Denn Segen setzt sich durch. Einerlei, wer ihn sät.
Auch die Strategie des Dualismus hat der Satan nur geklaut. Er kann aus sich heraus nichts Gedeihliches tun, nur stehlen und korrumpieren. Dazu kommt, wie wir noch zwischen den Zeilen erkennen werden: der historisch herbeigeredete Dualismus war eigentlich gar keiner. Ganz im Gegenteil. Preußen war eigentlich nur darauf bedacht, die alten katholischen Allmachtsphantasien im Zaum zu halten.

200 Soll heißen: durch unvorstellbar dämonische Verheerungen und Betrügereien.

171

The hidden hand.

Das englische Königshaus dagegen war längst okkupiert und von James – in Analogie zu Josef, dem Architekten Ägyptens – *„wusste man nicht mehr"*. So bot es sich nun dafür an, den – von gottesfürchtiger Seite – reichlich ausgedehnten angelsächsischen Boden wieder gut zu machen. Das sollte den hohenzollerischen Umtrieben auf dem Kontinent schon noch Einhalt gebieten.

So wurde das 18. Jahrhundert vorrangig dasjenige, in dem sich die gegenreformatorischen Dunkelmächte nun daran machten, jenseits des Kanals interdisziplinäre Geheimgesellschaften - allen voran die Freimaurerei - zu festigen. Schließlich musste nunmehr alles daran gesetzt werden, subtil die 'katholische' Weltgemeinschaft aufzubauen. Nichts schien besser dazu geeignet, als auf nach wie vor nach außen hin protestantischem Boden die ideologischen Grundlagen dafür aufzubauen und hier – weitab von Rom – ein allgemeines Verlangen nach 'Fortschritt' zu pflanzen.

Die Royal Society hatte sich bereits gefunden. Sie konnte nun mehr und mehr zum Gradmesser der sogenannten 'Wissenschaft' mutieren. Gänzlich vatikanischer Kontrolle unverdächtig, da man sich das Motto 'nach niemandes Worten' gegeben hatte (wie üblich ein Fall für George Orwell).
Auf vergleichbare Weise verfuhr man mit allen erdenklichen Bereichen und Errungenschaften des täglichen Lebens. Es wurden Probleme geschaffen, um dann vollmundig selbst die Lösungen dafür anzupreisen – die scheinbar nichts und bei Licht betrachtet alles mit dem Vatikan zu tun hatten. Dass all das nur durch exorbitante Kollateralschäden funktionieren konnte, die sich oft über Generationen hinziehen mussten - na und? Wozu auch sonst das

Chaos aus der Ordnung.

Motto der Chefstrategen der Gegenreformation: *„Der Zweck heiligt die Mittel."* ...

Der Zweck war und ist zweifellos vorhanden: alles 'Leben' der sich auf diese Weise selbst initiierenden Weltgemeinschaft dient zuletzt den Weltherren in Rom.

Alleine über die hier in die Wege geleiteten Entwicklungen ließen sich Bände füllen.[201]
Sie alle sind wohlbekannt und millionenfach besprochen. Und uns während der letzten Jahrhunderte unschätzbar ans Herz gewachsen.
Auch die Parallelen, die man letztlich ziehen **muss**, wurden in der Vergangenheit immer wieder thematisiert – mit dem kleinen Kunstfehler, dass die entsprechend zugrunde liegenden Strukturen immer spielender banalisiert werden konnten.

Der Giftpfeil des Westens – die 'Aufklärung'.

Auch die Renaissance hatte nicht nur Edles und Gutes aus Konstantinopel mitgebracht. Die uralte griechische Idee der Zivilreligion bereitete der Royal Society und ihren Freunden den Boden für die neue Wissenschaftsphilosophie. Sie wurde von der Gegenreformation fleißig auf jede erdenkliche und nicht erdenkliche Weise protegiert, auch aus dem toleranten Preußen und dem aufmüpfigen Schottland heraus.
Das Ergebnis wurde irgendwann 'Aufklärung' genannt.

---

201 Gemeint sind Entwicklungen wie die der Industrialisierung, der Sozialrevolution mit allen ihren Verwerfungen, des Codex Alimentarius, der Mobilisierung in jeglicher Hinsicht, der Evolutionstheorie, des Aktualismus, der Technisierung, der Philosophie u.s.w.

Ein Hegel erklärte uns, wie wir selbsterzeugte Probleme lösen können. Ein Lessing erklärte uns, was wir glauben dürfen. Ein Darwin erklärte uns, von wem wir abstammen sollen. Ein Hutton erklärte uns, wie überhaupt Materie entstanden sein soll. Ein Rousseau erklärte uns, wann wir sauer sein müssen. Ein Humboldt erklärte uns, wie wir die Welt zu sehen haben. Zwei grimmige Brüder erklärten uns, was unsere Kinder würden hören wollen. Der andere Humboldt erklärte uns dann, wie sie zu erziehen sind. Ein Knigge erklärte uns, wie wir uns zu benehmen hatten. Ein Goethe erklärte uns, was der Seele gut tun soll. Ein Beethoven erklärte uns, wofür man Instrumente gebrauchen kann. Ein Nietzsche erklärte uns, dass Gott tot ist. Ein Kant erklärte uns, wie wir denken können sollen und ein Wolff erklärte uns, wann wir verrückt sind.

Und all das nahmen wir in uns auf. Denn wir waren es satt, von den Geldsäcken der Kirche drangsaliert zu werden – und all das kam ja gerade nicht von der Kirche. So sagte man uns...

Diese 'Aufklärung' bewirkte politisch ein erneutes Aufbegehren gegen alle sichtbaren alten Strukturen, ob sie nun 'Klerus' oder 'König' hießen. Doch dieses Aufbegehren war anders als jenes, das das Mittelalter derart ausbluten hat lassen. Es war als False Flag eigens von der regierenden Elite und ihren Ideen in die Wege geleitet. In Jesuitenschulen wie der in Ingolstadt[202] sowie in Europas Großlogen und Zirkeln vorbereitet, kochte eine Bewegung auf, die zunächst auf die eine – subtile – Weise Amerika und dann auf die andere – militante – Weise Europa aufmischen sollte.

---

202 Einerlei, ob Adam Weishaupt und Ingolstadt tatsächlich **die** führende Rolle in all dem übernommen hatten. Die Illuminati wurden wohl evtl. auch nur zum Mythos generiert, um die Vielschichtigkeit der Verschwörung zu verschleiern. Dass es sich dabei um Jesuiten dreht, lässt Fragen im Keim ersticken. Symbol sind sie jedoch allemal.

Venceremos!

Das wittenbergisierte Romdeutschland war wohl noch zu heikel dafür. Hier hatten die Fürstentümer zu viel Autonomie erhalten. Frankreich hingegen litt nach wie vor unter der päpstlichen Knute, somit konnte man hier wunderbar zuerst seine Schattenspiele austragen und die eigenen Leute hinrichten.

In den Kolonien der Neuen Welt derweil wurde – zunächst – eine gänzlich andere Methode verfolgt. Man bewegte 13 'Staaten' dazu, sich unter einem eigenen Staatskonstrukt relativ autonom zu vereinen und sich eine gemeinsame Verfassung geben zu lassen. Was wie ein vorzügliches Unterfangen im Geiste der hier so hoch geschätzten Freiheit erschien und auch lange Zeit relativ gut funktionierte, war jedoch ein mieser, von katholisch-kontinentaler Seite eingefädelter Trick.
Ein unter tatkräftiger Mithilfe eigener Leute installiertes und immer wieder nachjustiertes Staatswesen war nun einmal wesentlich leichter zu beeinflussen als die sich selbst überlassenen Kolonien eines nach wie vor protestantisch durchsäuerten Inselreichs!

Die Tatsache, dass die USA von damals heute noch zu existieren scheinen, suggeriert einen dubiosen auf dieser Nation liegenden Segen des HERRN. Doch dieser Segen existiert nicht. Er ist eine Illusion, die dadurch nötig wurde, dass in diesen Regionen seit jeher dem Wort Gottes unbeschreiblich mehr Vertrauen geschenkt wird als hierzulande!
Ob das vielleicht an irgendwelchen Ressourcen liegen könnte?

Es wäre ein eigenes Buch wert, doch ich empfehle bei der Gelegenheit den Vergleich einer ziemlich unbekannten, nicht minder monumentalen Denkmalstatue mit jeder anderen: das 'Monument to the forefathers' in Plymouth, MA. Ein ihr eklatant entgegengesetztes Bild zeichnet beispielsweise die allseits bekannte und weithin sichtbare sogenannte Freiheitsstatue in New York, witzigerweise ein Geschenk aus Frankreich.

In beiden Systemen hatte vorgeblich das Menschliche gesiegt. Wie praktisch, dass der Protestantismus die Freiheit des Menschen hervorgehoben hatte. Das konnte man nun vorzüglich ins Gegenteil verkehren und die Selbstsucht des Menschen in all ihren Schattierungen und Auswirkungen 'regieren' lassen. Sie bot ein schier unermessliches Potential an scheinbaren Widersprüchen für genüssliche Dialektik. Durch sie würde der uralte Ungeist des Evangeliums endlich in die Knie gezwungen werden. Es würde irgendwann keinen Bereich mehr geben, in dem sich die 'Gute Nachricht' in einer Gesellschaft konfliktfrei durchsetzen könnte.

Fortan schossen durch 'Revolutionen' formierte 'demokratische' 'Nationen' wie Pilze aus dem Boden.
Leider jedoch bestand der Humus dieser Pilze überall aus dem Gift der alten Schlange. Daher ging keine dieser Revolutionen ohne Blutzoll von Statten.[203] Der Fürst der Welt hat nun einmal Durst.

---

203 Bis zum heutigen Tag kennt die Welt nur eine einzige 'friedliche Revolution'. Könnte das daran liegen, dass es sich dabei um gar keine Revolution handelt?

Christianisierung unter falscher Flagge.

Wenn wir vom Blutzoll irgendwelcher Revolutionen reden, kommen wir freilich nicht daran vorbei, uns über Kolonisation und Sklaverei Gedanken zu machen.

Kolonisation durch ein fremdes Staatswesen bedeutet im Normalfall die Aufoktroyierung der eigenen Kulturen und Bräuche und kommt so der Sklaverei gleich.

Wenn das entsprechende Staatswesen vatikanisch kontrolliert war, konnte sie seit jeher auch als Christianisierung verstanden werden. Das war in den britischen Kolonien mindestens der jakobinischen Zeit nicht der Fall[204] und in den preußisch-deutschen Kolonien des noch folgenden Zweiten Deutschen Reiches nur begrenzt. Hier wurden immer in erster Linie biblische Tugenden hochgeachtet, die dann nach und nach der 'Toleranz' genannten Prioritätenverschiebung zum Opfer fielen.

Weder Kolonisation noch Sklaverei sind per se biblischen Ursprungs. Und doch: ihnen liegt ein nicht zu verachtender Anteil göttlichen Gerichts zugrunde, und insofern können dennoch biblische Bezüge gefunden werden. Beide Schicksale werden nicht etwa aktiv von Gläubigen erzeugt! Nein, sie geschehen aufgrund von zweierlei Sündhaftigkeit. Das unterjochte Volk erleidet die unausweichlichen Folgen der wie auch immer manifestierten Ablehnung des Evangeliums. So unbarmherzig sich das vor dem Hintergrund des auf Golgatha erfüllten Evangeliums anfühlt – es ist nach wie vor dasselbe Prinzip wie zu Zeiten Adams, Kains, Nimrods, der Brüder des Joseph,

---

204 Wie bereits erwähnt, kann die Indentur nicht als Sklaverei bezeichnet werden. Das zu versuchen, ist die klassisch römische Umkehrung der Verhältnisse.

der Zeitgenossen Josuas, der Propheten und jener Gesprächspartner der Jünger Jesu, deren Staub sie abschüttelten.

Alle von römischer Hand christianisierten und von Mohammed islamisierten Völker stehen genauso in dieser Tradition wie jedes in die Sklaverei getriebene Volk – seien es zum Beispiel Slawen (wie nur entstand deren Name?), Byzantiner oder Afrikaner.

Das unterjochende Volk kann dennoch nicht für sich beanspruchen, im Segen des HERRN zu handeln![205] Es erleidet seine Strafe lediglich in etwas anderer und nur scheinbar angenehmerer Form. Alleine schon deshalb, weil in irgendeiner Weise immer der Bumerang zurückfinden wird.

Babylon mit Rom 4 und Huren 1 - 6.

Von Direktorien und Bünden.

Im blutenden Revolutionseuropa war die Zeit noch nicht reif für ein Durchregieren des Proletariats der Selbstsucht.[206] Daher kam für die Gallier unweigerlich das Kaiserreich zurück. Doch mit der

---

205 Wie wir gelernt haben, war die Sklaverei unter gottesfürchtiger Führung immer verpönt. James I. erarbeitete für die in Neuengland anlandenden Iren ein Sozialprogramm; und Friedrich der Große bspw. bezeichnete 1782 in einem Gesuch zur Erlaubnis von Sklavenhandel den *„Handel mit Negern"* als *„eine Schmach für die Menschheit"*.
Auch die biblischen Bezüge auf Sklaverei wie etwa bei Petrus (vgl. 1. Petrus 2,18) relativieren das nicht. Petrus wertet die Sklaverei nicht, da sie längst gewertet ist.

206 Man gab sich den Namen 'Direktorium'. Dessen Struktur erinnert heute verdächtig an spätere, nicht immer als sonderlich demokratisch verrufene Konstrukte innerhalb Eurasiens, in denen 'Kommissionen' tag(t)en.

Selbstkrönung Napoleons unter Anwesenheit des Papstes gelang dem Antichristen ein Coup, der eigentlich an Plumpheit nicht zu überbieten ist. Das Jesuitentheater nahm sich sein Beispiel am Preußenkönig Friedrich hundert Jahre zuvor. Doch versinnbildlichte die Show in Notre-Dame de Paris nicht wie bei ihm eine Souveränität gegenüber dem Papst, sondern sie sollte vielmehr eine Souveränität gegenüber Gott darstellen. Schließlich war man ja 'aufgeklärt'...

Im Endeffekt ist hier mehr die Anwesenheit des Papstes entscheidend als der reine Krönungsakt. Entsprechend kann es nicht verwundern, dass die katholischen Nachbarn Frankreichs nur halbherzig gegen Napoleon aufbegehrten – erst dann nämlich, als es territoriale Fragen betraf.

Die Auflösung des Heiligen Römischen Reiches ist im selben Kontext zu sehen. Bevor selbiges von den protestantischen Hohenzollern hätte übernommen werden können, gaben es die vatikanisch gelenkten und entsprechend finanzpolitisch ausblutbaren Habsburger lieber selbst auf. Es blieb ihnen nichts anderes übrig, als auf die katholische Zange aus Frankreich, dessen Rheinbund und ihrer sich neu findenden Heimatscholle Österreich zu vertrauen. Dass der Papst sowohl dem Reichsdeputationshauptschluss und Franz' Kompetenzüberschreitung in keinster Weise entgegenstand, ist nicht so einfach vom Tisch zu wischen. Wir wissen, dass im Krieg zuallererst die Wahrheit zur Strecke gebracht wird – daher können wir auch im Hinblick auf den Rheinbund nicht von einer blanken Kriegsniederlage ausgehen.

Nein, mit Napoleon als dem 'aufgeklärten Kaiser' und Protektor der 'souveränisierten' deutschen Fürstentümer[207] konnte die Gegenreformation wesentlich diplomatischer – und vor allem verborgener – agieren als mit den stockkatholischen Habsburgern. In

---

207 Man darf sich fragen, inwiefern die Königswürde tatsächlich Souveränität bringt. Papier ist geduldig und blutet im Zweifel lediglich die Untertanen etwas mehr aus.

den teilweise protestantischen Rheinbundstaaten konnte so die klassische Flucht nach vorn unter dem Deckmantel der 'Säkularisation' dafür sorgen, dass die Gegenreformation durch überall eisern durchgepeitschte Reformen voll durchbrach. Enorm zur Hilfe kam dabei Preußens Kriegsverlust Westphalens.

Über die kalte Küche war der Rheinbund nach dem Direktorium bereits die zweite Episode auf dem Weg zu einer gegenreformatorischen Weltordnung. Oder war diese Küche doch nicht ganz so kalt, wenn man ihre Reformen objektiv mit jenen der Preußen vergleicht? Napoleon bezahlte schlussendlich dafür und seine Grande Nation scheiterte ebenso kläglich wie sein Rheinbund, wenn auch aus anderen Gründen.

Der konziliarisch begründete 'Deutsche Bund' sollte es besser machen. Mehr noch: diese dritte Ordnungs-Episode sollte endlich auch Preußen unter gegenreformatorischen Gesichtspunkten ins Reich heimholen.[208] Somit hätte die französisch-österreichische Zange ihren Zweck erfüllt.

---

208 Das geflügelte Wort 'heim ins Reich' wurde später bekanntlich unter anderen Protagonisten des Jesuitentheaters geprägt. Damit und durch das umrahmende Prozedere sollte eine gegensätzliche 'Heimholung' suggeriert werden.
Klassischer Orwellianismus: es ging letztlich immer um die Heimholung Preußens aka der Ketzer in den Schoß der Mutter Rom.

Jedes Mal ein fürstlicher Genuss.[209]

Die säkularisierte Welt konnte nun nicht mehr durch Konzilien gebrieft werden. Ergo musste eine Illusion, eine neue Kultur der 'Konferenzen' her. Gänzlich im Stile der Konzilien traf man sich nun eben im Namen der 'Konferenz' über mehr oder weniger lange Zeiträume, um Weltkarten neu zu malen. Ein erstes dieser aufgeklärten Konzilien fand nun in Wien statt. Niemand mit Selbstachtung möchte wirklich wissen, was alles in jenen zehn Monaten in den Hinterzimmern der habsburgischen Residenzstadt vor sich ging. Er mag sich vielleicht lediglich fragen, wie ein bankrotter Staat zu einem derartigen Stelldichein einzuladen fähig war.

Wien stellte die Weichen für ein Jahrhundert, das in der Rückschau allzu gerne ins Zeichen der Freiheit gestellt wird. Bemerkenswert, dass diese 'Freiheit' danach vollends verschwand und exakt einhundert Jahre nach diesem 'Neuen Wiener Konzil' jene von Versailles und Jalta wie ein später Post-Mortem-Sieg Napoleons wirken würde. Wer den Verlauf des Jahrhunderts wachsam verfolgt, kommt nicht umhin, die im Wiener Kongress geschaffene Floskel des 'Europäischen Gleichgewichts zur Friedenssicherung' müde zu belächeln.

Dieser Euphemismus vergoldete die Notwendigkeit, Nationen zu schaffen.
Die durch eine sich trotz aller Ränke unvermindert fortpflanzende Reformation – immerhin ein riesiges Einfallstor für das volle Evangelium – machte gesteigerte Kontrollbemühungen notwendig.

---

209 In Anlehnung an den Claim eines Unternehmens, dessen Begründer (nicht das Unternehmen selbst) entscheidend mit den Verwerfungen des Wiener Kongresses in Verbindung steht.

Durch Revolution hochgeputschte und 'demokratische' Nationen erwiesen sich dabei als perfekter Zwischenschritt in eine 'geordnete Welt' der neuen 'Ordnung' aus dem schöpfungsgemäßen 'Chaos'.

Von heiligen Konserven und unheiligen Freiheiten – und andersherum.

Wenngleich er fatale Folgen hatte, so ist der Bund der 'Heiligen Allianz', der auf den Kongress folgte und einen abhanden gekommenen Gottesbezug wieder herzustellen vorgab, wohl ebenso zu belächeln wie das obige 'Gleichgewicht'.

Es sollte zu denken geben, dass dieser Allianz das protestantische Großbritannien genauso wenig beitrat wie der Vatikan. Preußen goutierte die Initiative des Zaren Alexander, doch das britische Parlament schien das Unterfangen zu durchschauen. Zu wachsweich und subtil war alles ausformuliert. Es sollte Recht behalten. Ursprünglich von Alexander initiiert und wohl ehrlich gemeint, wurde der Plan von Metternich und seinesgleichen auf römische Weise interpretiert. Im Laufe der Zeit wurde im Namen der Heiligen Allianz ein Narrativ geschaffen, das 'konservativ' mit 'römisch' gleichzusetzen wähnte und 'liberal' mit 'antichristlich'. Mit diesem Schachzug wurde es nun **noch** komplizierter, die Aufklärung als Kind der Gegenreformation zu entlarven. Das alte divide et impera lieferte durch die heute kaum noch beachtete Allianz einen wichtigen, einen perfiden Nebenzweck der Aufklärung: konservative gegen liberale Werte auszuspielen, um größtmöglich dem Evangelium zu schaden. Tatkräftig unterstützt u.a. durch Marx und Engels, die beide den Sieg dessen, was sie Demokratie nannten, vom Scheitern der Allianz abhängig machten.

182

Und so blieben uns extrem fatale Nachwirkungen dieser unscheinbaren Übereinkunft erhalten.

Der Dualismus 'konservativ' vs. 'liberal' brannte sich in sämtliche Lebensbereiche der sogenannten westlichen Welt ein. Und mehr noch: die selbstmörderische Obrigkeitshörigkeit wie auch die militante Skepsis gegenüber monarchischem Gottesgnadentum[210] sind wohl primär darauf zurückzuführen.

Die Heilige Allianz zerbrach nicht etwa an den Revolutionen. Im Gegenteil: sie erfüllten deren ganzen Zweck.[211]

So sollte noch einiges revolutioniert, gebilderstürmt und geblutet werden, bis der Dualismus 'konservativ vs. liberal' das heutige Kollektivverständnis der westlichen Welt voll in sich aufgesogen hatte. Leider hat auch hier der Zweck die Mittel 'geheiligt' und wurde voll erfüllt.

Die Jakobiner Deutschlands.

Eine besonders schillernde Rolle im Ringen um ein 'europäisches Gleichgewicht' spielten sicherlich die Burschenschaften. Nicht etwa, weil sie die Fahne der Freiheit hochhielten, nein. Viel eher, weil sie vorgaben, dies zu tun. Die Herren der gold-rot-schwarz gestreiften Flagge stehen in ihrer Organisation den 'erwachsenen' Orden in nichts nach. Sie entstanden aus den Studentenorden des Mittelalters und

---

210 Der Schöpfer des Menschen war sich dessen bewusst, dass Macht korrumpiert und absolute Macht absolut korrumpiert. Gerade deshalb beschränkte er die Macht einzelner Menschen über andere. Wie er das tat, wird uns später noch beschäftigen.

211 Damals wie heute wurde dem Ivan in die Schuhe geschoben, was man selbst mit Inbrunst verfolgte. Russland war immer schon ein etwas unberechenbarer Sonderling, der nicht nur die Rolle des kommunistischen Revolutionsopfers vorzüglich besetzte.

hatten sich entsprechend anderer Vatikantentakel im Zuge der Gegenreformation mehr oder weniger schlicht umgelabelt.[212] Sie stellten nun quasi so etwas wie den Gegenpol zur Heiligen Allianz. Bemerkenswert, dass sie im Zuge dessen eine entscheidende Größe darin waren, das soziale Gefüge im Land ins Gegenteil zu verkehren. Die Sozialisten, denen sie dadurch einer **der** Geburtshelfer waren, scheinen das vergessen zu haben. Wobei fehlende Dankbarkeit bekanntlich ja nun wirklich ein nicht gerade unüblicher Charakterzug sozialistischer Kreise ist.

Ob zu 'undeutsch' oder zu 'deutsch': der Zeitgeist entscheidet, das Ergebnis bleibt dasselbe.

Diese Saupreußen!

Zu einer bloßen Transformation des offen habsburgisch-vatikanisch geführten Reiches in eine offen habsburgisch-vatikanisch geführte deutsche Nation sollte es offenbar trotz allem wieder nicht kommen. Preußen ließ sich scheinbar nicht ohne offen deklarierte Feindschaft von seinen Idealen abbringen, auch nicht mithilfe der Finte der 'Aufklärung'.

Die in der Geschichtsforschung geringgeschätzten und verwässerten Ideen einer 'Erfurter Union' und eines 'Doppelbundes' sprechen davon Bände. Hier hatte Preußen nach weitgehendem Scheitern des Deutschen Bundes im Zuge der Revolution eine diplomatische Lösung vorgeschlagen, die Österreich in die Union mit einer 'kleindeutschen Lösung' verbracht hätte. Auch im Kriegsjahr 66, als die Konfrontation eben noch vermeidbar gewesen wäre, hätte ein preußisch-bayrisches

---

212 Freilich geschah das nicht bei Nacht und Nebel und in Personalunion. Man fand sich neu zusammen – verstand sich jedoch voll als in entsprechender Tradition stehend.

Bündnis bzw. eine norddeutsch-süddeutsch-österreichische Trias die deutschen Lande befrieden und befruchten können. Wäre da nicht der wittelsbachische Draht nach Rom gewesen...

Eine ähnliche Lösung entstand später ohnehin. Nur eben nach Massen weiterer Blutvergießens. Sie galten zunächst den Versuchen, den Preußen die Zähne zu zeigen. Um dann umso vehementer die Schmach der Bloßstellung zu rächen.
Die Kaiserkrönung im katholischen Feindesland Versailles sollte später in vielerlei Hinsicht den finalen Todesstoß prophezeien, denn das dabei geschaffene 'Zweite Deutsche Reich' sollte die vatikanische Propaganda noch eine Weile lange arg herausfordern.

Nach der endgültigen Kreuzigung Preußens sollte man es dann endlich geschafft haben.
Die allseits berüchtigte 'Stunde Null' konnte kommen.

Preußens Gloria.

Die Geschichtsschreibung lässt keine Gelegenheit ungenutzt, um Preußen als **das** rigorose Staatswesen und den Urvater allen Polizeistaats zu zeichnen.[213] Auch hier hilft uns wieder ein Grundsatz

---

213 Dass im Grunde vielmehr das Gegenteil der Fall war, beweisen schon die unterschiedlichen Interessensgruppen auf deutschem Boden, die in den letzten Jahren von den Graswurzeln des Internet emporgestiegen sind und vom System unter der Bezeichnung 'Reichsbürger' verballhornt werden. Würde sich auch nur eine dieser Bewegungen das Habsburgerreich anstatt dem der Hohenzollern auf die Fahne schreiben, hätte wohl höchstwahrscheinlich niemand ein Problem mit ihr. Eher vielleicht sogar im Gegenteil: sie würde wohl vielmehr gefeiert, und nicht nur von der Yellow Press.

der freien Geschichtsforschung: das Gegenteil der Suggestion ist oft weitaus näher an der Wahrheit als das übermittelte Narrativ selbst.

Sprichwörtliche preußische Zucht und Ordnung waren freilich dem Geist des Antichristen ein Dorn im Auge, sodass er sie gnadenlos überzeichnen musste. Preußen stand dem Vatikan ähnlich massiv im Weg wie das Britannien jakobinischer Zeit. Doch weil man sich nicht das Gepräge einer eigenen Staatsreligion geben musste (man war schließlich selbst im 'Land der Reformation') und sich deshalb tragischerweise nicht der Exklusivität der englischen Bibel bewusst war, kam hier die gebotene Toleranz offener zum Tragen – was katholischerseits fleißig genutzt werden konnte.

Uneinigkeit und Unrecht und Unfreiheit.

Nicht nur auf politischem Parkett war nach wie vor vieles 'aufzuklären', sehr vieles.
Denn das weiterhin durch die Welt wabernde Wort Gottes nahm immer wieder Kontakt auf mit der Krone der Schöpfung. So viele Synapsen waren da von den Aufklärern noch zu durchtrennen:
Schöpfung, Gottebenbildlichkeit, Familie, Verantwortung vor Gott, Gnade aus Glauben, Glaubwürdigkeit der Bibel, Sexualität, Wertschöpfung, Vermögen und Vorsorge, Ernährung, Medizin,...

Sämtliche Bereiche mussten von Netzwerken, wohlmeinenden Organisationen und Regelungen durchsäuert und durch offizielle Erziehungsanstalten eingepflanzt werden.
Wie praktisch war doch diese Idee des ansonsten so aufmüpfigen Friedrich aus Preußen: eine 'Schulpflicht' muss her!

'Bildung' war ohnehin **die** Waffe gegenüber der zu überwindenden Schöpfungsordnung.[214] Das Bildungswesen musste viel zugänglicher werden, denn die 'Wahrheit' musste schließlich in jedes Hirn eingepflanzt sein.

Die Bildung der Massen schaffte vor allem eines: ein Monopol der Deutungshoheit. Und zwar eines, das scheinbar unabhängig war von der politischen Macht im Land.

Vor Einführung von Wochenschau und Gebühreneinzugszentrale war es das meist auch weitgehend. Zumindest dann, wenn es dem tiefen Vatikanstaat nutzte - von dem die Politik nie unabhängig war.

Auch nicht zu Zeiten Bismarcks, der seine Rivalitäten mit Rom offen ausgetragen hat. Die preußische Toleranz verbot seiner Regierung schließlich ein Vorgehen nach jakobinisch-englischem Vorbild und der Jesuitenstaat eroberte sich – wodurch auch immer – seine Achtungserfolge.

Die Selbstsucht dessen, was sie 'Liberalismus' nannten.

Das mediale Deutungsmonopol hatte zwischenzeitlich die Errungenschaften der Aufklärung zur Alternativlosigkeit erhoben, gegen die jede alte Ordnung letztlich nichts auszurichten hätte. Es wurde immer schwieriger, das tägliche Leben davon rein zu halten.

Grund genug für alle Bevölkerungsschichten, den Fortschritt als gegeben hinzunehmen und ihm die Wahrheiten der Schöpfung unterzuordnen.

---

214 Vorausgesetzt, man bildet ausschließlich im Eigeninteresse. Was Preußen damals höchstwahrscheinlich nicht tat.

So auch die Logik, dass gedeihliches Leben mit gesunden Beziehungen Hand in Hand geht. Die Gesellschaftstransformatoren schufen die Illusion, es würde stattdessen nur durch 'Chancengleichheit' und Nivellierung sozialer Stände erreicht. Der 'Liberalismus' begann den Individualismus zu preisen, der völlig losgelöst von biblischen Grundlagen jede unbiblische Ideologie in sich aufzusaugen begann. Und dadurch immer wieder und oft unbemerkt die Geister rief, die ihn selbst immer wieder zur Strecke brachten.

auf dass ihr mir ja nicht die Versammlung verlasst![215]

Wie wir gesehen haben, war die 'Aufklärung' – wie alle dämonischen Ideen – das Gegenteil dessen, für das sie sich hielt. Sie war die Wunderwaffe der Gegenreformation und der Turbo menschlicher Degeneration.

Mehr denn je wird heute konstatiert, der Mensch würde sich weiterentwickeln. Er träumt davon, sich künstlich zu intelligentisieren und Gott zu übertrumpfen. Weltweit wird immer mehr der Mensch angebetet. All das wäre nicht denkbar ohne die Aufklärung und den Propagandakrieg, den sie in die Welt zu tragen begann.

Dabei existierte dieses Phänomen schon immer in der heidnischen Welt. Die Kirche selbst hatte es damals schon in Form der Mystik in die christianisierten Völker zurückgeprügelt. Im Zuge aufklärerischer

---

215 In Anlehnung an eine allzu gerne besonders deduktiv verkürzte Bibelstelle:
  „Nicht, indem wir unsere gemeinsame Versammlung verlassen, wie es die Methode Einiger ist; sondern indem wir einander ermahnen. Und das um so mehr, als ihr den Tag sich nahen seht."

(Hebräer 10,25 - KJD)

Unterwanderung begannen dann im 19. Jahrhundert pervertierte Erweckungsbewegungen, durch die Mystik geprägte Häresien in die Gemeinde zu tragen.

Evangelische Christen wurden jetzt wieder unter Druck gesetzt, sich durch Werke zu heiligen, sündlos zu leben, sich 'im Geist taufen zu lassen' oder 'in Sprachen zu beten'. Dabei geschah all das aus edelsten Motiven, als offene Antwort auf den Liberalismus. Die ursprünglichen Initiatoren dieser Lehren verstanden es meist wunderbar, sich naive und wohlmeinende Multiplikatoren heranzuzüchten. Nur relativ selten sind es die 'Heiligen' selbst, denen eindeutige Motivationen nachgewiesen werden können.[216]

Die Hure baute weiterhin fleißig Netzwerke auf.

Einige dieser Netzwerke dienten dazu, die erweckten Gläubigen der unterschiedlichen Erweckungsbewegungen zusammenzubringen und anstelle der ihnen abtrainierten ganzen Wahrheit dem kleinsten gemeinsamen Nenner zu huldigen. Somit war es ein Leichtes, den Überrest der Braut - individuellen Präferenzen entsprechend - zu verführen, zu verdrehen und an ein ökumenisches Fernziel zu binden.

Babylon mit Rom 4 und Huren 1 - 7.

Licht im Osten – der Sozialismus.

Immer wieder im Laufe des 19. Jahrhunderts schienen die Antworten des Liberalismus und des im Zuge des Fortschritts immer weiter

---

216 Zu nennen wären bspw. John Nelson Darby, Ellen Gould White, Cyrus Ingerson Scofield.

anonymisierten Kapitals an ihre Grenzen zu kommen. Das Establishment sollte durch das Proletariat sein blaues Wunder erleben.

Doch dieses Proletariat war schon zuvor mehrfach williger Spielball. Es merkte nicht, dass der Sozialismus, den es nun als menschliches Allheilmittel zu propagieren begann, von denselben römisch-chasarisch-humanistischen Kräften in die Welt gesetzt war. Das Kapital schien sich selbst abzuschaffen – und so war es auch. Leider blieb es dabei weltweit bis heute – ohne Verschnaufpause.

Dieselben Banker, die schließlich einen gewissen Wladimir Lenin vollgepackt mit Geldkoffern in Richtung St. Petersburg abschickten, hatten kurz zuvor durch mörderische Coups den Umbau des weltweiten Geldwesens eingeleitet.

Seit gefühlten Ewigkeiten hatten sie dafür gekämpft und daran gebastelt. Die zum Hegemon auserkorene und immer wichtiger werdende Seemacht der King James Bible hatte sich unermesslich gesträubt, und leider auch der eine oder andere Kollege.

Doch endlich war es soweit: Preußen war entmannt[217] und Russland geentert. Die wichtigsten Völker der Welt waren nationalisiert, demokratisiert und damit romisiert. Die 'wilden' Kolonien sowieso.

Ein weltweites Papiergeldsystem begann zu blühen und die Bürokratie allüberall zu grassieren. Besteuerung der Löhne, irrwitzige Kriegsreparationen, Geldentwertungen und Scharmützel gaben den geschundenen Völkern nach und nach den Rest. Die Unterwanderung rannte in riesigen Schritten dem Weltsozialismus entgegen, der uns heute immer deutlicher angrinst.

---

217 Es sollte wenig später noch einmal scheinbar aufbegehren – eine der perfidesten False Flags seit Menschengedenken.

Die Vollendung der Zäsur.

Nach dem ersten Weltkrieg stieß der damalige Papst Benedikt XV. den Befreiungsschrei aus, dass *„nun Luther besiegt"* sei. Gemeint hatte er damit die durch den Parlamentsputsch vollendete Kastration jenes Herrenhauses, das einst vom Vatikan selbst im Stich gelassen worden war und das sich hernach die Reformation gründlicher zu Eigen machte wie kein anderes deutsches Haus.

Die Bezeichnung 'Preußen' blieb zwar einstweilen erhalten. Doch sie wurde nur noch für einen weiteren Trick gebraucht. Mit ihm sollte das Gedenken an jenes störrische Volk endgültig ausradiert werden. Der britische Premier Churchill machte es deutlich, als er auf Jalta die Feindschaftsbeziehungen klarstellte.[218] Er war also nach eigener Aussage kein Feind Hitlers, sondern Preußens.

Die 'Schwarze Hand' hatte in Sarajevo Luther besiegt und nicht zuletzt Winston Churchill selbst in Gleiwitz den 'deutschen King James', das Haus Hohenzollern.

Es waren die alten Bekannten, die das größte Interesse an dem kleinen Mann aus Braunau hatten und scheinheilig hinter all den Weimarer Geldvernichtern, den Skull-and-Bones-Verbindern und den Thule-Okkultisten standen. Es waren dieselben, die 'Zion' für die Zeit nach dem großen Brandopfer vorbereiteten. Nur waren die alten Bekannten offiziell wieder nicht die üblichen Verdächtigen. Sie versteckten sich wie eh und je und die sogenannte 'Entnazifizierung' tat ihr übriges dazu, dass die Sieger mit ihrer Geschichtsschreibung in episch perfider Weise durchkamen.[219] Selbst für jenes folgenschwere

---

218 *„Ich möchte betonen, dass Preußen die Wurzel allen Übels ist."*

(Winston Churchill in Jalta; 1945)

219 Nur einzelne Brocken der Realität kamen durch, wie z.B. bei dem polnischen Kardinal Stefan Wyszinski im Jahre 1965:

Projekt mit dem unschuldigen Namen 'Büroklammer'[220] wollte sich in einer derart verheerten Welt niemand mehr interessieren.

Die beiden Weltkriege standen weder für sich noch waren es wirklich die ersten 'Weltkriege'. Kriege wurden seit jeher über weltumspannende Distanzen geführt und meist gab es auch nicht nur zwei gegnerische Parteien. Die Dimensionen waren beide Male ein Novum, doch auch das war in der Geschichte der Kriegsführung relativ normal. Nein - das Wording vom Weltkrieg nutzte vor allem der Installation einer Neuen Weltordnung, von der die Römer schon so lange geträumt hatten.

Das sogenannte 'Dritte Reich' hatte nichts mit dem Zweiten Reich zu tun – dafür jedoch sehr vieles mit dem Ersten. Und für das längst mit den Hufen scharrende Vierte Reich lieferte es die beste aller Legitimationen. Die 'römischen Verträge' ließen denn auch nicht lange auf sich warten, auch wenn sie sich damit Zeit ließen, sich zu entpuppen. Der Brüsseler Sowjet sollte erst noch in Moskau üben, bevor er sich die Kommunisierung des Westens vornehmen sollte. Und weil es der Kurie einen derartigen Spaß bereitet hatte, sich an Preußen zu rächen, setzte man diesem Späßchen auf Preußens in 'Deutschland' verbliebenem Territorium mit dem Experiment 'DDR' noch ein Sahnehäubchen drauf.

„Mit der Wiedergewinnung [der deutschen Ostgebiete], mit der Vernichtung des preußischen Staates und der Zerschlagung des Deutschen Reiches hat die Gegenreformation ihr Ziel erreicht."

220 Gemeint ist das 'Project Paperclip' mit seinen 'Rat Lines'. Sie waren die eigentliche 'Entnazifizierung'. Mit dem Unterschied, dass hier nicht einmal behauptet wurde, man würde Völker von nationalsozialistischer Gesinnung befreien. Nein, man entledigte so in perfekter Bond-Manier die echten Nationalsozialisten ihrer Labels. Nicht umsonst war bspw. Ian Flemming selbst für Martin Bormann zuständig...

Transformation 1.0

Die aufgeklärte Intelligenzija machte sich zu neuen Ufern auf, nachdem einige Generationen die Welt nur noch aus den ihnen zugänglichen Geschichtsbüchern kannten. Außerhalb des Staatsschul-Drills war das meist nur der Hochaltar der Gedankenkontrolle: Bewegtbild und Frequenz meist aus einer bestimmten nordkalifornischen Region, offiziell 'Stechpalmenwald' und inoffiziell 'Zauberstab' genannt. Fest in chasarischer Hand und nach italienischem Vorbild lieferten zwei sich gegenüberliegende Täler das Roh- und zugleich das Füllmaterial der Sehnsüchte einer 'aufgeklärten' Welt. Die perfekte Spielwiese für Satanisten jeglicher Couleur.

In der Zwischenkriegszeit entblödete sich die Frankfurter Schule nicht, die westliche Gesellschaft in einen Marxismus des Seins zu transformieren. Die satanischen Lehren, die schon die Ökonomie und das soziale Leben pervertiert hatten, fanden nun auch im Alltag des Menschen ihre Anwendung – nachhaltig von der Unterhaltungsindustrie des Zauberstabs unterstützt. Und von perversen Aktivitäten der 'Forschung', die im Nachgang beispielsweise unter der Bezeichnung 'Projekt MK-Ultra' sehr verhalten Schlagzeilen machten.

Der auf darwinistischen Prinzipien aufgebaute Kulturmarxismus sorgte dafür, dass die Sodomie auf nie vorstellbare Weise zurückkam; dass zur Selbstfindung massenhaft ungeborenes Leben geschlachtet und geborenes verkrüppelt wurde (körperlich, seelisch und geistig); dass die Keimzelle des Lebens - die Familie - immer mehr zum Übel degradiert wurde.

Wenn auch nicht mit vergleichbaren direkten Auswirkungen, so doch ähnlich perfide im Hinblick auf die Langzeitfolgen brach sich nach dem Siegeszug der Bibelkritik auch die Transformation der biblischen Gemeinde Bahn. Die Erfahrungen aus Reformation und kontrollierten Erweckungsbewegungen ermöglichten ein immer perfideres Spiel mit der sonntäglich gepredigten Wahrheit. Jede Glaubensrichtung wurde nun auf ihre Weise vor den Karren Roms gespannt, niemand konnte sich völlig davon fernhalten. Umrahmt wurde dies mit einer ausgeklügelten Struktur von Zuckerbrot und Peitsche. Der Feind hatte gelernt, den Segen des HERRN für seine Zwecke zu nutzen.

'Demokratisierte', das heißt okkupierte Länder wurden durch Papier- bzw. Giralgeld auf Kosten künftiger Generationen wieder aufgebaut, während der sogenannte 'Kalte Krieg' zwischen Ost und West ein Klima von Angst und Abhängigkeit schürte. Unterstützt wurde er darin durch verschiedene Interventionen des Staatsterrors. Der Zufallsgenerator schien zu entscheiden, ob es sich gerade mal um rechten oder um linken Terror handeln sollte und so wurde das in der Revolutionszeit ersonnene Konstrukt des Parteiensystems auf eine neue Stufe gehoben.

Jegliche Argumentation zu jeder erdenklichen Thematik wurde fortan politisiert und frei nach Gusto auf die rechte oder linke Seite der eigenen Weltsicht gepackt. Die perfekte Spielwiese für das, was Aldous Huxley, George Orwell und viele andere kommen sahen und was längst ohnehin aus berufenem Munde angekündigt war.

All das schaffte nach den Anfängen in der Aufklärungszeit endlich die endgültigen Voraussetzungen zur Vollendung der Transformation des gesamten Globus.

Einerlei, ob das soeben verstrichene Vierteljahrhundert relativ frei nutzbarer Ressourcen von der Kabale in Kauf genommen wurde oder genau so gewollt war: das Internet bereitete nicht nur den Boden für die Blockchain-Technologie und für alle nicht erdenklichen Formen künstlicher Intelligenz. Es lieferte auch eine nur mit dem Buchdruck vergleichbare Steigerung der Informationsfülle.

In den anfangs nahezu völlig unregulierten digitalen Welten wurde es für das tiefe Rom immer schwieriger, über die Informationsflut zu wachen. Daran konnte auch die hier wieder teils sehr flott installierte kontrollierte Opposition nichts ändern, wenn sie auch einiges an Boden wieder gut machen konnte.

Doch dieses Eldorado der freien Informationsversorgung schwindet seit Jahren immer schneller. Es markierte lediglich die Dämmerung einer Zeitenwende, die in ihrem eigenen religiösen Überbau – dem 'New Age' – das 'Wassermann-Zeitalter' genannt wird.

Was wir uns letztendlich darunter vorstellen müssen, kann noch niemand mit Bestimmtheit sagen.

Ein real greifbares Malzeichen des Tieres jedenfalls wird uns in der Bibel entgegen aller Unkenrufe nicht angekündigt. Das ändert jedoch nichts daran, dass die alte Schlange wie eh und je Wort Gottes verdreht. Dies ist ja auch ein Grund dafür, warum Jesus gegenüber den Volksmengen in Gleichnissen geredet hatte. Die Seinen kannten seine Stimme und begriffen dadurch immer mehr von dem, was er durch diese Gleichnisse vermitteln wollte.

Bis sie die Deutung seines Wortes den Menschen überließen.

transform harder!

Der vergangene Jahrtausendwechsel steckte voller Euphorie.
Das angeblich 'vereinigte' Rumpfdeutschland[221] wurde Gastgeber
zuerst der frenetisch gefeierten Neue-Welt-Ausstellung in
Hannover,[222] dann einer ganz speziellen Fußballweltmeisterschaft und
zuletzt eines nie dagewesenen sogenannten Flüchtlingstrosses.

Die Transformation der Welt ist in vollem Gange, mehr denn je
seitdem angeblich in China eine ganz bestimmte Fledermaus gegessen
wurde.
Die Agenda 2030, vormals bekannt unter den Bezifferungen 21 und
2010 und bis zur UN-kenntlichkeit konkretisiert, stellt ein
modernisiertes Kommunistisches Manifest dar. Mit dem feinen
Beigeschmack, dass es nicht nur eine Kampfschrift, sondern eine klare
Anweisung aus dem Vatikan (Pardon: der Vereinten Vatikanspielzeuge
am East River) ist.

Es ist kein Zufall, dass die in unermesslicher Effizienz kommunistisch
trainierte Asiengroßmacht China seit der Opiumkrise dazu aufgebaut
wurde, die Welt das Fürchten zu lehren. Doch nicht auf jene Weise,
die zunächst Sowjetrussland übernommen hatte. Man lernt und geht
wesentlich subtiler vor.
Die 'Neue Seidenstraße' bereitet eine Achsverschiebung in Richtung
des alten Kontinents vor, damit peu á peu der 'Pax Americana' der

---

221 Damit ist nicht etwa ein Fehlen Österreichs gemeint. In allen Himmelsrichtungen ließ
  dieses 'Völkerrechtssubjekt' (Carlo Schmid) auch noch nach dem Anschluss der DDR
  rechtlich zugehörige Landesteile (vorrangig die preußischen Stammlande) vermissen.
  Die Preisgabe Ostdeutschlands war wie die Deklassierung Mitteldeutschlands zur DDR
  vorrangig der Versuch, an sächsischer Reformation und preußischer Souveränität Rache
  zu üben.

222 Das Motto der EXPO2000: 'Mensch, Natur, Technik – eine neue Welt entsteht'.

Vergangenheit angehören können soll. Das hätte angesichts der militärischen und tiefenstaatlichen Rolle der USA sicherlich nicht nur Nachteile. Doch inwieweit es tatsächlich greifen wird, liegt in erster Linie an den Betern im Reich Gottes.

Vor allem ist man gewahr geworden, dass Giralgeld-gepumpter Wohlstand wesentlich besser das Verzichten und Sterben lehrt als plumpe Waffengewalt. Der Weltkommunismus scheint wirklich gut voranzukommen.

In hybrider Kriegsführung werden Ängste geschürt und unsichtbare Bedrohungen geschaffen. Ob Klimawandel, Bevölkerungsimplosion, Biowaffenangriffe (mittels Partikeln,[223] Spritzen, Funkwellen), Rassismus, Deindustrialisierung, Inflationierung Bespitzelung bis hin zum 'leistungslosen' Einkommen mit Social-Credit-System: an allen Ecken und Enden sind die Vatikan-Vasallen aller Couleur fleißig am ackern und beweihräuchern sich selbst.

Bis Mitte des Jahrhunderts werden nicht nur einzelne Kulturen verschwunden, andere einmal mehr 'demokratisiert' und dritte in Form von 'freien' Privatstädten neu entstanden sein. Vielmehr wird bis dahin die gesamte Welt nicht mehr zu erkennen sein.

Wodurch sich welche Entwicklungen tatsächlich manifestieren und welche Rolle darin der Überrest des Volkes Gottes spielen wird: wir können es (Gott sei Dank) nur erbeten.

In den Utopien der E(ke)liten dieser Welt – you name them – bleibt jedenfalls für den Pöbel nur Raum für eine dystopische Welt der

---

223 Einerlei, ob es sich dabei um echte oder herbei phantasierte Partikel handelt.

Uniformität und Seelenlosigkeit. Geistfrei würde die ganz sicher nicht sein, doch jene Geister sind Legion.

Der Heilige Geist jedoch hat andere Pläne für uns.

Keine sozialistischen und bevormundenden: wir selber müssen sie ergreifen!

Conclusio - History is his story.

Wir haben gesehen, dass der Geist des Antichristen im Lauf der Jahrhunderte viele Gesichter hatte, die sich alle irgendwo ähnelten. Witzigerweise sind entscheidende Multiplikatoren der satanischen Weltelite durch die sogenannten 'satanischen Blutlinien' auch tatsächlich biologisch miteinander verwandt.[224]
In Konterkarikatur der Urfamilie, der Dreieinigkeit.

Sie ernähren sich buchstäblich von menschlichem Blut, in Verhöhnung des einzig erlösenden Blutes Jesu Christi. Anstatt das Gnadenwerk in Anspruch zu nehmen, zählen sie voll auf ihr 'blaues Blut'.[225] Doch das hat ebenso wenig Erlösungskraft wie die unsäglichen Ritualopfer ihrer Kriege und Prozessionen.

Zu Beginn unserer kleinen Chronik wurden wir darauf hingewiesen, dass evtl. Fragen aufkommen würden. Doch vielleicht wurde bereits deutlich, dass die einzelnen Stadien, in die unterteilt wurde, einen Verweis auf die Offenbarung darstellen. Sie beschreiben den Weg der Braut Christi – des gläubigen Überrests – durch die Täuschungen der Hurer und irdischen Könige aus Offenbarung 17, beginnend mit der Reaktion auf Christi Kreuzigung.

Dass wir uns dabei augenscheinlich auf die sogenannte 'Westliche Welt' beschränken, ist weder selektiv noch wertend zu verstehen. Die

---

224 Wie sich bspw. alle bisherigen US-Präsidenten zweifellos auf europäische Adelslinien zurückführen lassen und viele davon in direkter Linie miteinander verwandt sind.

225 Wobei wir hier 'blaues Blut' nicht allein auf den Feudaladel beziehen, sondern auf die gesamte Weltelite unter dem Schirm des sogenannten 'Schwarzen Adels'.
Gleich, welcher Sparte der Plutokratie sie sich offiziell zurechnen: sie alle zählen gewissermaßen zum Blutadel. Und sei es 'nur' durch ihren Appetit auf Adrenochrome.

Geschicke jener Gesellschaften, die hier keine explizite Erwähnung finden, sind freilich keineswegs unerheblich für das Wohl und Wehe dieser Welt. Jedes Volk besteht aus einzelnen Kronen der Schöpfung, die individuell und persönlich vor ihrem Schöpfer stehen und entsprechend für sich selbst verantwortlich sind.

Doch vorliegender Chronik geht es um die Korruptionsgeschichte, die entsprechend den Visionen des Apostels Johannes die Botschaft des Evangeliums – der Wahrheit und des Friedens – behindert hat. Das schließt alle Völker der Welt mit ein, jedoch nur in Beziehung zur Kirche Roms. Sie nimmt – wie selbst aus der offiziellen Weltgeschichte bereits zu erahnen ist – eine ureigene Sonderrolle ein.

Viele der 'fremden' Kulturen werden erst sehr spät mit einbezogen, und auch das nur kryptisch. Das geschieht deshalb, weil erst hier historisch nachvollziehbare Kontakte mit dem offiziellen – dem korrumpierten – Evangelium beginnen. Das echte Evangelium hatte zu der Zeit den jeweiligen lokalen Vertreter Babylons meist bereits herausgefordert. Doch das blieb dann ohne direkte Konsequenzen auf die Entwicklung, die wir hier betrachten.

Auflösung.

Unsere Korruptionsgeschichte beginnt mit der Bestechung der Grabwächter. Das Römische Reich wird vom Hohen Rat der Juden korrumpiert, um die Grundlage des Evangeliums – die Auferstehung Christi – zu verheimlichen. Die Gläubigen werden fortan von den Juden blutig verfolgt und wir werden sehen, dass Korruption der Wahrheit und Verfolgung immer (auch unbemerkt) Hand in Hand gehen.

Unsere **erste Episode** – Jerusalem.

Jerusalem ist Hauptstadt der römischen Provinz, die von den zwölf Stämmen Israels (unter den Römern schlicht 'die Judäer' genannt)[226] übrig ist.

Wie seit Jahrhunderten angekündigt, wird wenig später diese Provinz Judäa dem Erdboden gleichgemacht. Damit wird das Volk Israel praktisch und endgültig ausgelöscht. Die Römer selbst finden zunächst nichts Schändliches am Evangelium und scheinen es bedenkenlos in ihren Pantheon einzureihen. Nun zeigt sich allenfalls die Feindschaft der heidnischen Religionen selbst, wie sie schon mehrfach vereinzelt zu Tage trat. Übrigens auch schon zu alttestamentlichen Zeiten.

Unsere **zweite Episode** – Babylon.

'Babylon' ist seit jeher wie nichts anderes mit der heidnischen Religion (im Singular) verbunden. Nimrod ist der erste Name, der mit institutionalisierter wider-biblischer Anbetung in Verbindung gebracht wird.[227] Kain hatte gegen Gott rebelliert, war sich aber noch gewahr, dass er ohne Gottes Gnade nichts tun kann.[228] Sechs Generationen später war sich Lamech selbst der Nächste und missbrauchte die an Kain ergangene Gnadenzusage, um seine Mordlust zu rechtfertigen.[229] Doch noch lange nach der Flut hatte sich niemand erdreistet, sich Götzen zu bilden. Die Sumerer – hier liegt Babylon – gelten heute offiziell als die erste 'Hochkultur'. Die Offenbarung spricht jedoch

---

226 Der Stamm 'Juda' war mit weitem Abstand der Größte unter den zwölf Stämmen. Sein Stammvater war Jakobs (Israels) ältester Sohn. Sie stellten das Königshaus Israels bzw. später des gottesfürchtigen und aus Babylon zurückgekehrten Südreichs. Vor ihrer Verschleppung waren sie bereits seit 116 Jahren der letzte Rest Israels, da das Nordreich vollkommen geschleift und zerrieben (korrumpiert) war.

227 vgl. Genesis 10,10 und 11,2.
  Interessanterweise wird Nimrod ebenso mit erster Machtausübung über Nichtverwandte in Verbindung gebracht!

228 vgl. Genesis 4,13f.

229 vgl. Genesis 4,24.

vielmehr von 'der großen Hure', die 'auf vielen Wassern sitzt'.[230] Damit gemeint ist einerseits das gesamte Babylon selbst als auch insbesondere deren Vertreter aus Rom, der jedoch hier noch nicht in Erscheinung tritt.

So prägend uns das Heidentum (still und heimlich) noch begegnen wird: diese Phase kann nicht allzu lange dauern. Das sich ausbreitende Evangelium wird irgendwann allen pluralistischen Kulturen und weltgewandten Systemen zur Gefahr. Nun sind also die Römer auch selbst bemüht, die 'Christen' zu beseitigen. Über die nächsten zwei Jahrhunderte werden im Weltreich alle erdenklichen Geschütze dafür aufgefahren, die Nachfolger Jesu Christi zu lynchen, zu verheizen, den Löwen zu verfüttern. Da ihr Vorgehen der sich später etablierenden 'Kirche' sehr dienlich sein wird, ist diese eine Episode weit besser belegt als die allermeisten Verfolgungen, die da noch folgen sollen. Doch seit es Weltreiche gibt, ist Geschichtsschreibung immer schon Geschichtenschreibung. Daher ist all das nicht mehr als unsere **dritte Episode** – Babylon mit Rom 1.

Obgleich hier das Römische Reich als der Verfolger auftritt und in gleichem Maße sein Zepter weiterreichen wird, bleibt fortan immer Babylon als die 'treibende Kraft' stehen. Die damit einhergehende institutionalisierte Rebellion gegen Gott bleibt uns all die Jahre erhalten. Gott schreibt mit Menschen Geschichte und daher liegt in jeder Struktur auch Segen. Meist sind es nur die Labels, die sich ändern. Rom 1 deshalb, weil das Römische Westreich einige direkte Erben beglücken wird.

Mehrere Vorteile ergeben sich aus dem Trick, gerade die eben noch verfolgte Religion plötzlich als Staatsreligion auszurufen. Man kann

---

230 vgl. Offenbarung 17,1.

fortan aus der Verfolgung vieler – anstatt einer – Religionen Kapital schlagen. Man kann seine Bürokratie ins Unermessliche steigern, was in zentralistischen Regimen immer gerne gesehen ist. Man kann sein Gewissen beruhigen, weil es nun wesentlich leichter erscheint, an Seelenheil zu kommen. Man kann durch den Aufbau einer neuen Residenz erstens sich ein Denkmal setzen und zweitens eine bessere Grundlage für Expansionen in Afrika und Asien schaffen. Doch in allererster Linie meint man, damit endlich diese vermaledeite Religion im Griff zu haben. Wer sich den vorgegebenen Strukturen dieser Religion nicht fügt, wird verfolgt – auch und gerade dann, wenn er sich selbst auf die Schrift ebenjener Religion beruft. Unsere **vierte Episode** – Babylon mit Rom 1 und Hure 1.

Der Geist des Vatikan übernimmt kraft seines ererbten Titels ('Pontifex Maximus') die absolute Führungsrolle über Babylon. Damit sind zukünftig Babylon und Rom geistlich eins. Wir müssen verstehen, dass von Menschenhand gegründete Städte geistlich immer für den Abfall stehen.[231]

Die 'katholische' Kirche, die aus der Staatsreligion Roms entsteht, ist nichts als eine weitere Lesart dessen, was uns aus allen erdenklichen Kulturen der bekannten (und noch unbekannten) Welt anspringt. Eine weitere hübsch ausgeschmückte Geschichte um jene 'heilige Familie', in der der Vater in seinem Sohn reinkarniert wird, um von dessen Mutter geehelicht zu werden.[232] Der Dauerbrenner, den dessen Erfinder Satan schon tausendfach aufgewärmt hatte – seit er am Tag des Sündenfalls Gottes Heilsplan erfahren hatte.[233] Da hier das

---

231 vgl. Genesis 4. Kain gründete die erste Stadt der Welt, nachdem er sich dazu entschlossen hatte, sich nicht mit fortan geringerem Segen zufrieden zu geben und sich stattdessen und auf seine menschlichen Fähigkeiten vertrauend dem Stolz ergab.

232 vgl. bspw. Hislop, Alexander: *'Von Babylon nach Rom'*.

233 vgl. Genesis 3,15. Satan wusste: wenn er die Menschheit täuschen will, funktioniert das am besten, indem er Gottes Heilsplan kopiert und diese Kopie in kleinen, kulturell unterschiedlich verkleideten Häppchen serviert.

Evangelium direkt pervertiert wird, ist deutlich, warum das Wort Gottes den Terminus 'Hure' gebraucht.[234] Nummeriert ist sie bei uns deshalb, weil sie selbst im Laufe der Jahrhunderte viele Male ihr Wesen verändern wird. Trotz unermesslichen Segens durch die zu jeder Zeit in ihr wirkenden aufrichtigen Kinder Gottes wird sie selbst dennoch Hure bleiben. Unsere Chronik nutzt entgegen der Titelklassifizierung hin und wieder auch für die Hure den Terminus 'Rom'. Dies geschieht lediglich zur Verdeutlichung der teils offen und teils sehr subtil wachsenden Verflechtung. Dem entspricht auch die 'Doppelrolle' des Vatikans sowohl als Vorsteher Babylons als auch als Hure 1. Die politischen Reiche indes werden klar unterschieden.

Das längst nach Konstantinopel verpflanzte Römische Reich teilt sich. Dazu ist alles gesagt, geistlich zu deuten ist hier nicht sehr viel. Ab unserer **fünften Episode** spricht unsere Titelklassifizierung in Bezug auf das politische Ostrom von Rom Nr. 2.

Unsere Hure 1 züchtet sich für **Episode sechs** eine schlagkräftige Verbündete im Kampf gegen das Evangelium. Den Islam, die Hure 2.

Ab **Episode sieben** ist Westrom verschwunden. Das Frankenreich, das später in das 'Heilige Römische Reich Deutscher Nation' und 'Frankreich' übergehen wird, übernimmt direkt als Rom 3. Trotz seiner hervorgehobenen Rolle steht es nicht nur für sich selbst. Stellvertretend können die allermeisten christianisierten Reiche und Entitäten damit identifiziert werden.

Episode acht kennzeichnet die Hure 3, die zwar nicht durch Hure 1 selbst erzeugt, so doch beträchtlich gefördert ist. Sie wird derart

---

234 vgl. Offenbarung 17,5.

Chaos aus der Ordnung.

erfolgreich, dass sie problemlos Hure 1 übernehmen könnte - wäre sie nicht derart korrupt und selbstverliebt. Wichtig ist festzuhalten, dass es sich hierbei nicht um die Synagoge Satans handelt, von der in der Bibel die Rede ist! Es ist ein dämonisches Konstrukt, das sich nach klassischer Kopiermethode in deren Tradition sieht. Sie bezeichnen sich zwar ebenfalls als Juden und sind es nicht – doch sie sind es aus einem anderen Grund nicht! Das ist wesentlich, denn dadurch ist ihre Legitimation nicht 'nur' durch die Aussage des Messias (den sie ohnehin nicht anerkennen) in Zweifel gezogen!

Die Orthodoxie, Konsequenz aus der Kräfteverlagerung des Byzantinischen Reiches, stellt die 4. Hure dar. Hierfür steht die **Episode neun.**

Byzanz wird okkupiert. Damit ist ab **Episode zehn** nur noch das System 'Rom 3' politischer Wirt des Antichristen.

Die halb selbst erzeugte und halb gekaperte Erweckungsbewegung, die sich Reformation nennt, wird ab **Episode elf** zur Hure 5.

Rom 4 steht ab **Episode zwölf** für das 'Gleichgewicht der Kräfte' der Aufklärung, das in der Alten Welt durch das Napoleonische Reich und in der Neuen Welt durch die Unabhängigkeitserklärung zum Thema wird. Hüben wird es u.a. durch den napoleonischen Rheinbund eingeleitet, während es drüben durch Gründung der USA direkt schon installiert ist.
Die USA spielen in einer Sonderliga, sie werden **noch** subtiler transformiert als der Rest der Welt. Den Rheinbund ersetzt die Konferenz- und Koalitionskultur. Nach kurzer Intervention der zum zweiten Taumelbecher nach James mutierten Preußen kann dann endlich der Völkerbund dieses Unterfangen in die Nähe gewünschter

Dimensionen heben. Doch es erfordert noch mehr Betrug und Zerstörungswut, die Vereinten Nationen und die ersehnte Neue Weltordnung zu installieren.

Der Aufbau von Rom 4 geht Hand in Hand mit der Hure 6 – dem geistigen Überbau der Aufklärung und dem Humanismus.

Eine letzte, in ihrer Relevanz für die Weltentwicklung nicht zu unterschätzende Herausbildung kennzeichnet die Hure 7. Die sogenannte Evangelikale betrügt den gläubigen Überrest in exorbitantem Maße und sehr subtil mit seinen eigenen Waffen. Die **Episode 13** bereitet der Neuen Ordnung durch die Transformation der Welt ins Chaos den Nährboden, den sie zu brauchen gedenkt.

Finale.

'Der Jude' hat ebensowenig das Schicksal der Welt gelenkt wie 'der Katholik' oder 'der Nazi'. Und der Moslem von nebenan wird genauso am Nasenring Satans herumgeführt wie Otto Normalbaptist. Labels sagen nichts(!) über die persönliche Rechtfertigung aus. Die misst sich ausschließlich an der persönlichen Herangehensweise an das Wort Gottes, das Fleisch wurde!

Wir sind eine 'Menschheitsfamilie' und jede unserer 'Huren' betreut teils Massen von (trotz allem) hingegebenen Kindern Gottes in ihrem Kindergarten. Auch diejenigen, deren Lehren der Heiligen Schrift eklatant entgegenstehen, haben immer wieder irgendwo solche 'Hurenkinder' im Haus.

Eine Hure als Betreuerin? Hurenkinder? Reichlich uncharmante Vorstellungen. Aber so sieht es nun einmal aus...

Diese Menschheitsfamilie steht und fällt nicht durch Weltfrieden. Genauso wenig, wie sie durch Weltherrschaft steht und fällt. Sie steht und fällt mit der Sicht auf den, der die Wahrheit ist.

> *„Wer nicht mit mir ist, ist gegen mich. Und wer sich nicht mit mir versammelt, der zerstreut."*[235]

Wir sahen, dass der Geist des Antichristen immer wieder einen Schritt auf die Braut Christi zugeht, um sie anschließend zwei Schritte zurückzuziehen.

Doch wenn wir achtgeben, dann können wir auch sehen, dass der HERR alle diese Finten dadurch beantwortet, dass er uns seinerseits anbietet, stattdessen mit uns zwei Schritte voraus zu gehen.

Einer unserer beiden Schritte muss dann leider immer noch dem anhaltenden Zerfall der sündigen Schöpfung zum Opfer fallen. Doch im Endeffekt werden wir trotz dieser immer tiefer fallenden Welt unserem Schöpfer immer ähnlicher. Und ziehen dann segnend unser Umfeld mit uns mit.

Die Zeichen stehen derzeit wieder heftig auf Sturm. Alles in den News lässt vermuten, eine gottlose 'Neue Weltordnung' würde Realität. Doch der Traum vom Standbild, den Daniel seinerzeit ausgelegt hatte, spricht eine andere Sprache:

> *„Und da du Eisen mit geschlämmtem Ton gesehen hast, werden sie sich mit dem Same von Menschen verbinden. Aber sie werden nicht aneinander haften, sowie sich Eisen nicht mit Ton vermischen lässt."*[236]

---

235 (Matthäus 12,30 – KJD)
236 (Daniel 2,43 – KJD)

Die Weltordnung wird nicht aneinander haften. Eine 'one world' wird es letztlich nie geben, dafür wird auch weiterhin der Ewige persönlich sorgen. Zwischen aller Propaganda und Verfolgung lässt uns das gewaltig durchatmen.

Daniel 2 macht klar, dass Christus selbst ohne jegliches menschliche Zutun[237] vom himmlischen Jerusalem herabkommen und alle Weltreiche (mit allen ihren Vermächtnissen) in den Wind schießen wird.

Das Reich Gottes, an dem wir momentan bauen, ist das Reich der Gnade, das mit der Schöpfung des Adam in Existenz kam und anhand des Abrahamitischen Segens mit Christi Auferstehung für die Heiden greifbar wurde.[238] Das andere wird das Reich der Herrlichkeit sein.[239] Es wird kein Ende haben und von Christus selbst errichtet und regiert sein. Es wird nichts mit der alten Erde zu tun haben und völlig ohne Gold, Silber, Bronze, Eisen, Ton auskommen. Es wird ebenso ohne die ideellen Vermächtnisse der Weltreiche auskommen:

- ohne babylonischen Spiritismus und Kult;
- ohne persisches Finanzwesen und Globalisierung;
- ohne griechische Philosophie, Wettkampf und Geisteswissenschaft;

---

237 *„Ohne Hände"* (Daniel 2,45) - ein unmissverständlicher Hinweis auf die Abwesenheit jeglicher menschlicher Handlung. Hier findet etwas völlig übernatürliches statt, das nichts mit der gegenwärtigen Schöpfung zu tun hat, deren Gedeihen auf die Herrschaft des Menschen und auf seine Arbeit angewiesen ist.

238 *„Lasst uns daher mutig vor den Thron der Gnade kommen, damit wir Barmherzigkeit empfangen und Gnade finden in Zeiten der Not."*

Hebräer 4,16 – KJD.

239 *„Wenn der Menschensohn in seiner Herrlichkeit kommen wird und all die heiligen Engel mit ihm, dann wird er auf dem Thron der Herrlichkeit sitzen."*

Matthäus 25,31- KJD.

—   ohne römischen Militarismus, Diplomatie, Staatsmacht und
ohne Brot und Spiele.

*„... Der große Gott hat den König wissen lassen, was hernach
geschehen wird. Und der Traum ist sicher, und seine Auslegung
zuverlässig."*[240]

Seit weit über 2.000 Jahren war diese Prophetie eindeutig und es
wäre sehr unweise, ihren letzten Teil als unwahr zu verwerfen.

---

240 (Daniel 2,45b - KJD)

„Wahrheit bringt Konfrontation mit sich. Wahrheit erfordert Konfrontation; liebende Konfrontation, aber dennoch Konfrontation.“

(Francis August Schaeffer)

„Dem HERREN musst du trauen, wenn dir's soll wohlergehn; auf sein Werk musst du schauen, wenn dein Werk soll bestehn. Mit Sorgen und mit Grämen und mit selbsteigner Pein lässt Gott sich gar nichts nehmen, es muss erbeten sein.“

(Paul Gerhardt)

Teil 3

Anwenden.

„Nie haben die Massen nach Wahrheit gedürstet. Von den Tatsachen, die ihnen missfallen, wenden sie sich ab und ziehen es vor, den Irrtum zu vergöttern. Der, der sie zu täuschen versteht, wird leicht ihr Herr. Der, der sie aufzuklären versucht, stets ihr Opfer."

(Gustav Le Bon)

„Sowie die Sünde zunimmt, nimmt die Bürokratie zu."

(Steven Lee Anderson)

Von Gott eingesetzt?

Der HERR goss einst die Macht einzelner Menschen 'minimalstaatlich' in die Form eines Richteramts. Der Mensch selbst ließ sich das Königtum schmackhaft machen und daraus wurde im Lauf der Jahrtausende ein Kaisertum. Die somit immer weiter gesteigerte Machtkonzentration – verschleiert durch die fixe Idee der 'föderalen' Vasallen[241] – brachte dann die 'Demokratie' hervor. Sie ist (klassisch satanisch-orwellianisch) das Gegenteil dessen, was sie vorgibt zu sein. Die durch ihre Bürokratie unweigerlich ins Unermessliche steigende Machtkonzentration führt zwangsläufig zu Plutokratie. Der alten Schlange wird es somit ermöglicht, immer leichter durchzuregieren.

Der alte Gedanke, Monarchie wäre von Gott eingesetzt, ist weder falsch noch richtig. Auch wenn Gott selbst nur im übertragenen Sinne einsetzt. Er respektiert den Wunsch des Menschen und agiert entsprechend – in seiner Weisheit. Deshalb spricht er selbst davon, dass er Könige ein- und absetzt. In die Vollmachtsbeschreibung in Daniel 2,21 etwas anderes hineinzuinterpretieren, ist klassischer Kontextmissbrauch.

Monarchie an sich erschwert die Machtübernahme verantwortungsloser Interessensgruppen, denn Monarchen sind grundsätzlich[242] besser zur Verantwortung zu ziehen als irgendwelche

---

241 Die Grundmotivation des sogenannten Föderalismus hat bspw. der Publizist Martin Erdmann in seinen Werken vorzüglich herausgearbeitet.

242 Das gilt auch, wenn sie bspw. Kinderblut trinken (Stichwort 'Kidnapping') oder ihre Familie den Interessen Dritter opfern. Die nicht von der Hand zu weisende Tatsache, dass der Feudaladel wie alle Machtelite bis ins Unermessliche korrumpiert ist, hat mit dessen schöpfungsgemäßer Prädestination für Verantwortung nichts zu tun. Aller

Psychopathen aus dem Volk. Ob sie sich dessen bewusst sind oder nicht, spielt dafür letztlich keine Rolle – auch wenn man getrost davon ausgehen kann, dass sie es sind.

Die Grundlagen für eine Monarchie – nicht die Monarchie selbst – spiegeln Gottes Idee der Schöpfung wieder. Demokratische Strukturen demgegenüber institutionalisieren und verewigen Machtstrukturen, die mit dieser Idee Gottes nichts zu tun haben, ja – die sie inbrünstig bekämpfen.

Die Ironie dabei ist, dass der Anspruch der institutionalisierten Ewigkeit gerade der Monarchie angelastet wird. Gerade der Herrschaft verschiedener Dynastien, die höchst selten ungebrochen andauern.[243]

Anfechtung zum Trotz gab es zu allen Zeiten gottesfürchtige Regenten. King James und Friedrich der Große sind dafür nicht die einzigen Beispiele.

243 Die Herrschaft einiger Adelshäuser dauert durchaus ungebrochen an, jedoch schaffen sie das gerade durch die Fassade der Demokratie. Gemeint sind die satanischen Blutlinien.

Chaos aus der Ordnung.

Gottes Schöpfung und des Menschen Beitrag.

Das Vertrauen, das seine Schöpfung dem HERRN entgegenbringen kann, gründet auf dessen ureigenem Wesen. Der HERR ist durch und durch Beziehung und dementsprechend hat er seine gesamte Schöpfung auf Gemeinschaft ausgelegt. Der Mensch, die Krone dieser Schöpfung ('siehe, es war sehr gut')[244] ermächtigte er, mittels Verstand und Charakter Entscheidungen zu treffen. Diese Entscheidungen fördern oder behindern jeweils die biblisch manifestierte, schöpfungsgemäße Gemeinschaft und wirken sich dementsprechend auf die Interaktionen des Menschen mit seiner Umwelt aus.

Ganz besonders seit jenen 'aufgeklärten' Tagen, die wir in unserer Chronik zuletzt sahen, sind die Grundlagen gedeihlicher menschlicher Gemeinschaft mächtig unter Beschuss. Dieser Beschuss führte bald schon so weit, dass es uns immer schwerer fiel, die biblische Wahrheit mit den uns offensichtlichen Gegebenheiten in Korrelation zu bringen. Das betrifft politische Regierungssysteme ebenso wie die individualistische Selbstverwirklichung, Emanzipation und Sexualität, staatliche Erziehung und Schulwesen, Industrialisierung, Ökonomie und Versorgung.
Der Widersacher, die alte Schlange, der Geist des Antichristen arbeitet Tag und Nacht eisern daran, die Gemeinschaft im Sinne der Schöpfung – der Schöpfungsordnung – zu schwächen.

Wo die 'neue Ordnung' (oder das sie vorbereitende Chaos) gegenüber der Schöpfungsordnung Boden gut macht, werden damit alle

---

244 vgl. Genesis 1,31.

künftigen Generationen ein weiteres Stück weit geschädigt. Damit ist nicht ausgesagt, dass 'früher alles besser war'! Doch tendenziell trifft dieses geflügelte Wort durchaus zu. Es zeigt hautnah und intensiv, wie die Welt kontinuierlich weiter fällt und dem Abgrund entgegen rauscht.

Und dennoch können wir alle ganz persönlich diesem Fall entgegenwirken.
Nicht durch Aktionismus, nicht durch eigene Größe und eigene Stärke.
Der HERR möchte jeden einzelnen von uns in der unserem Fall geschuldeten Schwachheit gebrauchen, um seine Vollmacht zugunsten seiner Ordnung und unserem Gedeihen einsetzen zu können. Kann er das durch scheinbar demokratische Institutionen, die auf dem evolutionären Recht des Stärkeren basieren, besser als durch ein gottesfürchtiges Herrschaftshaus?

Dem sich 'Voltaire' nennenden François-Marie Arouet wird folgender berühmte Ausspruch zugesprochen:
>*„Ich mag verdammen, was du sagst. Aber ich werde mein Leben dafür einsetzen, damit du es sagen darfst."*

Das klingt in unseren Ohren absolut tolerant, und das ist es auch.
Doch nur, wer den Menschen zum Maß aller Dinge erhebt, ist sich nicht über die Konsequenzen dieser Aussage bewusst. Wer den Sündenstand des Menschen als immanent erkennt, der sieht hier die Notwendigkeit biblischer (d.h. gottesfürchtiger) Hierarchien.
Es klingt vielleicht widersinnig, doch Meinungsfreiheit führt zu nichts Gutem, wenn keine gottesfürchtige Hierarchie darüber wacht. Meinungssanktion ist nur verdammungswürdig, wenn sie – wie heute üblich – dämonischen Regeln dient und Gottesfurcht sanktioniert.

Vom Schaffen und vom Machen.

Was in den ersten beiden Kapiteln der Bibel – Genesis 1 und 2 – beschrieben wird, fand vor dem Sündenfall statt. Das zeigt uns, dass wir aus diesen beiden Kapiteln Gottes ursprüngliche Absicht für die Schöpfung des ganzen Erdballs und der Menschheit herauslesen können. Wir erfahren, was der HERR dem Menschen zugedacht hatte und wir erfahren, dass er von uns möchte, dass wir die Herrschaft über die Erde ausüben. Außerdem sehen wir, dass 'Erschaffung' und 'Herstellung' des Menschen einen zweigeteilten Prozess ausmachte.

In den drei Versen 26-28 des ersten Genesis-Kapitels lesen wir dreierlei elementare Akte heraus:

1/ Die Erschaffung des Menschen als ein Geistwesen in Gottes Ebenbild.[245]

2/ Die Herstellung des Menschen als Krone der Schöpfung in deren Materie.[246]

3/ Den Herrschaftsauftrag Gottes an den Menschen.[247]

'Schöpfen' impliziert das Hervorbringen von etwas, das zuvor nicht existierte. 'Machen' impliziert die Transformation von Materie, die Umordnung von etwas, das zuvor bereits existierte.

---

245 vgl. Genesis 1,27.

246 vgl. Genesis 1,26. Die Tatsache, dass hier die Herstellung vor der Erschaffung genannt wird, sagt nichts über die chronologische Abfolge aus. Vers 26 nimmt lediglich Bezug auf die soeben geschaffene Schöpfung, deren Krönung nach dessen Schöpfung der Mensch sein soll.

247 vgl. Genesis 1,28.

Der HERR schafft hier die Basis von etwas, das eine Antwort des Menschen erfordert. Er soll es nicht vollenden, nicht erfüllen, nicht sich selbst zum Gott erklären. Kein Mensch – kein adliger, kein gewählter, kein mächtiger – kann die Ordnung seines Schöpfers verbessern, indem er sie einfach 'chaotisch' nennt. Chaos beschreibt eine unvollendete Schöpfung. Dieses Chaos wurde durch den Schöpfungsakt bereits in Ordnung gebracht, bevor der Mensch ins Spiel gebracht wurde.

Nein, der Mensch soll vielmehr geschaffene, bereits geordnete Elemente bewahren. Er soll sie nicht ordnen, sondern durch Umordnung, durch Transformation und Erzeugung gebrauchen und beherrschen. Dieser Prozess ist ein Teil der Schöpfung, wenngleich er diese nicht vervollkommnet.

Gott misst der Arbeit eine hohe Bedeutung zu. Zuallererst stellte er sich selbst als einen Arbeiter vor. Nicht als einen geistlichen Guru, sondern als einen kreativen Arbeiter. Und mit der Betreuung seiner Leistung betraute er uns. Auch die jakobinisch-englische Sprachfülle ist nicht perfekt, und somit erkennen wir leider nur im hebräischen Grundtext,[248] wie Gott diese Arbeit mit Anbetung in Verbindung setzt. Beispielsweise im ersten Gebot[249] lesen wir, dass für Anbetung und Arbeit dasselbe hebräische Wort gebraucht wird.

---

248 Einer der sehr seltenen Fälle, in denen uns die Kenntnis der hebräischen Sprache tiefere Einblicke in Gottes Wort gewährt. Durch diese (durchaus nicht unwichtigen) Details wird jedoch auch deutlich, dass wir auf den Heiligen Geist angewiesen sind, um unser Leben in Fülle auf die Ordnung Gottes auszurichten. Davon spricht Paulus, wenn er von einem 'tötenden Buchstaben' (vgl. 2. Korinther 3,6) spricht. Doch wozu führt uns das bloße Vertrauen in die ursprachlichen Kenntnisse von Schriftgelehrten? Ohne einen Verweis auf die hebräischen Grundtexte bliebe uns bspw. auch verborgen, dass 'Silber' und 'Geld' dieselbe Bezeichnung verwenden. Wer sich ungefärbt mit Ökonomie beschäftigt, wird sich der schöpfungsordnerischen Bedeutung dahinter bewusst.

249 „Du sollst dich nicht vor ihnen verbeugen oder ihnen dienen [עבד] ...“

Arbeit, wie sie ursprünglich von Gott gedacht war, ist eine Form der Anbetung. Harte Arbeit als eine Last trat erst auf, nachdem Adam aufgrund der Verführung Satans fiel.

Wo keine menschliche Arbeit involviert ist, entwickelt sich nichts – alles stagniert oder wächst chaotisch. Der Mensch übernimmt die Herrschaft über die Erde dadurch, dass er die Arbeit (seinen Beitrag) der Materie (dem Beitrag Gottes) hinzufügt.

Alles, was einen Wert besitzen soll, muss diese beiden Komponenten beinhalten.

Hier zeigt sich wieder die Korruption der Schöpfung, die sich im Zuge der Gegenreformation ins Unermessliche steigern konnte. Die durch Industrialisierung vollzogene Mechanisierung begann damit, die Arbeit nach und nach zu entwerten. Sie wurde immer stupider, während angeblich ihre Früchte immer ausgefeilter wurden. Zivilisationskrankheiten stellten sich ein, die wiederum durch die Errungenschaften von Nahrungs-, Genuss- und Pharmaindustrie 'kompensiert' (d.h. potenziert) wurden.

An irgendeinem Zeitpunkt führte und führt jede einzelne dieser Entwicklungen zu einem individuellen Verlangen nach Rückbesinnung – dem jedoch fast immer die Grundlage (vgl. 'die Homiletik des Vertrauens') entzogen bleibt. Diese Sehnsucht nach Rückbesinnung, die an unsere Gottebenbildlichkeit appelliert und uns bis in unser Dahinscheiden verfolgt, ermöglicht es dem Verwirrer, seine Täuschungsspirale weiterzudrehen.

Das tut er auch in Bezug auf die Herrschaft.

(Exodus 20,5 - KJD)

Schöpfungsordnerisch ist die Herrschaft untrennbar mit dem Herrschaftsauftrag an den Menschen verbunden und wie wir gelernt haben damit auch Teil der Anbetung. Demjenigen, dem wir Anbetung zuteilwerden lassen möchten (irgendetwas ist immer Adressat unserer Anbetung, auch wenn dazu keine Hände gefaltet oder emporgehoben werden!), muss demzufolge auch unser Verständnis von Herrschaft dienen. Wer sich selbst anbetet, der muss also auch darauf achtgeben, welchem Ideal er seine Stimme schenkt.

Wer Gott vertraut und also ihn anbetet, der findet in der Schrift die Grundlagen schöpfungs- und christusgemäßer Herrschaft.

Wir sehen:

Unsere Herrscher auf Erden sind in dem Sinne von Gott in ihre Position eingesetzt, indem wir alle dazu aufgerufen sind, durch unsere Arbeit Werte zu schaffen und dem HERRN die Ehre zu geben.

Gott selbst setzt weder irgendjemanden auf einen Thron noch in ein Parlament, geschweige denn in eine NGO oder in irgendeinen Elitenclub. Worum es ihm geht, war zu allen Zeiten dasselbe: Gottes Gegenwart und damit Segen für die Welt bedingt immer die jeweils größtmögliche Umsetzung der Schöpfungsordnung. Und damit zumeist das Gegenteil von Herrschaft, wie wir sie heute definieren.

Ganz sicher das Gegenteil der 'Neuen Weltordnung', des 'globalen ökonomischen Neustarts', der 'Neuen Normalität', des 'neuen Multilateralismus', der 'Multipolarität', der 'Globalisierung 4.0' - whatever you may call it.

Schon allein deshalb lässt sie der HERR nicht gewähren.
Nicht, solange Saat und Ernte, Sommer und Winter, Abend und Morgen ihr Ende nicht finden.

Chaos aus der Ordnung.

„Der Teufel würde nichts mehr lieben, als uns das zweischneidige Schwert der King-James-Bibel aus der Hand zu nehmen und es mit einem Buttermesser namens Einheitsübersetzung, einem Buttermesser namens Hoffnung für Alle, einem Buttermesser namens Luther, einem Buttermesser namens Schlachter, einem Buttermesser namens Elberfelder zu tauschen.
Er will nicht, dass wir bewaffnet sind. Er will nicht, dass wir dazu fähig sind, gegen die Herrscher der Dunkelheit der Welt in die Schlacht zu ziehen."
(Steven Lee Anderson, auf die deutsche Situation angepasst)

„Guy [Fawkes] wollte nicht nur Menschen töten. Was er tun wollte, war das gesamte Gesellschaftsgefüge zu verändern und eine neue Weltordnung zu schaffen."
(Haras Rafiq, GF und Terrorismusexperte der Quilliam Foundation)

Was wir an der King James Version haben.

Sie brachte Puritaner wie Anglikaner an einen Tisch und sie war der Auslöser für das wohl bis heute schwerwiegendste - wenn auch missglückte - Anschlagskomplott auf eine souveräne Staatsmacht. Sie prägte und begleitete hunderte Siedler in Kolonien weltweit darin, ein freiheitliches und gedeihliches Gemeinwesen aufzubauen, das bis heute seinesgleichen sucht. Sie war und ist Handgepäck und primäres Arbeitsmaterial von Myriaden von Missionaren.[250] Sie prägte die englische Sprache und die Welt wie nichts anderes.

Die Welt hasst die King James Version, und ihr tut es die moderne Gemeinde gleich. Die KJV wäre 'archaisch', 'rückständig', ein 'Angstmacher' und 'Höllenprügel'.[251] Doch die KJV ist alles andere als archaisch; sie ist topaktuell. Sie nimmt kein Blatt vor den Mund und ihre Sprachmelodie ist legendär.

Die King James Version ist die einzige Bibelübersetzung, an der bis heute unzählige geistlich kerngesunde und wachsende Gemeinden weltweit eisern festhalten. Diese Exklusivität wirkt auf Außenstehende fast schon sektiererisch. Denn so etwas ist im Mainstream der

---

250 Die KJV wurde zwangsläufig auch zur Zwangskolonialisierung und -christianisierung verwandt. Doch kommt das Wort Gottes nie leer zurück, weshalb die daran nicht interessierten Kräfte immer auch dafür sorgten, dass Alternativen zum bewahrten Wort verfügbar sind.

251 Das Wort 'Hölle' wurde übrigens völlig aus den meisten modernen Bibeln gestrichen. Alleine bereits das hinterließ nichts als Verwirrung.

institutionell miteinander verwobenen und unselbständigen Gemeinden des 21. Jahrhunderts gänzlich unbekannt.

Dabei ist alles, was dieser 'King-James-Only-Bewegung' per se sektiererischen Charakter verleiht, nichts anderes als das, wofür jahrhundertelang 'Ketzer' verfolgt wurden.

Mehr noch als die Frage, was denn die KJV ausmacht, ist heute von Belang, was sie gerade nicht ausmacht. Wogegen sie sich kategorisch stemmt. Wodurch sie ihre Anhänger zu Exoten werden lässt und ihre Gegner brüskiert. Denn was sie prädestiniert, sollte für eine Bibel selbstverständlich sein.

Die KJV ist der Fels in der Brandung des Verwirrungs- und Relativierungs-Sturms. Sie addierte dem Wort Gottes nichts hinzu und strich auch nichts weg. Sie lässt sich nicht widerlegen und orientiert sich auch nicht am 'Puls der Zeit'.

Martin Luther wird nachgesagt, er hätte *„den Menschen aufs Maul geschaut"*, was ihn dazu bewogen hätte, möglichst verständlich und aktuell zu schreiben. Seine 'Letzte Hand' von 1545 ist heute nur noch sehr schwer verständlich, was von der nur 66 Jahre jüngeren KJV nicht gesagt werden kann. Somit hat sich Luthers *„aufs Maul schauen"* gehörig ins Gegenteil verkehrt.

In der vorliegenden Gesamtbetrachtung ist leider nicht Raum genug, eine erschöpfende Darstellung der KJV abzugeben. Ich möchte hier nur einige der wesentlichsten Punkte skizzieren. Einige der Punkte, die mich dazu bewogen haben, die Gesamtausgabe einer 'King James

Deutsch' ins Auge zu fassen. Leider bin ich ein viel zu treuloser Diener, als dass ich seither konsequent daran hätte arbeiten können.[252]

Logische Beweise für die Einzigartigkeit der King James Version lassen sich Abertausende finden. Wir werden uns eine ausreichend eindrückliche (wenn auch marginale) Auswahl daraus anschauen. Doch zunächst möchte ich kurz auf die Hintergründe einer 'Authorized Version' eingehen.

---

252 Zudem kam just im Zuge der Übersetzungsarbeit erst der Bewusstseinsschritt zustande, der die dringliche Basis für *'Chaos aus der Ordnung'* lieferte.

Bewahrungsgeschichte – macht das überhaupt Sinn?

Die Bewahrung des biblischen Kanons war seit apostolischen Zeiten über die sogenannte 'Antiochia-Tradition' gewährleistet, die bereits zu apostolischer Zeit durch die 'Alexandria-Tradition' zweifelhafte Gesellschaft bekam. Seither schlängelt sich der Zopf aus Bewahrung und Korruption wie die alte Schlange selbst durch die Zeitgeschichte. Septuaginta, Vulgata und Nestle-Aland auf der einen Seite; akkurate syrische und griechische Abschriften, Masoretentext, Itala und Textus Receptus auf der anderen Seite.

Das byzantinische Ostrom prosperierte lange Zeit. Nicht zuletzt aufgrund jenes ganz speziellen Erbes, das in Syrien und Kleinasien weitergetragen wurde. Nachdem Konstantinopel gefallen war und das Stammland der Heidenmission in islamische Hände überging, war es auch um die Weltsprache Griechisch geschehen. Binnen weniger Generationen würde wohl fernab der Ägäis kaum noch jemand diese Sprache sprechen. Es würde nicht viel mehr davon übrig bleiben als vom Hebräischen, das längst schon mit der Vernichtung Judas in die Marginalität verbannt war.[253]
Ist damit die Antiochia-Tradition am Ende?

Die Sprache der Korruption indes lebt durch die katholische wie auch die wissenschaftliche Kirche munter weiter. Dabei war **sie** es, in der nie der Odem des Lebens war. Sie war immer tot und wurde von keinem Völkchen gesprochen, und wäre es auch noch so klein.

---

253 Das heute im Staat Israel gesprochene Hebräisch ist eine zionistische Neukreation auf Basis biblischer Schriftzeichen.

Ich bin dennoch der Überzeugung: der Feind hat sich wieder einmal zu früh gefreut. Wie wunderbar, dass der HERR uns kleine Versager gebrauchen **möchte**, aber nicht gebrauchen **muss**!
Wenn wir hergehen und uns von der sogenannten Wissenschaft erzählen lassen, welchen Grundtexten wir vertrauen dürfen und welchen nicht, dann beginnen wir unweigerlich damit, den Menschen über Gott zu stellen. Daran ändert auch keine vollmundige Betonung der 'Bibeltreue' etwas – keine 'Chicago-Erklärung', kein Doktortitel, kein Gebet vor der Wissenschaftsvorlesung!

Der Untergang des Byzantinischen Weltreichs beförderte in Europa die Renaissance, da Unmengen an griechischem Kulturgut vor den Eroberern in Sicherheit gebracht wurden (vulgo: bewahrt wurden). Da lieferte der Katholik Erasmus zur richtigen Zeit die Vorlage für grundlegende textliche Arbeit, um das Wort Gottes erneut - sicher und makellos - in die Weltsprache der Zeit übersetzen zu können. Wie jeder andere Text auch würde daraus wiederum problemlos in jede andere Sprache übertragen werden können.

Der latente Widerstand gegen den päpstlichen Absolutismus fand immer mehr Anhänger, auch in der Kirche selbst. Später sollte – ob im Nachgang oder von Beginn an – im römisch-deutschen Reich ein Maskottchen eingesetzt werden, um die Sprengkraft der Zeit in kontrollierte Bahnen zu lenken.
Doch die Vorsehung des HERRN ließ daneben ein Königreich anwachsen, in dem schließlich die Sonne niemals untergehen würde. Dessen Dimensionen die des Römischen Reiches in seiner größten Ausdehnung bei Weitem überragen sollten.[254] Ein souveränes

---

254 Dem Heiligen Römischen Reich Deutscher Nation (HRR) wird zwar unter Karl V. dieselbe Eigenschaft zugesprochen, doch kam dies lediglich durch dessen Herrschaft

Königreich; keinen weiteren Wirt des Vatikan-Parasiten! Es würde einen speziellen Weg dafür finden, sich der Autorität des Papstes eine Weile lang zu entziehen und es würde die notwendigen Ressourcen dafür aufbringen, das bewahrte Wort Gottes mit Leichtigkeit in die moderne Welt zu tragen.

Dieses Wort würde wie eh und je bitterlich bekämpft werden, mit immer perfideren Tricks. Doch die Pforten der vatikanischen Hölle würden es nicht besiegen. Es würde sich über die Jahrhunderte nie verändern und dabei würde es die Bedeutung der ihm zugrunde liegenden Sprache mehr und mehr festigen. Auch nach 400 Jahren würde es blühen wie eh und je.

Bis heute ist die King James Version von 1611[255] das in erheblichem Maße meistgelesene Buch der Welt. Das Prädikat 'meistgekauft' musste sie unlängst an die Händler Babylons und deren korrumpierte Bibelausgaben abgeben. Doch Bücher im Regal sind nur Geldanlage.

King James' Übersetzungskomitee nahm sich sechs Jahre lang 24/7 Zeit dafür, den biblischen Text auf eine Art und Weise zu 'sezieren', wie es bis dahin mit Sicherheit auch nicht ansatzweise geschehen war. Selbst in der Neuzeit, in der die sogenannte Wissenschaft das Heft in der Hand hält und ihre alexandrinischen Kriterien anwendet, wurde nur ein Mal versucht, an der Oberfläche der jakobinischen Methodik zu kratzen. Das Projekt der 'Neuen Genfer Übersetzung - NGÜ'[256] ist

---

über Spanien zustande. Spanien war jedoch nie eins mit dem HRR und Spanien selbst war nie stark genug, um eine Vormachtstellung in der Welt zu erlangen, was nicht zuletzt auch durch den Verlust der Armada deutlich wurde. Im Falle der britischen Regentschaft war das anders.

255 Hüten sie sich vor billigen Imitaten wie der 'New King James'! Im Jahre 1769 wurde letztmalig das Schriftbild korrigiert, ohne inhaltliche Änderungen zu vollziehen. Alle späteren Textquellen sind möglichst zu meiden.

256 siehe www.ngue.info

auch nach bald 40 Jahren noch nicht vollendet. Die Genfer Bibelgesellschaft und ihr Projekt sind dreierlei: ein Wirtschaftsunternehmen, ein billiger Sidekick auf die Vorgeschichte der KJV und zudem spielt auch die Stadt Genf selbst eine nicht zu verachtende Rolle im satanischen Spiel der Weltordnung. Was das am Ende wohl mit Johannes Calvin zu tun hat?

Die KJV1611 zeichnet sich durch eine weltweite Verständlichkeit, Textschönheit und Memorabilität aus, die sehr wahrscheinlich nie wieder erreicht werden wird – es sei denn, die englische Sprache würde irgendwann in ihrer Bedeutung eingeholt. Chinesisches Weltmachtstreben, arabische wie indische Fertilität und afrikanische Völkerwanderung scheinen immer wieder in eine entsprechende Richtung zu schimmern. Doch unter dem Strich bleiben die Hürden zur Weltsprache bis dato astronomisch.
Und dennoch: der damals die KJV autorisierte, würde auch dann seine Wege finden.

Genug der Theorie. Die Qualitäten der KJV sind schließlich aus genannten Gründen nicht nur kosmetischer Natur. Inhaltliche Präzisionen und Verdeutlichungen finden sich wider erwarten reichlich im Text der KJV. Vor allem jedoch finden sich auch extreme Differenzen reichlich.
Differenzen oft gerade zu Bibelausgaben, die sich selbst in der Antiochia-Tradition sehen.

Worauf stoßen wir also im direkten Vergleich?

Was sagt der Textbefund aus?

Um uns hier möglichst kurz zu fassen, beschränken wir uns auf fünf wahllos herausgegriffene Verse der ersten Kapitel des Buches Genesis, von der Schöpfung bis zur Flut.

Mit fortschreitender Bibelgeschichte nehmen zwar die elementaren Grundaussagen – und somit die relative Tragweite der Textkorruption – kontinuierlich ab. Dennoch bleiben Intensität und oftmals Dreistigkeit der inhaltlichen Ungenauigkeiten erhalten und schädigen das Verständnis der jeweiligen Stellen weiterhin erheblich.

Um unsere Textbeispiele in einen allgemein verständlichen Rahmen zu setzen, wählten wir für einen praxisgerechten Vergleich die 'Letzte Hand Luthers' von 1545 (LUT), die 'deutsche Darby' - die Elberfelder von 1871 (ELB), die Einheitsübersetzung (EU) und die wohl beliebteste Antiochia-Ausgabe Deutschlands (Schlachter 2000; SLT). Eine gewisse Sonderrolle nimmt die Neues-Leben-Bibel (NLB) ein. Sie ist oft an jenen Stellen textsicher, wo andere versagen – um dafür an anderen Stellen umso deutlicher daneben zu liegen.
Diesen fünf Protagonisten werden die KJV von 1611 sowie unser Entwurf einer KJD gegenübergestellt, bevor die wesentlichen Unterschiede kommentiert werden.

8.2.1   Fünf vorsintflutliche Textbeispiele.

Beispiel 1:   **Genesis 2,3.**
Ist schaffen und machen dasselbe?

230

LUT und segnete den siebenten Tag und heiligte ihn, darum daß er an demselben geruht hatte von **allen seinen Werken, die GOtt schuf und machte.**

ELB Und Gott segnete den siebenten Tag und heiligte ihn, denn an demselben ruhte er von **all seinem Werke, das Gott geschaffen hatte, es zu machen.**

EU Und Gott segnete den siebten Tag und heiligte ihn; denn an ihm ruhte Gott, nachdem er **das ganze Werk erschaffen hatte.**

SLT Und Gott segnete den siebten Tag und heiligte ihn, denn an ihm ruhte er von **seinem ganzen Werk, das Gott schuf, als er es machte.**

NLB Und Gott segnete den siebten Tag und erklärte ihn für heilig, weil es der Tag war, an dem er sich **von seiner Schöpfungsarbeit** ausruhte.

KJV And God blessed the seventh day, and sanctified it: because that in it he had rested from **all his work which God created and made.**

KJD Und Gott segnete den siebten Tag und heiligte ihn. Deshalb, weil er in ihm von **all seiner Arbeit** geruht hatte, **die Gott schuf und machte.**

Schöpfung (בָּרָא) ist, etwas in Existenz zu bringen, was zuvor in keinster Weise da war. Herstellung (לַעֲשׂוֹת:) ist, etwas zu verarbeiten, das bereits da ist. Zwei elementar unterschiedliche Dinge, von denen wir an anderer Stelle bereits gehört haben.

Sie sind an dieser Stelle unabdingbar beide zu erwähnen, denn Gott hatte mit dem Sabbat nicht nur den Schöpfungsakt erfüllt. Nicht umsonst stellt Christus selbst unsere Sabbatruhe dar! Am Kreuz von Golgatha ist Gottes Wirken vollbracht und der Sabbat verkörpert die dadurch für alle Generationen ermöglichte Gnadengerechtigkeit aus Glauben ohne Werke.[257] Sonst nichts, weshalb die Jünger nie den Sabbat gebrochen hatten.

Luther übersetzte hier goldrichtig, aber die Elberfelder hält gar der Werkgerechtigkeit eine Hintertür offen. Einheitsübersetzung und Neues Leben ignorieren den unpopuläreren Herstellungsakt völlig und ausgerechnet die Schlachter verdreht den Sinn völlig.

---

257 *„Lasst uns daher, da uns der Eintritt in seine Ruhe versprochen ist, Sorge dafür tragen, dass es nicht so scheint, als würde jemand von euch dabei zu kurz kommen. Denn uns wurde genauso wie ihnen das Evangelium gepredigt; doch das gepredigte Wort nutzte ihnen nichts, solange es in jenen, die es hörten, nicht mit Glauben versetzt ist. Denn wir, die wir geglaubt haben, gehen in die Ruhe ein, wie er gesagt hatte: „Wie ich in meinem Zorn geschworen hatte, werden sie dann in meine Ruhe eingehen." Obschon die Werke bereits von Grundlegung der Welt an vollendet waren. Denn er sprach an einer bestimmten Stelle auf diese Weise vom siebten Tag: „Und Gott ruhte am siebten Tag von all seinen Werken." So an dieser Stelle erneut: „Sofern sie in meine Ruhe eingehen werden."*

(Hebräer 4,1-5 – KJD)

Hier haben wir ein klassisches Beispiel der allgemeinen Textkorruption, die nichts mit der Grundtextfrage zu tun hat und wo die KJV frappierend ihre Exklusivität unter Beweis stellt. In modernen wie auch TR-übersetzten Ausgaben werden hier Psalmverweise angebracht, die absolut nicht passen. Es wird zwar Schrift zitiert (die Genesisstelle), doch die beiden anderen Aussagen Gottes sind durch den Heiligen Geist frei wiedergegeben. Der Schreiber geht leider nur kurz auf die Sabbatruhe ein; er geht offenbar von einer Kombinationsgabe seiner Leser aus, von der wir heute nahezu nur noch träumen können.

Beispiel 2: **Genesis 2,4.**

unbestimmte Zeit oder konkreter Tag?

LUT   Also ist Himmel und Erde worden, da sie geschaffen sind, **zu der Zeit**, da GOtt der HErr Erde und Himmel machte

ELB   Dies sind die Geschichten des Himmels und der Erde, da sie geschaffen wurden, **an dem Tage**, als Jehova Gott Erde und Himmel machte,

EU   Das ist die Geschichte der Entstehung von Himmel und Erde, als sie erschaffen wurden. **Zur Zeit**, als Gott, der HERR, Erde und Himmel machte,

SLT   Dies ist die Geschichte des Himmels und der Erde, als sie geschaffen wurden, **zu der Zeit**, als Gott der HERR Erde und Himmel machte.

NLB   Dies ist der Bericht von der Schöpfung des Himmels und der Erde. **Als** Gott, der Herr, den Himmel und die Erde erschaffen hatte,

KJV   These are the generations of the heavens and of the earth when they were created, **in the day** that the LORD God made the earth and the heavens,

KJD   Dies sind die Entstehungen der Himmel und der Erde als sie erschaffen wurden – **an dem Tag**, als Gott, der HERR, die Erde und die Himmel machte.

Deutlicher kann eigentlich kaum ausgedrückt werden, dass es sich (jeweils; plural) um ein und denselben Tag handelte, an dem der HERR die Elemente der Schöpfung in Existenz gerufen und dann modelliert hatte. In der Bibelwissenschaft ist gerne die Rede von zwei unterschiedlichen Schöpfungsgeschichten und man argumentiert, in Kapitel 2 würde das Kapitel 1 gerafft wiederholt. Das ist m.E. falsch. Kapitel 1 legt den Schwerpunkt auf die Schöpfung und direkt im Anschluss geht Genesis 2,4-7 auf die Notwendigkeit einer Herrschaft über diese Schöpfung durch den Menschen ein. Es ist die Überleitung auf den Garten Eden, der des Menschen 'Arbeitsplatz' sein würde.

Hier ist es die Elberfelder, die als einzige Herausforderin akkurat übersetzt. Ansonsten begegnet uns ein Eldorado für Evolutions- und Aktualismus-Fanatiker. Außer Luther und Einheitsübersetzung gehen zudem alle (auch die Elberfelder) über den Plural der Himmel hinweg.

Beispiel 3:   **Genesis 4,5.**
Schämte er sich, schmollte er oder verlor er die Fassung?

LUT   aber Kain und sein Opfer sah er nicht gnädiglich an. Da ergrimmete Kain sehr, und **seine Gebärde verstellte sich.**

ELB   aber auf Kain und auf sein Opfer blickte er nicht. Und Kain ergrimmte sehr und **sein Antlitz senkte sich.**

EU   aber auf Kain und seine Gabe schaute er nicht. Da **überlief es Kain ganz heiß und sein Blick senkte sich.**

234

SLT   aber Kain und sein Opfer sah er nicht an. Da wurde Kain sehr wütend, und **sein Angesicht senkte sich**.

NLB   Kain und sein Opfer jedoch wies er zurück. Da wurde Kain sehr zornig und **er blickte grimmig zu Boden**.

KJV   But unto Cain and to his offering he had not respect. And Cain was very wroth, and **his countenance fell**.

KJD   Aber gegenüber Kain und seinem Opfer hatte er keinen Respekt. Da war Kain sehr verärgert und er **verlor seine Fassung**.

Eine weniger dramatische Stelle haben wir hier. Nichtsdestotrotz gibt es keinen Grund für die teils doch sehr erheiternden Formulierungen aller unserer Vergleichsausgaben.

Kain zeigte nicht etwa Scham für seine mangelnde Anbetung und er gab auch nicht klein bei. Ganz im Gegenteil: er verlor seine Fassung! Er konnte nicht nachvollziehen, dass sein Opfer keine Wirkung haben KONNTE – weil er nicht verstanden hatte, dass es dabei nicht darum ging, das Naheliegende zu tun. Der HERR hatte ein Tier geopfert, damit Kains Eltern ihre Scham bedecken können. Damit hatte er selbst das Opfer eingeführt, das er künftig benötigte, um Sünde zu bedecken. Es hatte nichts mit der Lebenswelt des Opfernden zu tun. Es musste Blut fließen.

Bis heute wird die eigene Unzulänglichkeit und das eigene Vergehen erbost zurückgewiesen und trotzig eine Ungerechtigkeit Gottes konstruiert. Auch wir schämen uns nicht dafür, wenn wir Gott aus unserem irdischen Gerechtigkeitsempfinden heraus Vorwürfe machen.

Beispiel 4:   **Genesis 4,11.**

Wer verflucht hier?

Wird Kain aktiv verbannt oder von den Auswirkungen seiner Sünde dazu genötigt, das Land zu verlassen?

LUT   Und nun **verflucht seiest du auf der Erde**, die ihr Maul hat aufgetan und deines Bruders Blut von deinen Händen empfangen.

ELB   Und nun **verflucht seiest du vom Erdboden**, der seinen Mund aufgethan, zu empfangen das Blut deines Bruders von deiner Hand.

EU   So **bist** du jetzt **verflucht, verbannt vom Erdboden**, der seinen Mund aufgesperrt hat, um aus deiner Hand das Blut deines Bruders aufzunehmen.

SLT   Und nun **sollst du verflucht sein von dem Erdboden hinweg**, der seinen Mund aufgetan hat, um das Blut deines Bruders von deiner Hand zu empfangen!

NLB   Deshalb **sollst du verflucht sein** und **musst den Acker verlassen**, den du mit dem Blut deines Bruders befleckt hast.

KJV   And now **art thou cursed from the earth**, which hath opened her mouth to receive thy brother' blood from thy hand;

KJD Und jetzt **bist du von der Erde verflucht**, die ihren Mund geöffnet hat um deines Bruders' Blut von deiner Hand aufzunehmen.

Durch den Mord ist die Erde genötigt, das Blut Abels aufzunehmen. Deshalb verflucht **sie** seinen Mörder. Interessanterweise ist es alleine die Einheitsübersetzung, die diesen Fluch nicht deutlich dem HERRN selbst unterjubeln möchte! Doch auch sie relativiert ihre Erkenntnis mit einer auslegbaren Formulierung.

Von Gott selbst geht niemals ein Fluch aus! Die Umstände sind es, die Segen abziehen. Vergessen Sie die dämonischen Märchen von fluchenden Hexen und verwunschenen Geisterschlössern! Ein Fluch (die Abwesenheit von Segen) liegt immer in sündigem Verhalten (aktiv und passiv) begründet, einerlei ob von dem 'Verfluchten' persönlich oder von anderen.
Dieser für den Ratschluss Gottes elementare Umstand muss hier deutlich werden.

Beispiel 5: **Genesis 6,4.**
Handelt es sich hier um körperlich oder ideell große Männer? Um 'Tyrannen', bestimmte oder unbestimmte 'Riesen' oder einfach nur um 'Giganten'? Wer sind die Söhne Gottes, wer die Töchter der Menschen?

LUT Es waren auch zu den Zeiten **Tyrannen** auf Erden; denn da die **Kinder GOttes** die **Töchter der Menschen** beschliefen und ihnen Kinder zeugeten, wurden daraus **Gewaltige in der Welt** und **berühmte Leute**.

ELB   In jenen Tagen waren **die Riesen** auf Erden, und auch hernach, als die **Söhne Gottes** zu den **Töchtern der Menschen** eingegangen waren und diese ihnen gebaren. Dies sind die Selben, die von Alters her **Männer von Ruhm** gewesen sind.

EU   In jenen Tagen gab es auf der Erde **die Riesen**, und auch später noch, nachdem sich die **Gottessöhne** mit den **Menschentöchtern** eingelassen und diese ihnen Kinder geboren hatten. Das sind die **Helden der Vorzeit**, die **namhaften Männer.**

SLT   In jenen Tagen waren **die Riesen** auf der Erde, und auch später noch, solange die **Gottessöhne** zu den **Töchtern der Menschen** kamen und diese ihnen [Kinder] gebaren. Das sind **die Helden, die** von jeher **berühmte Männer** gewesen sind.

NLB   In jenen Tagen - und auch später noch - lebten **Riesen** auf der Erde. Denn aus der Verbindung der **Gottessöhne** mit den **Menschentöchtern** gingen **die Riesen** hervor. Diese waren **die** berühmten **Helden** der **Urzeit.**

KJV   There were **giants** in the earth in those days; and also after that, when the **sons of God** came in unto the **daughters of men**, and they bare *children* to them, the same *became* **mighty men** which *were* of old, **men of renown**.

KJD   Es waren **Giganten** auf der Erde in jenen Tagen – und auch danach, als die **Söhne Gottes** zu den **Töchtern der Menschen** eingingen und ihnen Kinder zeugten. Aus ihnen wurden einst **mächtige** und **angesehene Männer.**

Der Blumenstrauß an Übersetzungsangeboten hier lässt erahnen, welcher geistliche Sprengstoff in sachlich nüchterner Übersetzung und Auslegung schlummert.

Luther lässt mit 'Tyrannen' kein gutes Wort an den Eltern seiner Berühmtheiten, lässt aber durch geschlechtslose 'Kinder Gottes' durchblicken, dass hier irgendwelche Märchen im Stile von King Kong fehl am Platze sind. Dennoch werfen seine Formulierungen inhaltlich mehr Fragen auf, als sie klären. Das wird bei den anderen Angeboten nicht besser, im Gegenteil.

Die 'Söhne Gottes', die 'Riesen' sein sollen, liefern perfektes Legendenmaterial für abstruse Theorien. Von Annunaki und Echsenmenschen bis hin zu gefallenen Engeln ist da alles dabei. Und warum? Weil נְפִיל von נָפַל abstammt. Martin Luther traf linguistisch ins Schwarze, denn Ersteres lässt sich in der Tat gut mit 'Tyrann' oder 'Rabauke' übersetzen, zweiteres mit 'fallen, lügen, abwerfen, versagen'. Daraus und aus der Tatsache, dass dasselbe Wort im Buch Numeri eine zweite Verwendung findet, wird gerne geschlossen, dass es sich hier wohl wirklich um riesenhafte Gestalten handeln müsste, die irgendwie gefallen sind. Doch all das ist völlig dem Kontext enthoben und schändliche Legendenbildung.

Erinnern Sie sich an die Regel der Erstnennung? Es hilft eben nichts, im vierten Buch (Numeri) eine Präzisierung für das erste Buch (Genesis) zu suchen! Numeri 13,33 handelt, wie überdeutlich erkennbar (in Numeri 13,32), von einem 'bösen Bericht', will heißen von einer tendenziösen Überzeichnung. Die sollte das um die weltlichen Genüsse ägyptischer Sklaverei (vulgo: Sozialismus) trauernde Volk gegen Kaleb und Josua und damit gegen Mose und Aaron aufstacheln.

Wahrlich keine ernst zu nehmende Referenz für einen derart grundlegenden Bericht (der immerhin die Sintflut begründet)! Dabei macht ganz klassisch der Kontext deutlich, wovon in Genesis 6 die Rede ist. Kapitel vier und fünf handeln von den beiden Abstammungslinien des Kain und des Seth. Während sich Kains Nachkommen immer weiter von Gott entfernten (fielen), blieben die Nachkommen Seths in der Anbetung Gottes. Ehelichung war die einzige (und ohnehin die einladenste) Einflussmöglichkeit der Nachkommen Kains auf die des Seth. Und die nutzten sie schamlos aus.

Dem modernen Menschen muss vielleicht erläutert werden, dass Anbetung Gottes schöpfungsgerechte Unterordnung mit einschließt. Deshalb hatte sich diese Einflussnahme rigoros auf die gottesfürchtige Menschheit ausgewirkt.[258] Dem HERRN blieb somit zunächst nichts anderes übrig, als das irdische Dasein des Menschen auf 120 Jahre zu begrenzen. Nicht nur, um die Gottlosigkeit einzudämmen. Auch um die Gottesfürchtigen vor Leid zu bewahren. Denn Gottlosigkeit geht mit Krankheit einher.

Der zweite Satz in unserem Vers tradiert die Legende der Riesen fort und die Bibelkritik frohlockt, weil sich sein Sinn beim besten Willen nicht erschließen lässt. Von welchen berühmten Männern wohl hier die Rede ist? Dabei wird im Allgemeinen wenigstens erkannt, dass es sich dabei nicht um gegenwärtige Berühmtheiten dreht (wenn auch meist nur deshalb, weil heute keine Märchenriesen leben). Unsere 'grundtexttreuen' Musterknaben - Elberfelder und Schlachter - ignorieren dies. Sie fallen ja schließlich auch nicht auf die Märchengeschichte herein. Sinngemäß übersetzt haben sie dennoch nicht.

---

258 Die berühmte 'Kölner Silvesternacht' lässt grüßen.

Denn hier wird nicht speziell an irgendwelche Berühmtheiten erinnert! Im Gegenteil: *„Aus ihnen wurden einst mächtige und angesehene Männer"* drückt aus, dass die Nachkommen gerade nicht durch ihre Macht und ihr Ansehen bestechen, denn ihr Ruhm ist vergangen. Es geht hier um vergängliche Selbstsucht und Gottlosigkeit, weshalb wir uns in der KJD dafür entschieden, nicht Luther zu folgen und entsprechend der KJV an die Selbstüberschätzung der 'Giganten' zu erinnern.

Die etwas andere 'Red-Letter-Bible'.[259]

Soweit unsere fünf Beispiele. Wie gesagt: sie sind wahllos herausgegriffen und stehen durchaus nicht alleine in ihrem Anspruch, dramatisch anderslautende Darstellungen der KJV zu transportieren. Eine Bibel mit rot markierten Stellen, wo die KJV speziell (speziell einleuchtend und inhaltsschwer) übersetzt, hätte passagenweise mehr Rotanteil als Schwarzdruck.

Das sollte doch etwas nachdenklich stimmen...

---

259 'Red-Letter-Bible' werden Bibelausgaben genannt, die die wörtliche Rede des HERRN rot abdrucken.

der Bibeltreue (der Verfasser ist bekannt):

„Leider gibt es nun einige Brüder, die in Gefahr sind, alle Befürworter des Textus Receptus mit der sektiererischen 'King-James-Only'-Bewegung in einen Topf zu werfen. Sie übersehen dabei die Tatsache, dass die Anerkennung des Textus Receptus als zuverlässigem Text des NT eine sehr alte konservative, bibeltreue Ansicht ist, die von der Reformation an etwa 350 Jahre lang von praktisch allen Gläubigen geteilt wurde, ob es nun Lutheraner, Reformierte, Anglikaner, Pietisten, Puritaner, Täufer oder Baptisten waren. Die Befürworter der Textkritik waren es, die diese Gläubigen verunsicherten und bedrängten, indem sie ihnen die modernen, nach dem alexandrinischen Text veränderten Bibeln als 'besser' und 'allein zuverlässig' vorhielten."

(aus einer Stellungnahme zu Fragen der Übersetzungstraditionen; 2005)

Wolfram Strienz:

„Leider gibt es nun einige Brüder, die in Gefahr sind, alle Befürworter der 'King-James-Only'-Bewegung mit sektiererischen Auswüchsen in einen Topf zu werfen. Sie übersehen dabei die Tatsache, dass die Anerkennung der göttlichen Bewahrung eine sehr alte konservative, bibeltreue Ansicht ist, die schon sehr lange vor der Reformation, seit Anbeginn der Zeit, von praktisch allen Gläubigen geteilt wurde - ob es nun Lutheraner, Reformierte, Anglikaner, Pietisten, Puritaner, Täufer oder Baptisten waren. Die Verherrlicher der katholischen Reformatoren und v.a. die Befürworter der Textkritik waren es, die diese Gläubigen verunsicherten und bedrängten, indem sie ihnen zunächst die lutherischen und später die modernen, nach dem alexandrinischen Text veränderten Bibeln als 'besser' und 'allein zuverlässig' vorhielten."

Das autorisierte Wort und die Sache mit den tötenden Buchstaben.

Die Bewegung des sogenannten 'King-James-Onlyism' besteht traditionell zu weitesten Teilen aus Fundamentalbaptisten. Wer die KJV schätzt, ist daher leicht geneigt, sich deren Kanzeln zu lauschen. Daran ist auch nichts Verwerfliches, solange auch weiterhin zwischen unverrückbarer Wahrheit und korrumpierter Auslegung unterschieden wird. Denn Korruption geschieht nicht nur durch die Schrift selbst.

Die Gesetzlichkeit mit autorisierter Version.

Auf diese Fundamentalbaptisten trifft oft durchaus zu, was allen Verfechtern der 'Autorisierten Version' polemisch vorgeworfen wird. Sie achten sklavisch auf Punkt und Komma vor dem Hintergrund der eigenen Lebenserfahrung und müssen sich daher teils zu Recht den Vorwurf liebloser Gesetzlichkeit gefallen lassen. Gerne wird hier auf das paulinische Wort vom tötenden Buchstaben[260] verwiesen, was von den Kritikern polemisch und unbegründet auf die KJV bezogen wird. Doch die hin und wieder durchschimmernde Gesetzlichkeit der 'KJV-Baptisten' entstammt nicht dem Umgang mit der von ihnen so geachteten Schrift, sondern aus unterschiedlichen interpretatorischen

---

260 „der uns auch zu tüchtigen Dienern des neuen Bundes gemacht hat - nicht des Buchstabens, sondern des Geistes. Denn der Buchstabe tötet, aber der Geist gibt Leben."

(2. Korinther 3,6 – KJD)

Fehlannahmen, vor denen in unserer gefallenen Welt wir alle nicht gefeit sind. Gesetzlichkeit macht vor keinem Glaubensbekenntnis Halt. Sie ist nur nicht immer so plump zu entlarven.

Die Gesetzlichkeit mit bibeltreuer Auslegung.

Zunächst unterliegt dabei die sogenannte 'bibeltreue' Bewegung, die die archäologischen Fundstücke der antiochischen Übersetzungslinie hochhält, denselben Gefahren. Potenziert durch ihre unterschiedlich korrumpierten Übersetzungen.

Das Prädikat 'bibeltreu'[261] ist sehr tückisch. Es steht zumeist für die Achtung der Grundsprachen, denen dadurch eine ungebührliche

---

261 Die 'Bibeltreue' definiert sich heute hauptsächlich über die drei 'Chicago-Erklärungen' von 1978 bis 1986. Bei diesen gut formulierten Texten, die im Grunde problemlos zu unterschreiben sind, steckt der Teufel im Detail. In Artikel X der Erklärung zur Irrtumslosigkeit (https://bibelbund.de/wp-content/uploads/2014/03/chicago.pdf) wird die 'Vorsehung Gottes' auf zur Verfügung stehende Handschriften bezogen und unterscheidet diese unlauter vom 'Wort Gottes' weiterer Übersetzungen, die lediglich 'originalgetreu wiedergegeben' sind.
Was nun von mir vielleicht kleinkariert wirkt, beschreibt jedoch unser Grundproblem: ist die Vorsehung auf uns vorliegende Handschriften beschränkt, so umfassend sie auch belegt sein mögen? Die Verfasserschaft, das temporäre 'International Council on Biblical Inerrancy' dazu im Kommentarteil:
„Da Gott nirgends eine unfehlbare Überlieferung der Schrift verheißen hat, müssen wir betonen, dass nur der autographische Text der Originaldokumente inspiriert ist, weshalb wir an der Notwendigkeit der Textkritik festhalten als Mittel zum Aufdecken von Schreibfehlern, die sich im Laufe der Textüberlieferung in den Text eingeschlichen haben könnten."
Hier konterkariert das Komitee das Vertrauen in die Irrtumslosigkeit und spielt der menschlichen Expertise den Ball zu (die griechischen Abschriften sind genauso wenig 'Originaldokumente' wie die Ergebnisse der KJV-Kommission). Dieser Ball gebührt jedoch nur dem Heiligen Geist, da er uns in Gnade und Wahrheit leitet! Ob unbewusst oder von den ursprünglichen Initiatoren bewusst herbeigeführt: ein klassischer Hegelianismus von These – Antithese – Synthese.

Exklusivität zuteilwird. Sie stellt Aussagen, die in einer dem gewöhnlichen Bibelleser nicht geläufigen Sprache getroffen wurden, ganz generell über jene heutiger Alltagssprache[262] und damit letztlich – obgleich vollmundig das Gegenteil suggeriert wird – die Expertise einiger Weniger über die durch den Geist Gottes gewirkte Erkenntnis Vieler.

Die King-James-Only-Bewegung, die dagegen vielmehr eine Bewahrungshistorie in die gegenwärtige Sprachwelt hinein unterstellt, führt also den Ansatz der 'Grundtexttreue' ad absurdum. Sie spannt damit einen ununterbrochenen Bogen von den Aposteln in unsere Zeit, verbindet uns auf die einzig sinnhafte Weise mit den Ereignissen des Neuen Testaments.

Die Sehnsucht nach urgemeindlichem Verhalten ist seit jeher groß innerhalb der Braut Christi. Oft ist man sich auch darüber im Klaren, warum diese Sehnsucht und das Verlangen nach Ursprünglichkeit bestehen. Die Konsequenzen jedoch werden nur unvollständig und meist nur auf Nebenschauplätzen gezogen.

Die Gesetzlichkeit mit relevantem Leben.

Viel mehr noch als die bibeltreue Bewegung lechzen jene Christen nach apostolischer Ursprünglichkeit, die besonders gerne alte Zöpfe abschneiden und die in ihrer Abfüllanlage für neuen Wein einen Schlauchverschleiß haben, der rasch ungesund werden kann.

Es wird auch deutlich, wieso das geschieht. Denn man sieht sich mit *„dem Hauptstrom der Kirchengeschichte von der ersten Zeit bis in die jüngste Vergangenheit in Einklang."* Diesen Hauptstrom konnten wir eindrücklich kennenlernen.

262 Griechen und einige aramäisch sprechende Syrer ausgenommen. Biblisches Hebräisch wird heute nicht mehr gesprochen. Wie bereits erwähnt, ist die Sprache des sogenannten Staates 'Israel' eine Neuschöpfung.

Der Verlust urgemeindlicher Würze liegt für sie oft in den jüngsten Nuancen der Täuschung begründet, die sich im Lauf der Kirchengeschichte eingeschlichen haben. Je älter die Entwicklungen, als desto gesünder werden sie oft betrachtet. Das trifft in vielen Fällen ins Schwarze, doch in sehr vielen verschlimmert es die Situation. Weil die entsprechenden Zöpfe dann doch nicht gründlich genug gekappt werden, man den falschen Autoritäten nachläuft. So liegt es 'relevanten' Christen am Herzen, lebensnah zu formulieren. Das Ergebnis ist das oft viel gefährlichere Gegenteil der bibeltreuen Fraktion, in dem der Inhalt noch mehr verbogen wird.

Jene Bewegung, die anhand von Autorisierung beide Welten verbindet, wird erheblich mehr als die immer kleiner werdende Gemeinde der 'Bibeltreue' allgemein als gefährliche Bedrohung wahrgenommen. Wer die Entstehungs- und Segensgeschichte der KJV betrachtet und sie mit der Grundmotivation der 'Bibeltreue' in Beziehung setzt, der sollte erkennen, wie sowohl die Verfechter der 'Bibeltreue' als auch die Verfechter moderner Übersetzungen am selben Nasenring durch die Manege getrieben werden.[263]
Es sind die üblichen Verdächtigen bzw. die üblich Unverdächtigen, die seit jeher den Dienst der alten Schlange tun. Sie irren und verwirren, wo es nur geht. Und es geht, wo es ihnen von unaufmerksamen oder lauen Kindern Gottes ermöglicht wird.

Es wird Zeit, dass diese Kinder Gottes aufwachen und ihr Blut in Wallung bringen!

---

263 Wer sich der Bewahrungshistorie und dem entsprechenden Geisteswirken im Übersetzer bewusst ist, der kann auch wesentlich gelassener aus dem Englischen übersetzen und hat keinen Bedarf, aktuelle Formulierungen gegen alte Sprache auszuspielen. Für die KJD gewählte Ausdrücke sind nicht in Stein gemeißelt.

Chaos aus der Ordnung.

„Es ist unschwer zu erkennen: man will uns vom Leben trennen...
Doch selbst wenn das geschieht: es gibt IHN, der uns sieht; IHN, der
uns trägt; der wenn wir wollen in uns lebt; und der spricht:

  „Ich trage Dich auf meinen Händen, von Anbeginn der Zeit
  trage ich Dich. Den Lauf der Dinge werd' ich für Dich ändern -
  und wenn Du möchtest, verändere ich auch Dich!"

Und dann ist 'Leben' ewig; alle Engel sehn' Dich. Tragen Dich empor,
weil der HERR dir Treue schwor! Dann trotzt er Dich der Welt (dieser
Welt). Er hat Wächter aufgestellt, die für Dein Leben siegen, nichts und
niemand wird Dich kriegen!"

                    ('Zeichen der Zeit': 'Ich trage dich')

„...Drum still mein Herz und lass vergehn',
was irdisch und vergänglich heißt.
Im Lichte droben wirst du sehn,
dass gut die Wege, die er weist.
Und müsstest du dein Liebstes missen,
ja, gings durch kalte, finstre Nacht,
halt fest an diesem selgen Wissen:
Dass Gott nie einen Fehler macht."

          (Herbert Sack: 'Gottes Wege' –gedichtet 1943 in Stalingrad)

Was jetzt zu tun ist.

2.000 Jahre Evangelium = 2.000 Jahre Korruption.

Nun schauen wir auf nahezu 2.000 Jahre Gemeinde zurück und leider auch auf 2.000 Jahre seit der Nachtwachenbestechung, d.h. auf 2.000 Jahre Gemeindekorruption. Sie liegt sogar noch ein paar Tage weiter zurück als die Heidenmission, die gemeinhin als Grundlage der Gemeinde angesehen wird. Wie wir sahen, zu Unrecht.

Nach diesen 2.000 Jahren Verdrehung und Verfolgung kann niemand mehr sagen, er vertrete das volle Bekenntnis der Apostel. Der 'paulinische Schleier'[264] hat sich beträchtlich eingetrübt, denn mit jeder Generation entfernte sich diese Welt weiter von der Schöpfungsordnung – und drehte sich entsprechend immer verhängnisvoller hinein in die Täuschungsspirale des Widersachers.

Es gibt auf diesem Erdball[265] heute unzählige Denominationen und unterschiedliche Glaubensüberzeugungen, die sich in vielem aus den

---

264 *„Denn jetzt sehen wir durch ein Glas – getrübt, doch dann von Angesicht zu Angesicht. Jetzt verstehe ich in Bruchstücken, doch dann werde ich völlig erkennen - wie auch ich erkannt bin."*

(1. Korinther 13,12 - KJD)

265 Ja, meine lieben Flacherdler ;-)

„Er breitet den Norden aus über dem leeren Raum und hängt die Erde ins Nichts."

(Hiob 26,7 – KJD)

Mit 'Norden' ist das Firmament / der Sternenhimmel angesprochen, der dadurch ausgebreitet wird, dass dort Sterne platziert werden. Und nein – ein Firmament spricht nicht gegen einen Erdball. Auch dann nicht, wenn es mit 'Himmelszelt' übersetzt wird!

unterschiedlichsten Gründen widersprechen. Jede einzelne dieser Glaubensüberzeugungen hat ihre eigene Geschichte – und naturgemäß liegen die meisten dieser Geschichten in der weltweiten Korruption der Gemeinde begründet.

Wie überall in den Systematiken dieser in die Verdrehung hineingefallenen Welt begegnen uns auch hier – ich hatte es zu Beginn des Buches erwähnt – im Wesentlichen zwei große Widerparts: die 'liberale' und die 'schriftgetreue' Lesart. Auf der einen Teile-und-Herrsche-Seite die Bewegung der chaotischen Vielfalt und der schrankenlosen Liebe – und auf der anderen die Verfechter verschiedener mehr oder minder akkuraten und mehr oder minder alternativlosen Auslegungen. Freilich beides in Abermillionen von Nuancen und Spielarten vorhanden. Auf beiden Seiten des Spielchens stehen Tempel des Heiligen Geistes, die lediglich unterschiedliche Realitäten verstanden haben und diese gegenüber dem Schleier, der sie umgibt, überbewerten.

Unsere Betrachtungen sollten zutage befördert haben, was auch mir noch vor Kurzem ziemlich unschlüssig war. Obwohl mir die Systematik

---

Schon Aristoteles war überzeugt, man könne Richtung Westen den Ozean überqueren und so innerhalb weniger Tage Asien erreichen. Aristoteles war zwar Vertreter dessen, was uns heute als 'Wiege der Wissenschaft' verkauft wird und dadurch nicht gerade ein Muster biblischer Wahrheit. Doch so einfach können wir es uns nicht machen. Auch wenn noch so viele babylonisch vorgeprägte Stammeskulturen ein flaches Weltbild prägten. Denn wer zwar nicht den Schöpfer, aber dessen Autorität ablehnt und meint, selber schlau zu sein, der muss die menschlichen Augen aufmachen - und sieht dann eben keine Kugel.

Dass uns die NASA (נשא: 'täuschen, betrügen, verführen') nach Strich und Faden verkohlt, bedeutet nicht, dass sie das überall macht!

Und wenn ich mich doch irre: der biblische Befund interessiert mich. Und der ist deshalb so dünn, weil uns das Firmament und sein Aufbau eben im Grunde nichts angehen. Wer sich damit befasst, überhöht sich – grundsätzlich – gegenüber seinem Schöpfer.

des Teile-und-Herrsche-Spielchens bewusst war und ich die Täuschungsspirale weitgehend entlarvt hatte.

Wir alle sitzen im selben Boot und hängen an irgendeiner Stelle voll in der Täuschung. Deshalb macht es keinen Sinn, die eine Seite gegen die andere auszuspielen.

Am Allertraurigsten ist es übrigens, dass auch außerhalb dieses Spielchens weltweit vereinzelt Leute stehen, die bereits Tempel des Heiligen Geistes sind und 'nur' noch nicht verstanden haben, was das zu bedeuten hat und in welches Boot sie dadurch gehören!

All das bedeutet nicht, dass irgendjemand seine (hoffentlich gereifte) Erkenntnis über Bord zu werfen hat. Sofern er sie dauerhaft in den Stürmen seiner kognitiven Dissonanzen mit Wahrheit und Freiheit in Einklang bringt. Was dazu definitiv hilft: auf den HERRN zu vertrauen!

Ich bin in meinen Jahren des machtlosen Älterwerdens unter der Knute meines patriarchalen Vaters immer wieder verzweifelt. Wenn ich den Rückhalt des HERRN am Allernötigsten gebraucht hätte, war er (scheinbar) nicht da. Funkstille.

Doch ich hatte mich geirrt. Er hatte mich immer getragen, ganz im Sinne des berühmten Gedichts von Margarethe Fishback-Powers.

Er hatte mich im Laufe des letzten Vierteljahrhunderts die unterschiedlichsten Bibelauslegungen und die unterschiedlichsten Christen kennenlernen lassen. Er hatte mich von einer Bande an die andere zurückfedern lassen und mich mehrfach um 180° gedreht. Dem Gefühl nach hatte ich in all der Zeit nur herzlich wenig für den HERRN leisten können - doch das bin ich nicht mehr gewillt zu glauben! Ich durfte die Bewahrungsgeschichte der Heiligen Schrift kennenlernen, nachdem ich praktische Auswirkungen ihrer Korruption weitgehend selbst schon erlebt und durchlebt hatte. Und während heute in allerwidrigsten Zeiten unvermittelt und diffus neue Hoffnung für unser geschundenes Land in mir aufkeimt, durfte ich meinen bis dato letzten Erkenntnisgewinn feiern:

Dass die Einen ihrer hochgepriesenen Vielfalt **immer** das Wort überordnen müssen und die anderen ihrer Auslegung **immer** die Liebe. Es mag ultraprofan klingen, besonders vielleicht für den einen oder anderen Gemeindegänger – aber das ist das ganze Geheimnis. Alle müssen gewissermaßen alles überdenken und darüber reden. Die Masken ablegen – vielleicht auch ganz praktisch.[266]

---

266 Sollte mir das von unseren Virenfaschisten und Coronazis als Aufruf zur Straftat ausgelegt werden – so be it. Wahrheit ist jedenfalls keine Lieblosigkeit und sie wird niemals dem Leben per se entgegen stehen. Es standen schon viel abstrusere Dinge unter Sanktionen des amtierenden Regimes.

Liebe first – Auslegung second.

Wer möglichst schriftgemäß leben möchte und davon überzeugt ist, dass die freimachende Wahrheit nur in der ihm logischen Schriftauslegung zu finden ist, dem offenbaren sich elementare Wahrheiten, die nicht nur ihn frei machen und daher unschätzbaren Wert für das Reich Gottes beinhalten.

Er hat jedoch für gewöhnlich den Drang, irgendwann der Freiheit die Wahrheit (= der Liebe die Auslegung) überzuordnen – um beides zu verlieren.

Was wir dann haben, weißt viele Parallelen zu dem auf, was zur Zeit Jesu die Pharisäer verkörperten.

Wer die bewahrende Hand Gottes in der King James Version[267] entdeckt, erkennt Zusammenhänge, die ihm das leicht fallen lassen.

Freilich sind auch KJV-Verfechter nicht davor gefeit, übelst getäuscht zu werden – ganz im Gegenteil. Das habe ich selbst mehrfach am eigenen Leib erfahren und oben schon besprochen. Doch wer den historischen Befund verfolgt und sich mehr und mehr darüber bewusst wird, wo welche Kräfte wirken, der erkennt den unschätzbaren Wert dieser Ressource. Er versteht, warum sie dermaßen heftig bekämpft wird. Und er hat oftmals die Chance, Sachverhalte zu ergründen, die ihm durch korrumpierte Bibeln verborgen bleiben.

Mein Sichtwechsel bezüglich der Offenbarung hat offenbart, dass bisweilen gerade das wörtliche Verständnis ein umso bildhafteres Verständnis erst ermöglicht.

---

267 Oder so Gott will und wir leben bald in der 'King James Deutsch'.

Die KJV als das autorisierte Wort zu verfechten, dem Herrn der Geschichte zu vertrauen und die entsprechenden Lehren aus ihr zu ziehen... das macht Sie nicht zu einem Baptisten oder presst Ihnen sonst irgendein Label auf. Es macht Sie nicht zum Verfechter des Buchstabens, ganz im Gegenteil!

Es führt Sie tiefer in die Nachfolge Christi. Es unterstützt Sie auf ungeahnte Weise darin, dem Christus ins Reich Gottes nachzufolgen.

Wort first – Vielfalt second.

Andererseits haben Menschen, die relativ unbedarft von dogmatischen Fragen Wahrheit und Freiheit hochhalten, ihrerseits Erkenntnisse, die auch das bewahrte Wort nicht besser bezeugt als das Leben selbst – bzw. der Heilige Geist.

Sie haben jedoch für gewöhnlich den Drang, irgendwann der Wahrheit die Freiheit (= dem Wort die Vielfalt) überzuordnen – um beides zu verlieren.

Was wir dann haben, weißt viele Parallelen zu dem auf, was zur Zeit Jesu die Sadduzäer verkörperten.

Als ich 1998 – stilgerecht im Autoradio – das erste Mal Xavier Naidoo singen hörte, begann etwas in mir zu wachsen. Ich erlebte dabei in den darauffolgenden Jahren, wie gerne der HERR subtil arbeitet. Ich war tief beeindruckt von der überall zu spürenden Authentizität dieses Mannes und ich spürte, dass sein Wirken einen echten Unterschied macht. Lange Jahre bezeichnete ich (der immer schon Exot mit eigenen Gedanken war) ihn als meinen Seelsorger.

Doch wie kann es anders sein? Irgendwann stellten sich auch mir Zweifel ein und ich begann, mich von den monnemerischen Sichtweisen, die ich immer weniger mittrug, zu distanzieren. Auch heute bin ich in Vielem mit ihm uneins. Freilich hat auch er seinen Background und interpretiert wie wir alle manche Sachverhalte mit Brille. Doch was soll ich sagen? Die ersten Impulse hatten sich später – wie so oft – dennoch bewahrheitet. Xaver ist für mich das Paradebeispiel des auf Einheit in Freiheit bedachten 'Christus ins Reich Gottes nachfolgenden'[268] und er beherrscht es wie kein Zweiter, vor allem zwischen den Zeilen zu reden.

---

268 Nicht umsonst nennt er sich selbst augenzwinkernd den 'VereiNiger'.

Beide Seiten dieser Medaille ('Einheit in Liebe' und 'Einheit im Wort') sind also zwingend aufeinander angewiesen, um ertragreich Früchte zu tragen.

Eine wertvolle Challenge war für mich der Hashtag, den Xaver so gerne in den Katakomben des 21. Jahrhunderts[269] nutzt. #onelove lässt den gewöhnlichen Truther erst einmal stolpern. Zu deutlich scheint die Positivassoziation mit #oneworld oder Ähnlichem. Xaver also ein Maulwurf? Kontrollierte Opposition? Derart plump?

Ich bin mir sicher: nein. 'Eine Liebe' ist nichts anderes als eine Klarstellung: es gibt nur eine Liebe. Es gibt zwar auch viel vorgegaukelte Liebe und daher nutzen die üblichen NWO-Verdächtigen denselben Terminus. Das ändert aber nichts an den Tatsachen. Die NWO ist Hass, nicht Liebe. #onelove orientiert sich an der Wahrheit, das billige Imitat der Schöpfungsabschaffer hingegen orientiert sich an der Lüge.

Daher rufe auch ich sehr gerne zu dieser einen Liebe auf.

---

269 Sofern es nötig ist, dies zu erwähnen: gemeint ist der unzensierte Messenger 'Telegram'.

Was kommt auf uns zu?

Jesus hatte klargestellt: Keiner kann sagen, wann die Show beendet ist.

Daher ist unser Auftrag sonnenklar: mit gefüllten Öllampen auf den Bräutigam zu warten[270] (was für gewöhnlich unser Entschlafen bedeutet). Doch nicht untätig, sondern in stetigem Ansporn, das Reich Gottes (d.h. die **ganze** Wahrheit und die **ganze** Freiheit) auf Erden wachzuhalten und überall da zu intensivieren, wo es geht.

Das erreichen wir im Normalfall am besten durch evangelistische Gespräche. Denn durch die Erlösung einer Seele wächst das Reich Gottes in einem Ausmaß, das nicht in Worte zu fassen ist und jedes Gespräch über unverrückbare Wahrheiten und gedeihliche Freiheiten stärkt das Reich Gottes und erleichtert es den Seelen, ihre Erlösung anzunehmen.

Ich war immer der Ansicht, nur der selbstlose Einsatz für das Evangelium – für direkte Seelenrettung – wäre es wert, sein Leben zu lassen. Doch ist das tatsächlich so? Ist die irdische Freiheit oder die irdische Wahrheit überhaupt etwas anderes als die ewige Freiheit und die ewige Wahrheit?

Ich meine: das eine ist Vorbote für das andere. Entweder ist beides in Fülle vorhanden oder beides ist beschnitten.

Leider haben die oben erwähnten 2.000 Jahre dafür gesorgt, dass beides durchgreifend beschnitten wurde und immer weiter beschnitten wird – wenn wir es zulassen, umso schneller.

Es liegt nicht an unserer Leistung... aber es liegt an unseren Gebeten, womit die Opferschalen auf dem himmlischen Altar entzündet

---

270 vgl. Matthäus 25,1-13.

werden.[271] Wenn den Schöpfer im Namen seines Sohnes aus unserer Hand kein Zündwerk erreicht – wie soll er etwas entfachen und wie sollen unsere Anliegen umgesetzt werden?

Die allgegenwärtigen Anzeichen für das Abdriften in einen schleichend faschistoiden Weltkommunismus - der dann scheinbar in irgend einer Weise auch bleiben wird - sind erdrückend.

Mehr denn je im Jahre des HERRN 2020.

Doch es ist ein perfider Teil seiner Lüge, dass auf Erden Satan das letzte Wort hat! Das Reich Gottes ist nahe – es ist überall dort, wo Menschen durch Christus in Wasser und Geist[272] tatsächlich neu geboren werden (bewusst und unbewusst) und ihm durch ihr Wirken die Ehre geben.

---

271 *„Und ein anderer Engel kam und trat mit einer goldenen Räucherschale an den Altar; und da wurde ihm viel Räucherwerk gegeben, damit er es mithilfe der Gebete aller Heiligen auf dem goldenen Altar, der vor dem Thron war, opfern konnte. Und der Rauch des Räucherwerks, der durch die Gebete der Heiligen entstand, stieg auf vor Gott und aus der Hand des Engels."*

(Offenbarung 8,3-4 - KJD)

272 Bis in die hingegebensten und freigeistigsten Kreise hinein werden die beiden katholischen Sakramente 'Taufe' und 'Abendmahl' übernommen und deren bildhafter Zweck weiterhin treu babylonisch in irdische Handlungen hinein vergewaltigt. Das 'in Wasser und Geist' ggü. Nikodemus (vgl. Johannesevangelium 3,5) verpflichtet genauso wenig wie jegliche Anwendung des Sinnbilds Taufe innerhalb des Neuen Testaments zu irgendeinem tatsächlichen Akt des Untertauchens oder gar Beträufelns! 'Wasser' ist ein Bild auf das Wort Gottes (vgl. Epheser 5,26). Die Neugeburt wird hervorgerufen, indem der Geist Gottes das Wort Gottes auf die Seele anwendet (vgl. Jakobus 1,18; 1. Petrus 1,23).
So auch die 'Einsetzung des Abendmahls'. Sie war kein Aufruf zu einem speziellen Zeremoniell, für das irgendwelche Regeln zu beachten sein sollten! Innerhalb der klassischen Passahfeier erläuterte Jesus den endgültigen Zweck dieses alttestamentlichen Ritus für das neue Testament, den neuen Bund! 'Sooft ihr daraus trinkt' und 'sooft ihr davon esst' ist ein Aufruf zum Gedenken daran. Formlos! Im Endeffekt ist es m.E. nicht mehr und nicht weniger als der Aufruf zu bewusstem Tischgebet!

Gott ist kein Sozialist – er möchte uns gebrauchen,[273] nicht missbrauchen.

Es mag sein, dass sich etwas von der Vorahnung einiger Truther bewahrheiten wird, nach der ein uns (unweigerlich) bevorstehender Systemneustart als eine 'Befreiung aus dem Totalitarismus' verkauft werden wird[274] und mehr noch: damit einerseits das scheinbare Paradies auf Erden wartet und andererseits sogar die geschundenen Truther, Whistleblower und Quertreiber dieser Welt rehabilitiert werden.[275] Auch dann wird uns vielleicht die Herausforderung eines wie auch immer gearteten 'Mals des Tieres' erwarten. Doch die Erwartung eines konkreten Malzeichens ist immer auf den jesuitischen Futurismus zurückzuführen. Das bedeutet: sollte der Mensch irgendwann einmal etwas 'Handgreifliches' empfangen' oder beschwören müssen, um 'kaufen und verkaufen' zu können, dann ist das m.E. keinesfalls das 'Mal des Tieres'. Dessen Verfechter widersprechen sich ohnehin oft, denn die Meisten von ihnen wollen die Christen vorher 'entrückt' sehen.

---

273 Was nicht bedeutet, dass irgendwelche Despoten oder 'Volksvertreter' ihrerseits das Recht hätten, uns zu gebrauchen. Wenn wir es ihm erteilt haben, hat nur noch unser Schöpfer und Erlöser das Recht uns zu gebrauchen (vgl. Apostelgeschichte 5,29). Die Despoten ignorieren das nicht nur, sie steigern es und missbrauchen uns in multipler Weise. Sie werden dafür vom letzten Souverän zur Rechenschaft gezogen werden.

274 Ähnlichkeiten zu vergangenen Begebenheiten sind 'rein zufällig'.

275 Siehe 'Gesara/Nesara' und ähnliche Prognosen. Die kontrollierte Opposition um 'Q' und Präsident Donald J. Trump scheint noch die eine oder andere Überraschung für uns parat zu haben.

[f]alse [e]vidence [a]ppearing [r]eal.

Nichtsdestotrotz werden totalitäre Ideen geschwungen und in die Tat umgesetzt, die hellhörig werden lassen und dennoch allergrößte Vorsicht vor dem Empfang derartiger Schweinereien gebieten. Sei es ein Microchip, ein Infrarottattoo oder auch 'nur' eine Impfung, zumal eine genverändernde mRNA-Impfung! Es ist ungeheuer praktisch für die Satanisten und ihre Pharmaindustrie, dass für eine sich immer mehr vereinigende Welt ein neuer Kriegsgegner her muss. Offensichtlich sind hierfür die possierlichen Mikroben vorgesehen, die Louis Pasteur einst auf so zweifelhafte Weise bekannt gemacht hatte.[276]

Wesentlich wichtiger ist: jede relativ 'wortgetreue' deutschsprachige Bibel enthält mehr als ein weiteres *„fürchte dich nicht"* für jede Woche im Jahr. Die King James Deutsch wird es – so Gott will und wir leben – auf 144 Passagen schaffen, da auch das Original so viele *„fear not's"* enthält. Das sind drei pro Woche oder eines für jeden dritten Tag!
Ich will damit sagen: Angst ist immer schon unser schlechtester Berater gewesen und dementsprechend gerne arbeitet der Widersacher mit ihr.
Wir sehen das gerade im Rahmen der 'neuen Normalität' sehr eindrücklich und vielgestaltig. Die Spirale um Angst, Einschüchterung und Kontrolle windet sich hier in mörderischem Tempo dem bodenlosen Abgrund entgegen.

Wie ich eingangs erwähnte, wird von heutigen Gemeindegängern gerne konstatiert, die Beschäftigung mit den Verschwörungen der

---

276 s. bspw. Dr. Stefan Lankas wertvolle Vortragsarbeit, die zahlreich über seriöse
Informationskanäle zu finden ist.

Welt würde *„Angst machen"*, *„dich 'runterziehen"* oder *„deine Kräfte rauben"*.

Es wird nun endlich Zeit zu begreifen: das Gegenteil ist der Fall!

Wer sich frei informiert und die Parallelen zum bewahrten Wort Gottes betrachtet, der muss nicht scheinheilig und machtlos *„für gute Entscheidungen der Regierungen"* oder dergleichen beten. Wer begreift, wie die Dinge sortiert sind, der hat es wesentlich leichter, in seinem eigenen und im Interesse seines Umfelds zu beten.[277]

Und das ist es, worauf es auf dieser Erde ankommt. Sich verantwortungsbewusst dem geistlichen Kampf zu stellen, anstatt ihn mehr als nötig der 'Demokratie' oder gleich dem Sozialismus delegieren zu wollen.

> *„Er hat dir gezeigt, oh Mensch, was gut ist; und was verlangt der HERR anderes von dir als gerecht zu handeln und Gnade zu lieben, und demütig zu wandeln mit deinem Gott?"*[278]

Mein Interesse ist in erster Linie die Frucht, die aus den hier vorliegenden Seiten erwachsen möge. Am einen oder anderen Punkt mag durchgeklungen sein, dass ich es als dringlich erachte, eine griffige und zuverlässige Übersetzung der ganzen King James Version in die deutsche Sprache zu erarbeiten.

Ich weiß bereits aus verschiedenen Quellen, dass ich mit diesem Traum nicht alleine bin. Das kann man wohl als Bestätigung betrachten.

Daher erbitte ich die erforderliche Weisheit und Kraft, mutige, effiziente und vor allem auch weise Schritte zu gehen, damit möglichst bald eine 'King James Deutsch' auf dem Tisch liegt.

---

277 Was ohnehin auch die Weltpolitik einschließt – sogar die entscheidenden Punkte, über die die bekannten Politiker nicht zu entscheiden haben. Das Fortkommen des Reiches Gottes sollte es ohnehin einschließen.

278 (Micha 6,8 – KJD)

Sehr gerne bin ich per E-Mail (wolfram@strienz.de) zu kontaktieren.
Ich freue mich auf jegliche konstruktive Kritik und Unterstützung!

Vielen Dank für Ihre Geduld mit mir und dem hier Gesagten.
Mir ist bewusst, dass all das viel zu kurz greift.
Doch möge der HERR die weiteren Schritte weisen.

Mir bleibt nun (fast) nur noch, eine kleine Bitte zu äußern...

Aus tiefstem Herzen bitte ich Sie:

INFORMIEREN SIE SICH!
STEHEN SIE FÜR DIE WAHRHEIT EIN!
KLÄREN SIE ÜBER RELEVANTE SACHVERHALTE AUF!
STREITEN SIE FÜR FREIHEIT, AUCH WENN ES IHREN KOPF KOSTET!

Um darin zu bestehen, ist das Folgende notwendig:

„Zuletzt, meine Brüder: seid stark im Herrn und in der Kraft seiner Macht! Zieht die ganze Waffenrüstung Gottes an, damit ihr fähig seid, gegen die Tricks des Teufels zu bestehen. Denn wir kämpfen nicht gegen Fleisch und Blut, sondern gegen Fürstentümer, gegen Mächte, gegen die Herrscher der Finsternis dieser Welt, gegen geistliche Boshaftigkeit auf höchster Ebene. Daher ergreift die ganze Waffenrüstung Gottes, damit ihr dazu fähig seid, am bösen Tag zu widerstehen und alles dafür getan zu haben, zu bestehen. Steht dafür bereit, eure Lenden mit Wahrheit gegürtet und den Brustpanzer der Gerechtigkeit angezogen; Und eure Füße beschuht mit der Bereitschaft des Evangeliums des Friedens; vor allem greift zum Schild des Glaubens, womit ihr fähig sein werdet, alle feurigen Pfeile der Frevler auszulöschen. Und nehmt den Helm des Heils und das Schwert des Geistes, was das Wort Gottes ist – immerzu mit allem Gebet und Flehen betend und mit aller Ausdauer und Fürbitte für alle Heiligen dazu wachend; und für mich, damit mir Ausdruck verliehen werde. Sodass ich mutig meinen Mund öffnen möge um das Geheimnis des Evangeliums bekannt zu machen, für das ich ein Botschafter in Ketten bin - damit ich darin freimütig rede, wie ich reden soll.“

(Epheser 6, 11-20 - KJD)

Chaos aus der Ordnung.

An die Arbeit!

Danke fürs Zuhörn.

Wolfram Strienz

Was jetzt zu tun ist.

Chaos aus der Ordnung.

„Wenn Dein Gott tot ist, dann
nimm doch meinen. Jesus lebt."

Der Weg zur Wahrheit und zum Leben.

Der Mensch hat einen inhärenten Drang danach, die Trennung von Gott zu überwinden und sich so eine Ewigkeit in Herrlichkeit zu sichern. Dieser Drang wird uns zwar systematisch abtrainiert, doch er meldet sich immer wieder zurück. Er verlangt nach einer Antwort. Die Art Vakuum in uns lässt sich auch nicht anders füllen, so kreativ wir uns dabei auch anstellen.

Wie kann ich also diese Frage zufriedenstellend beantworten? Gelingt das durch *„Gutes tun"*? Komme ich *„in den Himmel"*,[279] wenn ich versuche, 'gut' zu sein?

Nun, die Ewigkeit hängt nicht davon ab, wie gut Du bist! Die Heilige Schrift ist darin ziemlich eindeutig. Sie macht klar:

> *„wie geschrieben steht: Da ist keiner gerecht, auch nicht einer;"*[280]

Die 'Gerechtigkeit vor Gott' stellt die Gemeinschaft mit Gott wieder her. Ihr steht grundsätzlich die Sünde entgegen. Und in Bezug auf die Sünde wissen wir aus dem auch 'Römerevangelium' genannten Brief des Paulus an die Römer:

---

279 Wir alle wissen von Natur aus, was damit gemeint ist, wenn die Rede davon ist, *„in den Himmel"* zu kommen. Johannes sieht in seiner Vision die ewige Stadt auf eine neue Erde herabkommen. Diese Erde ist für uns nicht greifbar, sie ist die neue Schöpfung, für die wir durch unsere Neugeburt vorbereitet sind!

280 (Römer 3,10 – KJD [zitiert aus Psalm 14])

„denn es gibt keinen Unterschied: alle haben gesündigt und verfehlen die Herrlichkeit Gottes"[281]

Alle sind Sünder.

Vor der souveränen Allmacht Gottes muss diese Sünde Konsequenzen haben.

„Denn der Lohn der Sünde ist der Tod."[282]

Die Konsequenz – also der Lohn – beispielsweise von Arbeit ist es, dass der Lebensunterhalt bestritten werden kann.[283] Die Konsequenz von Sünde ist es, dass der Mensch von Krankheit geplagt ist und irgendwann aus dem Leben scheidet. 'Ungerechtfertigt' stirbt er den 'zweiten Tod', nachdem er durch die klare Ablehnung des Evangeliums – des stellvertretenden Opfers Jesu Christi – den ersten Tod erlitten hatte.284

„Und Tod und Hölle wurden in den Feuersee geworfen. Dies ist der zweite Tod."[285]

---

281 (Römer 3,22b-23 – KJD)

282 (Römer 6,23a - KJD)

283 Ganz gleich, wer diese Arbeit verrichtet. Laut Schöpfungsordnung sollten Arbeiter und Lohnempfänger immer identisch sein. Von diesem Ideal sind wir leider sehr weit abgerückt. Das darf uns jedoch nicht davon abhalten, es hoch zu achten!

284 *„Gesegnet und heilig ist, wer Anteil hat an der ersten Auferstehung; über diese hat der zweite Tod keine Macht, sie werden vielmehr Priester Gottes und Christi sein und tausend Jahre lang mit ihm regieren."*

(Offenbarung 20,6 – KJD)

285 (Offenbarung 20,14 – KJD)

Was wir gemeinhin als 'Tod' bezeichnen, ist die irdische Bedeutung des Todes und lediglich die Beendigung des irdischen Daseins.

Genauso, wie hier der Tod geistlich zu verstehen ist, ist auch die Hölle geistlich zu verstehen. Genauso, wie der Tod auch eine irdische Bedeutung haben kann (das Ableben), kann auch die Hölle eine irdische Bedeutung haben (den 'Feuersee').

Verwirrend mag sein, dass hier innerhalb eines Verses von beiden Bedeutungen die Rede ist.

Jeder Mensch hat die Hölle verdient, ...

Aber die Ängstlichen und Ungläubigen, und die Abscheulichen und Mörder, und Hurer und Zauberer, und Götzendiener und alle Lügner werden ihren Anteil haben an dem See, der mit Feuer und Schwefel brennt - was der zweite Tod ist."[286]

Richtig gelesen? *„Alle Lügner"*.

Wir alle haben irgendwann einmal gelogen. Das allein reicht zum Nachweis der Sündhaftigkeit. Wir alle sind Sünder, wir alle sind ungerechtfertigt, wir alle verdienen den zweiten Tod im Feuersee (sprich: die Hölle).

Aus eigener Kraft kann also niemand die Ewigkeit in Gemeinschaft mit Gott erlangen oder *„in den Himmel kommen"*.

...doch Gott hat ein Geschenk für Dich:

Doch der Vers vom Lohn geht weiter:

---

286 (Offenbarung 21,8 - KJD)

Chaos aus der Ordnung.

> *„Denn der Lohn der Sünde ist der Tod. Doch das Geschenk Gottes ist ewiges Leben durch Jesus Christus, unseren Herrn."*[287]

An anderer Stelle wird dies verdeutlicht:

> *„Denn durch Gnade seid ihr errettet durch den Glauben – und das nicht aus euch selbst. Es ist das Geschenk Gottes! Nicht aus Werken, damit sich niemand rühme."*[288]

Die Rechtfertigung vor Gott und der Himmel haben nichts mit irgendwelchen Werken zu tun!

Angenommen, ich schenke Dir etwas Wertvolles und füge dann aber hinzu: *„Ne, ne, ne... das ist so wertvoll – dafür will ich einen Gegenwert!"* - ist es dann noch ein Geschenk?

Mit dem ewigen Leben ist es nicht anders. Es ist mit Werken nicht bezahlbar, nicht erarbeitbar, nicht erkämpfbar. Du kannst es nur als Geschenk erhalten – aus Gnade des Gebers, durch Deinen Glauben. Frei. Kostenlos. Nicht umsonst![289]

Auch ein Geschenk verursacht Konsequenzen. Eine warme Mahlzeit muss gekocht werden, ein Buch gedruckt, ein Video geschnitten. Dafür bezahlt der Schenker.

> *„Aber Gott erweist uns seine Liebe zu uns darin, dass er – während wir noch Sünder waren – für uns gestorben ist."*[290]

---

287 (Römer 6,23 - KJD)

288 (Epheser 2,8-9 - KJD)

289 Vorsicht vor klassischen deutschen Bibelausgaben! 'Umsonst' hat im Deutschen eine gefährliche Doppelbedeutung.

290 (Römer 5,8 – KJD)

Als wir noch Sünder waren (also ohne Rechtfertigung unsererseits) ging Jesus stellvertretend für Dich und mich ans Kreuz. Damit bezahlte er für Dich den Passierschein in die Ewigkeit seines Vaters. Das konnte nur er tun, da nur er kein Sünder war. Nur er war nicht menschlich gezeugt und doch aus einem Menschen geboren.

> *„Und ihr wisst, dass er offenbart worden ist, um unsere Sünden wegzunehmen; und in ihm ist keine Sünde."*[291]

Jesus, der menschgewordene Sohn Gottes, ist für Dich gestorben.

> *„Der unsere Sünden selbst in seinem eigenen Leib am Baum trug, damit wir – der Sünde tot – der Gerechtigkeit leben sollen; durch seine Wunden wurdet ihr geheilt."*[292]

Dort am Kreuz von Golgatha trug Jesus alle Schuld, die Du und ich jemals begangen haben – exakt so, als ob er selbst sie alle begangen hätte.

Mehr noch: diese Last sorgte dafür, dass er den 'ersten Tod' erdulden musste – in drei Tagen und Nächten realer Höllenqualen. Doch damit beglich er (nicht nur ganz Mensch, sondern auch ganz Gott) die Schuld derer, die das in Anspruch nehmen und kam als *„der Erstgeborene von den Toten"*[293] zurück.

---

291 (1. Johannes 3,5 – KJD)

292 (1. Petrus 2,24 – KJD)

293 *„Und er ist das Haupt des Leibes, der Gemeinde - das der Anfang ist, der Erstgeborene von den Toten; damit in allen Dingen er den Vorrang habe."*

(Kolosser 1,18 – KJD)

Die Formulierung *„Erstgeborener von den Toten"* suggeriert in unserem westlichen Sprachgebrauch (auch schon zu Zeiten der KJV), hier wäre die Rede vom Ersten von

Ein sehr bekannter Bibelvers lautet:

> *„Denn so sehr hat Gott die Welt geliebt, dass er seinen einzigen gezeugten Sohn gab, damit wer auch immer an ihn glaubt nicht verderben wird, sondern ewiges Leben hat."*[294]

Beachte: da steht nichts von *„jeder, der in die Kirche geht"*, *„jeder, der getauft ist"*, *„jeder, der von seinen Sünden umkehrt"*, *„jeder, der was weiß ich was für 'ne tolle Show irgend einer neuen Ideologie abzieht"*.
Nein.
Da steht: *„wer auch immer an ihn glaubt"*.
Das Geschenk ist entgegengenommen, wenn du glaubst – d.h. allein auf Jesus Christus vertraust!

Ewiges Leben kannst Du nicht verlieren.

Ewiges Leben ist ewig. Es hat kein Ende. Wenn Du das durch Jesus Christus offerierte ewige Leben hast, dann bleibt es dabei! Es war ohnehin ein Geschenk, Du kannst Dir daran nichts dazuverdienen...
Lass Dir von niemandem einreden, irgendein Sinneswandel würde Deine Ewigkeit gefährden! Denn der ewige Souverän ist an seine Prinzipien gebunden und kann trotz seiner Allmacht nicht lügen.

> *„In der Hoffnung auf ewiges Leben, das Gott – der nicht lügen kann – versprach, bevor die Welt ihren Anfang nahm."*[295]

---

vielen Nachgeborenen – was dafür sprechen würde, dass wir auch sterben. Doch der biblische Erstgeborene hat immer auch eine hierarchische Komponente, die hier der direkte Kontext im Nachsatz bereits verrät (zumindest in der KJV).

294 (Johannes 3,16 – KJD)
295 (Titus 1,2 – KJD)

„Einmal gerettet" bedeutet: *„immer gerettet"*.

Dein leiblicher Vater kann dir das Erbrecht entziehen oder dir wird zur Erziehung deines Kindes die Vaterschaft nicht anerkannt. Es ändert nichts daran, dass dein Vater dein Vater und dein Kind dein Kind bleibt!

Was muss ich tun, um gerettet zu sein?

> *„[Er] brachte sie hinaus und fragte: 'Ihr Herren, was muss ich tun, um gerettet zu sein? Und sie antworteten: 'Glaube an den Herrn Jesus Christus, und du wirst gerettet sein – und dein Haus'."*[296]

Das ist es, was Du tun musst: Glaube an Deine Abhängigkeit vom stellvertretenden Opfer Jesu Christi!

> *„Aber was redet [die Gerechtigkeit aus dem Glauben]? Das Wort ist dir nahe, sogar in deinem Munde und in deinem Herzen: das ist das Wort des Glaubens, das wir predigen: Dass wenn du mit deinem Munde den Herrn Jesus bekennen wirst und in deinem Herzen glauben wirst, dass Gott ihn vom Tode auferweckt hat, dann wirst du gerettet sein. Denn mit dem Herzen glaubt man zur Gerechtigkeit – und mit dem Mund ist ein Bekenntnis zur Rettung gemacht. Denn die Schrift sagt: 'Wer auch immer an ihn glaubt, wird nicht zuschanden werden."*[297]

---

296 (Apostelgeschichte 16,30-31 – KJD)

297 (Römer 10,8-11 – KJD [Teile zitiert aus Deuteronomium 30,14 und Jesaja 28,16])

Die Aufforderung, an den HERRN Jesus Christus bzw. an sein stellvertretendes Opfer zu glauben, kommt leider oftmals etwas missverständlich an. Besonders das 'Bekenntnis zur Rettung' lässt den einen oder anderen zusammenzucken und fragen: *„Ja, was ist mit denjenigen, die all das nicht logisch erfasst haben?"*
Wie wir erkannt haben, erfordert die Erlösung keine Leistung. Damit erfordert sie auch kein öffentliches Bekenntnis und kein Theologiestudium. Deshalb zitierte Paulus hier zwei Stellen aus dem Alten Testament.
Wie hier in unserem Buch immer wieder deutlich wurde: dem Glaubenden ist das Wort (= die Wahrheit) nahe. Sogar in Deinem Munde und in Deinem Herzen.

Ein Suchender muss nicht perfekt sein und zu seinem Seelenheil muss er nicht angekommen sein – er muss nur auf dem richtigen Weg sein! Für den Rest sorgt der Heilige Geist, dessen Tempel er dann ist.

Dann mal ran!

Glaubst Du oder möchtest Du glauben,

... dass Du ein Sünder bist und die Hölle verdient hast?

... dass ewiges Leben ein Geschenk ist, das Du Dir nicht erarbeiten oder erkaufen kannst?

... dass Jesus Christus für Dich persönlich gestorben ist, begraben wurde und auferstanden ist, um für Deine Sünden zu bezahlen?

Wenn Du diese Fragen für Dich persönlich bejahen kannst, dann lass mich Dir helfen, ein Gebet zu formulieren.[298]

Jesus Christus, mein HERR und mein Gott!

ich weiß, dass ich ein Sünder bin und die Hölle verdient habe.
Aber ich glaube auch, dass Du für mich gestorben und auferstanden bist.

Bitte schenke mir ewiges Leben,
lass mich deinen Heiligen Geist empfangen
und nimm mich am Ende meiner Tage in Deine Herrlichkeit auf!

Ich vertraue allein auf Dich

Amen.

Es ist vollbracht!
Herzlich willkommen zu Hause,
mein lieber Freund und Bruder!

---

298 Ein sogenanntes 'Übergabegebet' wie dieses ist wie gesagt nicht heilsnotwendig. Das wäre der altbekannte, babylonische Mystizismus. Nichtsdestotrotz kann es der eigenen Gewissheit dienlich sein.

Chaos aus der Ordnung.

Anhang.

Kleines Ressourcenverzeichnis – Credits gehen raus.

In rein alphabetischer Reihenfolge empfehle ich den Großteil der Beiträge nachstehender Personen / Blogs / Projekte. Dies stellt keine erschöpfende und in sich geschlossene Liste dar und einige Randthemen werden hiervon leider kaum bedient. Vielmehr soll diese Liste absichtlich kommentarlos den Einstieg in die Welt der freien Medien erleichtern. Keinesfalls stehe ich hinter jeder einzelnen Aussage der betreffenden Personen und soweit nicht explizit ersichtlich stehen sie in keinerlei direktem oder indirektem Zusammenhang zueinander. Unter dieser Kollektion finden sich ebenso allgemein freie Journalisten wie auch rar gewordene Stimmen unterschiedlichster Spezialgebiete. Mitunter vertreten sie völlig gegensätzliche Einstellungen, doch verbindet sie die Liebe zu freiem Diskurs.

Im Ermessensrahmen haben sie sich mir jeweils als integer, authentisch und hilfreich erwiesen, was jedoch im seltenen Einzelfall die Möglichkeit kontrollierter Opposition dennoch leider nicht völlig ausschließen kann. Ich liefere betont keine Recherscheanleitung mit!

Friedrich Nietzsche forderte uns auf, uns unseres eigenen Verstandes zu bedienen. Aber was er und seinesgleichen damit meinten, war das Gegenteil. Ich jedoch möchte die Aufforderung im Sinne Salomos wörtlich nehmen und Sie dazu auffordern, der Recherche den Denkprozess voranzustellen. Immer gut gebettet in Gebet.

Leider fällt das meiste Material immer wieder der Zensur zum Opfer. Daher ist es das oberste Gebot, für wichtig Erachtetes zu sichern. Vorrangig empfehle ich ohnehin, den Messenger 'Telegram' und die dortigen Infokanäle zu nutzen.

· Werner **Altnickel** · Steven L. **Anderson** · Roland **Antholzer** · Roland **Baader** ·

· James **Bacque** · Bruno **Bandulet** · Chuck **Baldwin** · Mark **Bartalmai** ·

· Alexander **Benesch** · Jeff **Berwick** · Gustave **Le Bon** · Sye Ten **Bruggencate** ·

· Diego **Bullcutter** · William Guy **Carr** · Jack **Chick** & David **Daniels** / *chick.com* ·

· John **Coleman** · Ken **Conolly** · Milton 'Bill' **Cooper** · James **Corbett** ·

· *dieunbestechlichen.com* · Aron & Melissa **Dykes** · Brian H. **Edwards** ·

· *eike-klima-energie.eu* · Martin **Erdmann** / *veraxinstitut.ch* · *expresszeitung.com* ·

· Myron C. **Fagan** · Mark **Fairley** / *'The Fuel Project'* · Paul **Flynn** · John **Foxe** ·

· Benjamin H. **Freedman** · Daniele **Ganser** · Betsy **McGee** ·

· *'Enkidu **Gilgamesh'*** · Jörg **Glismann** / *'Joggler66'* · Paul **Godfrey** ·

· Michael **Grawe** / *kulturstudio.info* · Keith **Green** · Des **Griffin** ·

· G. Edward **Griffin** · Ted **Gunderson** · Friedrich August **von Hajek** ·

· Ken **Ham** / *answersingenesis.org* · Peter **Hammond** / *frontlinemissionsa.org* ·

· Ursula **Haverbeck** · Gunnar **Heinsohn** · Eva **Herman** · Alexander **Hislop** ·

· Michael **Hoffman** / *revisionisthistory.org* · Hans-Hermann **Hoppe** ·

· Kent **Hovind** · Jim **Humble** · Dave **Hunt** / *thebereancall.org* · Jack **Hyles** ·

· *ifbtube.com* · Charlotte **Iserbyt** · Oliver **Janich** · Roger **Jimenez** · Gunnar **Kaiser** ·

· *uncontrolledopposition.com* · *kjvtoday.com* · Michael **Klonovsky** ·

· Tilman **Knechtel** / *'traukeinempromi'* · *konjunktion.info* · Markus **Krall** ·

· Martin **Kramp** / *'copixmedia'* · Axel BC **Krauss** / *axelkra.us* · Milorad **Krstic** ·

· Stefan **Lanka** · Vera **Lengsfeld** · Johannes **Lerle** · Henry **Makow** ·

· Torsten **Mann** · Texe **Marrs** · *'Edi Maurer'* · Bruce **Mejia** · Thomas **Miescke** ·

· Ludwig **van Mises** · Stefan **Molyneux** · *mwgfd.de* · *nuoviso.de* ·

· Roger **Oakland** · Ian **Paisley** · Edmont **Paris** · Mark **Passio** · Michael **Pearl** ·

· Eric Jon **Phelps** · Chris **Pinto** / *adullam-films.com* ·

· Theodore 'Ted' Winston **Pike** · Peter **Plichta** · Marcel **Polte** · Andreas **Popp** ·

· Fritz **Poppenberg** / *dreilindenfilm.de* · Carroll **Quigley** · *'Ayn Rand'* ·

· Matthias **Rath** / *dr-rath.com* · Douglas **Reed** · Judith **Reisman** ·

· Donnie **Romero** · Iustin **Rosioara** · Alberto **Rivera** · Lew **Rockwell** ·

· Robin **de Ruiter** · F. Tupper **Saussy** · Ivo **Sasek** / *anti-zensur.info* ·

· Ulrich **Schacht** · Francis A. **Schaeffer** · Igor **Schafranowitsch** ·

· Viktor **Schauberger** · Thorsten **Schulte** · Gerd **Schultze-Rhonhof** ·

· Joachim **Sonntag** · Thomas **Sowell** · *spiritwatch.org/catchron.htm* ·

· Manfred **Spitzer** · Anthony C. **Sutton** · *swprs.org* · *tabublog.com* ·

· Nikola **Tesla** · John **Todd** · Hans **Tolzin** · John S. **Torell** / *eaec-de.org* ·

· Claus W. **Turtur** · Udo **Ulfkotte** · Leonard **Ulrich** · Walter **Veith** · Michael **Vogt** ·

· Niki **Vogt** · *visualcapitalist.com* · Daniel **von Wachter** · *wahrheiten.org* · Joel **Wallach** ·

· Chris **White** · Rick **Wiles** / *trunews.com* · Galen **Winsor** · Dennis **Wise** ·

· Gerhard **Wisnewski** · Paul **Wittenberger** / *framingtheworld.com* ·

· Steve **Wohlberg** · Judy **Wood** · *wortundwissen.de* · Richard **Wurmbrand** ·

· Hans-Joachim **Zillmer** · Ernst **Zündel** ·